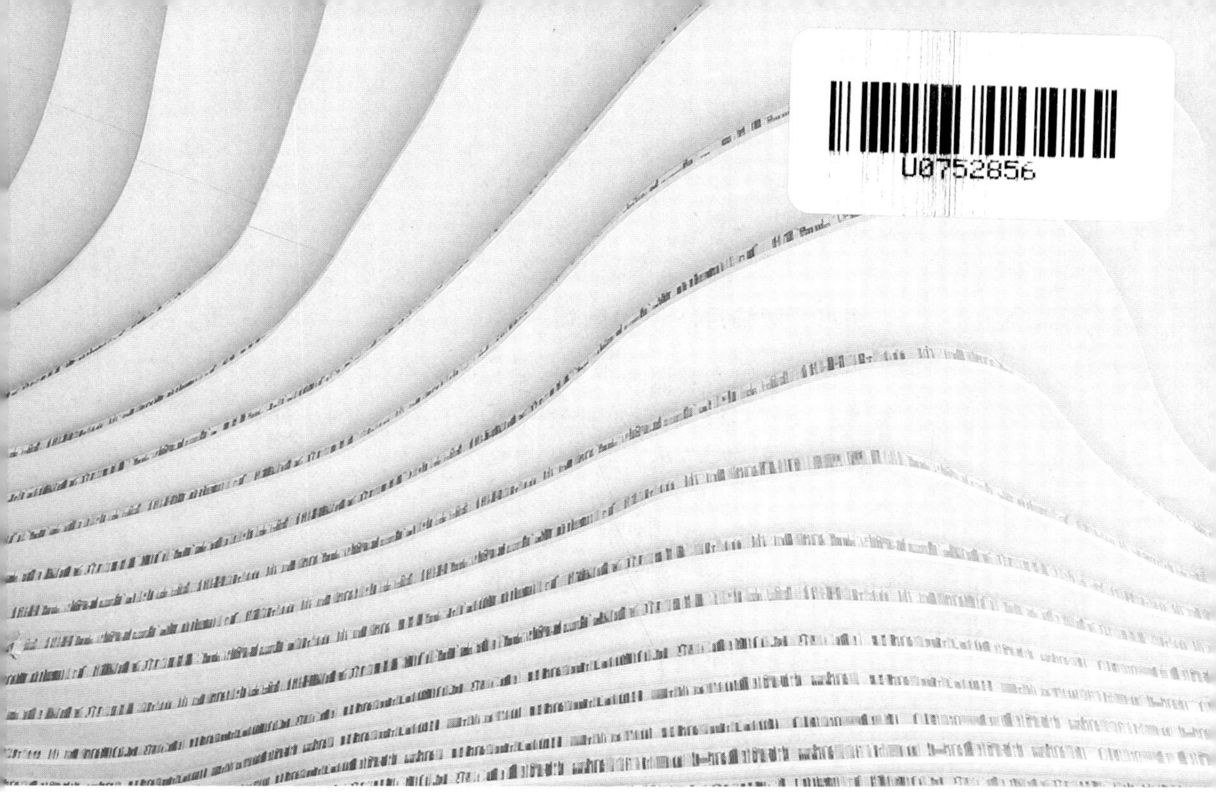

现代图书馆
智慧服务理论技术与实践

◆ 吴玉灵　廖叶丽　编著

图书在版编目(CIP)数据

现代图书馆智慧服务理论技术与实践/吴玉灵,廖叶丽编著.--南昌:江西高校出版社,2022.12(2024.9重印)
ISBN 978-7-5762-3436-7

Ⅰ.①现… Ⅱ.①吴… ②廖… Ⅲ.①公共图书馆—图书馆服务—研究—中国 Ⅳ.①G259.252

中国版本图书馆 CIP 数据核字(2022)第 223523 号

出版发行	江西高校出版社
社　　址	江西省南昌市洪都北大道96号
总编室电话	(0791)88504319
销售电话	(0791)88522516
网　　址	www.juacp.com
印　　刷	固安兰星球彩色印刷有限公司
经　　销	全国新华书店
开　　本	700mm×1000mm 1/16
印　　张	15
字　　数	240千字
版　　次	2022年12月第1版 2024年9月第2次印刷
书　　号	ISBN 978-7-5762-3436-7
定　　价	58.00元

赣版权登字-07-2022-1178
版权所有　侵权必究

图书若有印装问题,请随时向本社印制部(0791-88513257)退换

前言

本书以《中华人民共和国国民经济和社会发展第十四个五年规划和2035年远景目标纲要》《"十四五"文化和旅游发展规划》《"十四五"公共文化服务体系建设规划》为指导思想,以推动公共文化服务数字化、网络化、智能化建设为目标任务,旨在为推进公共图书馆功能转型升级,推动公共图书馆向"以人为中心"转型,加强数字文化内容资源和管理服务大数据资源建设,加快公共文化网络平台建设,拓展公共文化服务智慧应用场景,最终实现建设开放、智慧、包容、共享的现代图书馆的目标,努力将公共图书馆建设成为滋养民族心灵、培育文化自信的重要场所提供参考性建议。

本书编写目的为利用现代化技术助力图书馆工作人员开展智慧化、多元化服务,并将智慧服务的建设内容及实践案例进行宣传推广,逐步推动全国各级图书馆事业高质量发展。

本书分为三大篇目,分别是基础理念篇、核心技术篇和未来展望篇。全书共24万字,其中吴玉灵撰写了第一篇基础理念篇的引言、第一章、第二章,第二篇核心技术篇的第三、四、五、九、十一章,约16万字;廖叶丽撰写了第二篇核心技术篇的第六、七、八、十、十二、十三章,第三篇未来展望篇的第十四、十五章,约8万字。

本书基于物联网 RFID、虚拟化、大数据、5G、互联互通、虚拟现实、人脸识别、人工智能、网络安全态势感知、数字孪生、区块链等现代信息技术,立足图书馆智慧服务创新而编写。全书按照篇、章、节三级目录编排,分类清晰。第一篇基础理念篇宏观介绍了驱动图书馆变革创新的力量,阐述了图书馆智慧服务发展从起源、发展到腾飞的历程,并定义图书馆智慧服务的概念、特点与视角,创造性地提出了图书馆智慧服务框架体系。第二篇核心技术篇为本书的重点部分,以物联网 RFID、虚拟化、大数据、5G 等新一代信息技术的发展为切入点,讲述如何将这些技术应用于图书馆中。该篇的多个章节精选了很多理论联系实际的精彩案例,使读者对核心技术部分更易于理解。第三篇未来展望篇主要介绍图书馆智慧服务——图书馆向智慧图书馆转型发展的助推器。在未来发展进程中,图书馆将呈现出智慧服务的新趋势和新动向。与此同时,该篇还强调了图书馆智慧服务发展的三大抓手,分别是人才、资金和技术。人才是图书馆创新服务需求提出和落地的关键,是图书馆智慧服务创新的源泉;资金是智慧服务项目得以实施的物质基础;技术是图书馆智慧服务发展的有力支撑。人才、资金和技术是图书馆智慧服务发展的三大抓手,为图书馆向智慧图书馆转型发展提供强劲动力。

由于编著者的水平及时间有限,本书还存在很多不完善之处,恳请读者批评、指正,您可以通过邮箱 victorywyg@hotmail.com 留言,提出宝贵的意见,我们将不胜感激。

感谢我的家人对我一如既往的支持,你们是我奋斗不止的动力;

感谢高校出版社的各位编辑对本人关于图书出版相关问题的耐心指导,让本书的出版成为可能。在本书编写过程中,本人引用了一些具有参考价值的研究成果,在书中和结尾部分的参考文献中做了著录,在此一并表示诚挚的感谢。

吴玉灵

2022 年 8 月

目录 CONTENTS

第一篇　基础理念篇　/001

引言　驱动图书馆变革创新的力量　/002
第一节　读者对图书馆的需求——图书馆变革的牵引者　/002
第二节　国家政策导向——图书馆发展的加速器　/006
第三节　现代信息技术——图书馆转型升级的法宝　/009

第一章　图书馆智慧服务的概念、内涵、视角　/014
第一节　图书馆智慧服务的基本概念　/014
第二节　图书馆智慧服务的基本内涵　/015
第三节　图书馆智慧服务的视角　/017

第二章　图书馆智慧服务的前世今生　/023
第一节　萌芽期：起源于传统图书馆服务　/024
第二节　成长期：发展于数字图书馆服务　/026
第三节　硕果期：腾飞于智慧图书馆服务　/030

第二篇　核心技术篇　/033

第三章　物联网与 RFID 技术——每本图书的"身份证"　/034
　　第一节　认识物联网与 RFID 技术　/034
　　第二节　将 RFID 技术应用于图书馆　/049
　　第三节　图书馆 RFID 技术应用案例　/051

第四章　虚拟化技术——数字图书馆运维管理的杀手锏　/066
　　第一节　认识虚拟化技术　/066
　　第二节　将虚拟化技术应用于图书馆　/080
　　第三节　图书馆虚拟化技术应用案例　/082

第五章　大数据技术——图书馆最强数据大脑　/089
　　第一节　认识大数据技术　/089
　　第二节　将大数据技术应用于图书馆　/092
　　第三节　图书馆大数据技术应用案例　/095

第六章　5G 网络技术：通往互联网世界的超速管道　/114
　　第一节　什么是 5G 技术　/114
　　第二节　5G 技术在图书馆中的应用场景　/120
　　第三节　图书馆 5G 技术应用案例　/124

第七章　互联互通技术——图书馆馆际联通的桥梁　/125
　　第一节　认识互联互通技术　/125
　　第二节　图书馆互联互通技术应用案例　/125

第八章　虚拟现实技术——穿越时空的飞行器　/131
　　第一节　认识虚拟现实技术　/131
　　第二节　图书馆应用虚拟现实技术的创新服务　/137

第九章　人脸识别技术——使图书馆读者服务更精准透明的技术　/140

第一节　认识人脸识别技术　/140

第二节　将人脸识别技术应用于图书馆　/144

第三节　图书馆人脸识别技术应用案例　/146

第十章　人工智能技术——图书馆的虚拟人工大脑　/158

第一节　认识人工智能技术　/158

第二节　人工智能技术行业融合应用　/165

第三节　图书馆人工智能技术应用场景与案例　/166

第十一章　网络安全态势感知技术——图书馆的安全侦察兵　/169

第一节　认识网络安全态势感知技术　/169

第二节　将网络安全态势感知技术应用于图书馆　/174

第三节　图书馆网络安全态势感知技术应用案例　/177

第十二章　数字孪生技术——图书馆线上虚拟镜像　/187

第一节　什么是数字孪生　/187

第二节　数字孪生在图书馆中的应用场景　/194

第三节　图书馆数字孪生技术应用案例　/196

第十三章　区块链技术——去中心化的图书馆联盟管理　/197

第一节　什么是区域链　/197

第二节　区块链技术在图书馆中的应用　/205

第三节　区块链技术应用于图书馆建设的策略　/209

第三篇　未来展望篇　/211

第十四章　图书馆智慧服务——智慧图书馆转型的助推器　/212

第一节　图书馆知识信息服务智慧化是智慧社会建设的需要　/212

第二节　智慧图书馆及其智慧服务创新　/213

第三节　图书馆智慧化转型的全局规划与顶层设计——全国智慧图书馆体系建设　/217

第四节　智慧图书馆应用实践案例　/218

第十五章　图书馆智慧服务发展的三大抓手　/220

第一节　人才——智慧服务创新源泉　/220

第二节　资金——智慧服务项目的保障　/224

第三节　技术——智慧服务发展的支撑　/225

参考文献　/227

第一篇

基础理念篇

读者对图书馆的需求是图书馆变革的动力。正如上海图书馆原馆长、上海科技情报研究所原所长吴建中先生所言,图书馆除了具备保存人类文明遗产的功能之外,还具有一个时代性的使命——满足读者的需求。这些需求不是一成不变的,而是随着时代的发展而不断变化的。

信息技术的革新为图书馆事业的发展不断赋能,不论是公共图书馆还是高校图书馆,都紧随时代的变革而不断推陈出新,构建出许多智能化、智慧化的读者应用场景,图书馆人所创造出的这类服务也逐渐被"智慧服务"这一新的名词概括。

本篇作为全书的开篇,将重点围绕驱动图书馆变革创新的力量,图书馆智慧服务的定义及其多元化阐述视角,图书馆智慧服务的起源、发展与腾飞这几个方面,为读者呈现图书馆智慧服务发展的详细脉络和全面图谱。

引言　驱动图书馆变革创新的力量

随着现代科学技术的不断发展,图书馆为读者提供服务的水平及读者对图书馆智慧服务的需求这一对矛盾日益显现,图书馆智慧服务建设的重要性日益凸显。图书馆是我国公共数字文化服务的重要场所,如何向智慧方向转型？如何建设图书馆智慧服务？这已成为图书馆业界迫切需要解决的问题。开展公共图书馆智慧服务理论与实践研究迫在眉睫。

图书馆作为"传承文明,服务社会"的公共文化服务机构,其基本职能和愿景已不仅仅局限于保存文化、传播文化、促进实现文化大发展大繁荣,而是进一步以文献、信息、知识服务为基础服务,以读者服务为中心,结合现代化科学技术,为读者打造集知识服务、智慧阅读、休闲娱乐为一体的智慧化综合服务场馆。驱动图书馆变革创新的力量主要体现在读者服务实际需求导向、权威政策文件指引,以及现代科学技术瓶颈的突破。

第一节　读者对图书馆的需求——图书馆变革的牵引者

传统图书馆在开展图书管理和读者服务过程中存在许多问题和不足。例如:读者难以在开架阅览室中找到在馆藏系统中检索到的在库图书;入馆登记及活动预约流程复杂;借阅高峰期读者排队等待时间较长;无线网络宽带接入速率低下,网络覆盖率不均衡;读者服务数据资源不完整。这些与图书馆读者服务相关的现实问题所引发的需求导向成为驱动图书馆转型发展的直接动力。

一、读者需求的时代变化

在不同时期,读者对图书馆的需求也在不断发生变化,这主要体现在读者对图书馆文献资源和图书馆服务两类需求上。

(一)读者对图书馆文献资源的需求

1. 读者对文献资源的需求

图书馆的形成与发展经历了从古代藏书楼到近代图书馆,再到现代图书馆这三个重要历史时期。不同时期的图书馆环境下,读者对文献资源的需求具有不同的表现,其需求大致可以概括为"读者可读书""读者可选书""书可选读者"。

例如,在古代藏书楼时期,由于早期图书的主要载体是竹简,其携带不便,且占用空间较大,尚不具备图书的印制条件,图书的传播方式主要依靠誊抄。在私家藏书刚萌芽之际,秦始皇焚书坑儒的政策带来了沉重的打击。然而仍有许多藏书家铤而走险,将书籍藏于住宅墙壁之中。到了汉初,为扶持文化事业的发展,汉高祖刘邦取消禁止私学的规定,允许诸子百家开坛讲学。到了汉惠帝时期,"禁书令"得以废除,民间私家藏书得以复苏。私家藏书作为中国古代四大藏书文化(官府藏书、私家藏书、寺观藏书、书院藏书)之一,数量规模最大,发展速度最快,覆盖地域最广,是我国古代藏书的重要组成部分。藏书者作为从事藏书活动的主体,其藏书活动并不仅仅是简单地收藏和保护书籍。严格说来,藏书者既扮演了图书馆管理者又扮演了图书馆读者的角色,藏书者们需要经常性地寻找图书、借阅图书、抄书、刻书、购书、赠书、征书,并组织典籍文献的传播活动。因此,在古代藏书楼时期,读者对文献资源的需求为"读者可读书"。

到了近代图书馆时期,由于纸质图书载体的出现,图书馆空间结构与读者对文献资源的需求均发生了不同程度的变化。例如,图书馆需要对文献资料进行分类、整理编目、保存保护,建造更有利于文献资源保存的空间载体。在这一时期,读者可以根据卡片目录柜中的卡片目录获取图书索书号等信息,并由图书馆工作人员将图书从书库中取出。这一时期,读者对文献资源的需求体现为"读者可选书"。

到了现代图书馆时期,随着现代数字化科学技术的不断发展,文献资源呈现出多种形态,如纸质图书文献、电子图书文献、数字化虚拟视听文献。纸质文献资源不再一家独大,与纸质文献资源内容保持一致的数字化、电子化文献资源成为现代读者的需求。结合互联网技术、大数据技术,以及智能推荐算法等科学方法,读者可以在任何时间、任何地点观看电子文献资源,享受智能推荐系统为读者带来的文献资源推荐体验,满足读者数字化、便捷化、智慧化的阅读需求。这一时期,读者对文献资源的需求体现为"书可选读者"。

2. 不同读者的特殊需求

不同的读者对文献资源的需求不尽相同。例如:按照年龄差异划分,读者可分为少儿读者、青年读者、中年读者和老年读者;按照职业群体的不同,读者可分为学生读者、干部读者、工人读者、农民读者、战士读者、科研人员读者等。从读者对文献的需求角度分析,不同类型的读者会结合自身的习惯和爱好选择不同类型的文献资源。以江西省图书馆为例,不同时期的读者对纸质文献资源中的社科类、文学类、自科类、外文类、期刊类、少儿类文献资源的外借需求各异。江西省图书馆2013—2016年读者纸质文献和电子文献外借量统计数据如下表所示。

江西省图书馆2013—2016年读者文献资源外借量统计表

	年份	2013年	2014年	2015年	2016年
纸质文献外借量（万册次）	社科类	13.5759	16.4067	17.4005	17.1116
	文学类	15.4850	19.1202	19.7288	21.8363
	自科类	3.1708	3.7443	4.2905	4.5798
	外文类	1.1178	1.1488	1.0579	0.9718
	期刊类	1.5219	1.2755	1.0180	0.8908
	少儿类	25.4433	30.9567	35.6324	35.7156
	合计	60.3147	72.6522	79.1281	81.1059
电子文献外借量（万册次）		52.4244	68.3992	81.5376	91.0702

(二)读者对图书馆服务的需求

1.读者对图书馆文献资源的服务需求

随着时代的不断发展,读者对图书馆文献资源的服务不仅仅停留在简单的文献流通服务、文献检索服务,他们对图书馆提出了新的要求。

例如,读者希望能在出版社出版新书后,以最快速度阅读到新书。然而传统图书馆上架一本新书需要经过征订采购、文献资源登记、编目典藏管理、文献资源贴标加工这些环节,整个流程需要花费较长时间,获取新书的时效性对图书馆提出了新的挑战。有需求就有创新,图书馆联合书店共同创建"你选书,我买单"的快捷新书获取方式由此应运而生。例如,杭州图书馆联合杭城4家新华书店开启"你选书,我买单"2022年度"一键借阅·书店借书"活动。读者携带个人身份证前往书店可一次借10本单册价格不高于200元的图书,借阅期限为40天;通过点击"一键借阅"平台的"书店借书"模块获取借阅二维码,凭借阅码在新华书店享受快捷借阅到新书的全新体验。同时读者在看完新书后，可以在杭州市区内14家图书馆中的任意一家图书馆归还图书。又如，图书馆每周都有一日闭馆，进行书架调整和内务整理，读者所借图书可能刚好在这一天到期，为避免图书逾期，图书馆为读者增设嵌入墙体的室外还书机，完美解决读者因闭馆无法归还图书的问题。传统条形码+磁条技术的图书流通效率低下，需要逐一对图书借阅或归还，导致读者排队太久，基于RFID标签的图书自助借还服务由此应运而生。RFID图书标签具有支持非接触式、超远距离识别和批量读取图书标签芯片的特征，可以很好地解决图书流通效率低下的问题。

2. 不同读者的特殊需求

除了满足读者与图书相关的基本服务，图书馆还增设了其他特色读者服务，以满足不同读者的个性化需求，如参考咨询服务、文献传递服务、馆际互借服务、馆外访问服务、志愿者社会实践服务、继续教育服务、信息素养社会教育服务、疫情期间的线上资源访问服务。

二、读者需求促进图书馆创新变革

读者和图书馆馆员是图书馆开展服务的两个重要角色：前者是受众者，后者是服务者。图书馆馆员在服务读者的过程中可以充分了解读者的实际需求，针对其需求加以创新和改进，实现供需双向的良性互动，从而为图书馆创新变革提供动力。

例如，读者步入图书馆面对海量的文献资源时，往往会产生选择困难症。图书馆通过设立图书月度借阅排行榜，新增咨询导读岗，可有效帮助读者选择图书，进而提高读者阅读效率，培养读者阅读习惯。又如，读者在阅览室看到非常好的文献资源想要将其中部分复印使用时，会问询图书馆工作人员是否有复印打印服务，图书馆可以在阅览室区域增设自助打印机以供读者自助使用。再如，读者在数字资源获取方面往往难以在海量的数字文化资源中寻找到自己想要的资源，图书馆通过建立大数据平台获取读者的历史借阅记录，收集其感兴趣的事物，并以此为基础，为其智能推荐馆内数字文化资源，有效实现精准化服务。这些都是读者需求促进图书馆创新变革的较好实例。

第二节　国家政策导向——图书馆发展的加速器

公共图书馆由中央或地方政府管理、资助和支持,免费为社会公众提供公共数字文化服务,是现代公共文化服务体系的重要组成部分。公共图书馆的发展离不开国家的支持,主要包含法律法规强制要求、国家政策导向、行业内部制度文件指引等。国家对公共图书馆的支持是图书馆发展的加速器,是保障图书馆事业健康、稳步、可持续发展的重要因素。

一、法律法规强制要求

随着图书馆事业的不断发展,我国相继出台了《中华人民共和国公共文化服务保障法》《中华人民共和国公共图书馆法》等法律、法规。

其中,《中华人民共和国公共文化服务保障法》于 2016 年 12 月 25 日发布,2017 年 3 月 1 日起正式施行。它是近年来文化立法的重大突破。《中华人民共和国公共文化服务保障法》的出台在我国文化建设、法制建设史上具有里程碑意义。该法明确规定:"国家扶助革命老区、民族地区、边疆地区、贫困地区的公共文化服务,促进公共文化服务均衡协调发展。""各级人民政府应当根据未成年人、老年人、残疾人和流动人口等群体的特点与需求,提供相应的公共文化服务。"这标志着全国各地图书馆公共文化事业的建设与发展有了基本的国家法律保障。各地图书馆应大力促进基本公共文化服务标准化、均等化,提升服务效能,切实保障人民群众的基本文化权益。

《中华人民共和国公共图书馆法》于 2018 年 1 月 1 日正式实施。这是党的十九大之后出台的第一部文化方面的法律,也是公共文化领域继《中华人民共和国公共文化服务保障法》之后的又一部重要法律。该法的制定一是明确了公共图书馆事业的重要地位和发展方向:提高公民科学文化素质和社会文明程度,传承人类文明,坚定文化自信,坚持以人民为中心,坚持以社会主义核心价值观为引领。二是确立了体现中国特色社会主义特点的公共图书馆相关管理制度。如:分级设立、文献信息采集与处置、出版物呈缴、免费开放、县级图书馆总分馆制、法人治理结构建设、馆际交流、人才保障、经费保障等。三是强调了公共图书馆的公益属性,对服务提出明确要求。例如,电子阅览室上网服务、数字资源下载服务、讲座展览服务等图书馆所有基础设施及服务均免费为读者开放。《中华人民共和国公共图书馆法》从立法宗旨、公共图书馆的定义、管理职责等内容出发,对设立公共图书馆的基本条件、运行规定、开展服务、法律责任等方面做出了较全面的规定,有效健全了我国文化法律制度、促进了公共图书馆事业发展、保障了人民群众的基本文化权益。

除了国家层面出台的相关法律条文,地方也结合地区实际情况因地制宜地配套制定了相应的文化服务法规条例。例如,《江西省公共文化服务保障条例》(以下简称《条例》)于2021年10月1日起施行。该《条例》一是明确了开展公共文化服务的体制机制,从法律层面明确了坚持党对公共文化事业的全面领导地位和省负总责、市县乡村抓落实的工作机制,规定了各级人民政府及相关部门齐抓公共文化服务的职责任务,强调了构建现代公共文化服务体系的总目标;二是明确了开展公共文化服务的政策体系,从法律制度层面,分公共文化设施建设与管理、公共文化服务提供、社会力量参与三个章节明确了我省开展公共文化服务的政策措施;三是明确了开展公共文化服务的要素保障,对投入保障、人才队伍保障、制度保障等做出了一系列的规定,确保人民群众享有更高质量、更有效率、更加公平、更可持续的公共文化服务。与此同时,该《条例》紧密结合江西实际省情,从实际可操作性、地方特色文化、江西可推广经验等方向上升为法律规定。《条例》的出台,填补了江西省公共文化领域地方立法和法规实施方面的空白,对于保障和改善民生、推进文化强省建设具有极其重要的意义,同时也为图书馆事业的可持续、高质量发展提供了基础法律保障。

二、国家政策导向

国家政策导向是促进图书馆事业发展的加速器。以图书馆自动化管理系统建设为例,在1980年末和1990年初,国内图书馆自动化管理水平极为落后,当时国外图书馆采用的图书自动化管理系统多为美国的INNOPAC系统,其售价不菲:仅仅是应用管理软件价格就超30万美元,并且每年还需额外缴纳2万元的软件维护费用,这使得国内各图书馆望而却步。为满足国内图书馆自动化系统软件需求,国家通过资金扶持政策鼓励国内各科研单位及行业专家申报科技项目,各科研单位或具备科研技术能力的图书馆开始自主研发图书馆自动化管理系统。

例如:北京大学图书馆和计算机科研所共同成立图书馆自动化科研项目小

组开发图书馆图书自动化管理系统；深圳图书馆也致力于图书馆自动化集成系统的开发。虽然技术水平相当，但两者的最终结果却截然相反：北京大学图书馆研发的自动化管理系统成果并未得到真正应用(仅在北大图书馆短期使用)；而深圳图书馆研发出的 ILAS 图书馆自动化集成系统当时在国内已有 3000 多用户，并且成功推向海外市场，成为用户数最多、推广面最广、实用性最强、联网性能最佳的图书馆自动化集成系统，成功改写了国内图书馆自动化管理多依赖国外进口软件的历史。究其原因，就是国家政策导向。由深圳图书馆开发的图书馆自动化集成系统(ILAS)建设项目属于 1988 年我国文化部下达的国家重点科技政策扶持项目，它从项目建设规划之初就已经定位立足于推向全国各级图书馆，并非以刻意在技术上取得重大技术突破或成果为目的。正是深圳图书馆在国家政策导向下完成该科技项目，填补了国内图书馆自动化管理系统的空白，有效提升了我国公共图书馆图书自动化管理水平。可以说，政策导向是图书馆发展的加速器。

三、行业内部制度文件指引

行业内部政策文件指引是指图书馆上级单位或图书馆自身为促进图书馆事业的发展而制定的一系列管理制度或管理办法。这些管理制度或管理办法可以由文化和旅游部、省文化和旅游厅、市文化和旅游局制定，也可以由国家图书馆或省、市、县级公共图书馆直接制定。

例如，文化部、财政部于 2012 年 2 月共同发文，在"全国文化信息资源共享工程""数字图书馆推广工程"取得积极进展的基础上，在全国正式实施"公共电子阅览室建设计划"。该计划要求各级公共图书馆在"十二五"期间，结合文化部、财政部组织实施的"三馆"免费开放工作，推动已建公共电子阅览室免费开放，满足广大社会公众特别是未成年人、老年人、进城务工人员等城乡低收入群体的需求。这属于国家行业内部制度文件指引，有效禁止图书馆、美术馆、文化馆等公益文化场所收费创收的现象，更好地为读者提供免费、便利的公共数字文化服务。

又如，《中华人民共和国国民经济和社会发展第十四个五年规划和 2035 年远景目标纲要》于 2021 年 3 月 13 日发布，其在"加快数字社会建设步伐"中首次提出提供智慧便捷的公共服务，积极发展智慧图书馆。文化和旅游部于 2021 年 5 月 19 日发布了《文化和旅游部公共服务司、财务司关于做好 2021 年全国智慧图书馆体系建设项目、公共文化云建设项目实施工作的通知》。文化和旅游部通过中央财政立项策划了全国智慧图书馆体系建设和公共文化云建设两个重大项目,这将有助于全面推动我国各级公共图书馆智慧化升级,有效推进"十四五"时期我国公共文化服务数字化、智慧化发展。《文化和旅游部办公厅关于公布首批文化和旅游行业智库建设试点单位的通知》于 2021 年 8 月 19 日正式发布,国家图书馆被列为首批文化和旅游行业智库建设试点单位,其重点研究方向就包含智慧图书馆研究。

第三节　现代信息技术——图书馆转型升级的法宝

21 世纪以来,信息技术代表着先进生产力的发展方向,已经成为支撑当今世界经济、文化、事业发展的基石。信息技术在各领域的广泛应用使人们能够更加高效地进行资源配置,不断推动各行业自动化技术的发展与升级,有效提高了生产、管理以及服务的效率。

一、现代信息技术革命的历史演变

现代信息技术(modern information technology),是以微电子学为基础的计算机技术和电信技术的结合而形成的方式,对声音的、图像的、文字的、数字的和各种传感信号的信息进行获取、加工、处理、储存、传播和使用的能动技术。现代信息技术革命是指通过一定的原理促使信息技术体系发生转变的根本变革。它首先产生于一个国家的某个产业部门,而后影响到其他行业部门,从而形成一个国家范围内甚至全世界的技术革命。现代信息技术革命是人们改造客观信息世界的巨大飞跃,在现代信息技术体系中起着主导作用。

从社会发展的历史进程着眼,人类社会经历了农业革命、工业革命和当下的信息革命。信息革命又可以细分为第一次信息革命和第二次信息革命。20世纪 40 年代至 70 年代,由欧美发达资本主义国家引领的电子、通信、核能等领域的创新技术兴起。尤其是电子计算机技术的发展十分明显,其渗透领域涉及人类生产、工作和生活,是后期信息技术发展的根基。第二次技术革命以移动互联网、大数据、云计算等新一代信息通信技术为核心,以物联网、人工智能、数字孪生、区块链应用为衍生扩展,实现人类智力资源的第二次智能飞跃。计算机信息采集、处理加工后的重要数据通过通信基础设施得以有效传输,并通过衍生扩展的智力资源系统为人类社会生产、管理和服务提供了创新化、智慧化发展动力。

二、图书馆行业下信息技术的应用

随着信息技术的不断发展,图书馆能否将各类创新性技术应用于图书馆建设与服务中,利用信息技术为图书馆事业的高质量发展赋能,是每一个公共图书馆或高校图书馆面临的难题。文献数字化、RFID物联网、虚拟化、大数据、5G网络、互联互通、虚拟现实、人脸识别、人工智能、网络安全态势感知、数字孪生、区块链等创新技术的出现为图书馆事业的高质量发展带来了新的机遇和挑战。

(一)文献数字化技术

文献数字化是指将用传统古籍用纸、现代图书用纸、磁带、缩微胶片、光盘等各种形式存储的文献信息转化为用计算机设备存储的信息,并在形式转换后实现信息的计算机管理、网络传输和数字化存取等,其最终目标是要将传统文献变成数字化的文献。目前,常见的文献数字化技术和方法主要有键盘录入、扫描存储、OCR识别、语音识别等方式。因键盘录入对技术和设备要求低,但效率低下;OCR识别成本低,但速度快,故以OCR识别为主、键盘录入为辅的组合形式成为当前文献数字化的主要技术。

图书馆馆藏文献数字化是图书馆增加馆藏数字资源容量的重要方法,也是为应对馆藏纸本资源不足问题而为读者提供数字化电子资源,解决读者燃眉之急的重要措施,更是为保障图书馆古籍文献资源不被外界环境(气候因素、虫噬鼠咬)损毁而长期保存的重要途径。

(二)RFID物联网技术

RFID技术是指通过无线射频方式对加载在物体上用于记录信息的记录媒体进行读写操作,实现数据传输与交换的一种非接触式自动识别技术。

RFID物联网技术在图书馆中的应用是应对图书流通服务效率低下的问题而出现的。传统条形码+磁条的图书识别方式不支持批量图书的读取,读者需要逐本借阅或归还。使用RFID物联网技术后将能支持一次至少30本图书的批量识别,有效提高了图书流通的效率。

(三)虚拟化技术

虚拟化技术可以将一台IT资源虚拟为多台逻辑IT资源。它是对IT物理资源的抽象,能够实现资源的模拟、隔离和共享。在一台 IT 资源上同时运行多台逻辑 IT 资源,每个逻辑资源之间可运行不同的操作系统,并且各应用程序都可以在相互独立的空间内运行而互不影响,从而显著提高 IT 资源的工作效率。

将虚拟化技术应用于图书馆中,能在极短时间内快速创建新的虚拟服务器、存储设备、网络等信息基础设施,缓解图书馆技术运维人员的运维压力,将他们从繁杂的重复劳动中解放出来,实现图书馆数字化、信息化运维的高效管理。

(四)大数据技术

大数据是指无法在一定时间范围内用传统软件工具进行分析、管理和处理的巨大数据集合。它通常被用于形容某一个行业或联合机构所创造的海量结构化与非结构化数据的集合,这些数据需要使用区别于传统技术处理的方式或方法,并最终实现快速流转、预测洞察、决策分析等实用功能。简而言之,从各种类型的数据中快速获得有价值的信息的能力就是大数据技术。

将大数据技术应用于图书馆中,能有效汇聚各异构数据资源系统,形成图书馆数据的集中,为后续数据的调用提供统一接口。图书馆大数据技术的应用,一方面可以避免各异构数据形成"孤岛"现象,另一方面为图书馆数据资源完整的揭示奠定基础。

(五)5G 网络技术

第五代移动通信技术(5th generation mobile communication technology,简称 5G)是指具有高速率、低时延和大连接特点的新一代宽带移动通信技术。

5G 网络技术在图书馆中的应用,将使得图书馆网络数据传输速率得到显著提升。网络直播、5D 影院、电子阅览室、智慧空间等存在网络高带宽、低延时需求的图书馆服务场景在覆盖 5G 通信网络基础设施并应用 5G 网络技术后,其用户数字化体验感将得到明显增强。

(六)互联互通技术

互联互通是指通过 ISP 运营商定制物理专线、基于 SD-WAN 网络联通、VPN 虚拟专网等途径实现各级公共图书馆之间互联互通。

将互联互通技术应用于图书馆中,可以有效实现各级公共图书馆之间资源共建、共知和共享,打通各级公共图书馆之间网络连接的"高速公路",为后期图书馆资源建设、业务交流、服务推广奠定网络基础。

(七)虚拟现实技术

虚拟现实技术是一种借助于计算机、跟踪传感器、各类输入/输出设备等来模拟视觉、听觉、触觉等感知行为场景,并实现三维立体空间效果的人机互动技术。

将虚拟现实技术应用于图书馆中,可以使图书馆新型数字资源呈现出更加逼真、代入画面感更强的效果。读者通过穿戴虚拟现实技术所需的传感装置,根据身体位置的不断变换,通过各类传感定位追踪组件进行人机交互,大大提高场景代入感,使自身沉浸于资源场景中,仿佛亲临虚拟现场。

(八)人脸识别技术

人脸识别技术是基于人脸面部特征信息进行身份信息识别的一种生物识别技术。人脸识别技术通过将前端人脸摄像头抓取行走到指定区域的人脸照片转化为图像,通过人脸算法获取人脸特征值,并将其与人脸数据库中的特征值数据进行比对,从而实现人脸识别认证的过程。

将人脸识别技术应用于图书馆中,能快速、精准地定位读者身份信息,有效提高图书馆读者服务智慧化水平。例如,将人脸识别技术与 RFID 技术结合应用于读者流通服务中,将实现读者出馆即借书、入馆即还书的无感借阅智慧体验。

(九)人工智能技术

人工智能(artificial intelligence),英文缩写为 AI。它是指研究、开发用于模拟、延伸和扩展人的智能的理论、方法、技术及应用系统的一门新的技术科学。研究人工智能的主要目标是使机器能够胜任一些通常需要人类智能才能完成的复杂工作。

将人工智能技术应用于图书馆中,可以更好地提供基于人工智能 AI 机器人的咨询导读服务,实现基于 AI 机器采编一体化的重复劳动,做好基于 RFID 和人工智能的图书智能分拣工作,有效缓解图书馆工作人员的工作压力,促进图书馆便捷化、高效化和智慧化发展。

(十)网络安全态势感知技术

网络安全态势感知技术是指在大规模网络环境中,对能够引起网络态势发生变化的安全要素进行获取、理解、显示并据此预测未来的网络安全发展趋势。

将网络安全态势感知技术应用于图书馆中,可以有效提升图书馆网络防护水平,实现图书馆网络安全事件的快速安全感知和管理控制,达到事前预防、事中防御、事后溯源的效果。

(十一)数字孪生技术

数字孪生技术是指充分利用数学物理模型建模、传感器更新追踪、历史数据集算法学习,集成多学科的仿真过程,在虚拟空间中实现现实场景的映射。

将数字孪生技术应用于图书馆中,可以实现图书馆物理空间与虚拟空间的完整映射,通过数字孪生模型构建物理图书馆与虚拟图书馆之间的实时动态交互。读者在虚拟图书馆中操作就如同在实体图书馆中操作一样,代入感极强。读者足不出户即可了解图书馆近期发布的公告,获取图书馆相关信息,甚至线上参与图书馆组织的活动,实现线上线下数据的统一。

(十二)区块链技术

区块链是指一种将数据区块以时间顺序相连的方式组合成的链式数据结构,并以密码学方式保证的不可篡改和不可伪造的分布式账本。从宏观角度来看,区块链是一种分布式基础架构,用于保证数据传输和访问安全的一种现代信息技术。

将区块链技术应用于图书馆中,可以实现图书馆数字资源仓储的整合,为我国公共文化机构数字文化资源知识与服务管理奠定良好的基础。公共图书馆数字文化资源版权保护平台将依托区块链技术的去中心化、全程留痕、不可篡改、可以追溯等技术特性,实现全国各级公共图书馆及其他相关文化机构知识内容的权属认证、资产溯源,为知识产权保护提供技术保障,营造高度共享互信的知识产权环境。

印度图书馆学家阮冈纳赞曾经说过,"图书馆是一个生长的有机体"。笔者认为,如果把图书馆的发展比作一棵茁壮成长的树,那么图书馆的发展将伴随着不同时代读者的服务需求而发生"根系"变化,将伴随着国家政策导向而产生"茎脉"变化,将伴随着现代信息技术的革新而发生"枝叶"变化。

第一章　图书馆智慧服务的概念、内涵、视角

随着科技的不断发展和人们服务意识的不断增长,智慧服务正逐渐成为我国图书馆发展与服务理念的新方向。当前,我国图书馆在智慧服务方面正处于起步阶段,图书馆的智慧化管理及服务效能仍有待提高。本章将从图书馆智慧服务的基本概念入手,阐述图书馆智慧服务的内涵,并从图书馆文献资源、读者、馆员三方视角介绍图书馆智慧服务的相关应用场景。

第一节　图书馆智慧服务的基本概念

《现代汉语字典》(第七版)中对"智"的理解是"有智慧,聪明",对"慧"的理解是"聪明",对"智慧"的理解是"辨析判断、发明创造的能力"。将两者结合起来,"智慧"可理解为"聪明,有见识和才智属性,并且具备辨析判断、发明创造的能力"。举个例子,古时候,劳动人民既没有起重机,也没有吊机,但照样能修建一座座高楼宝塔,他们利用木材逐层搭建建筑或通过搭建脚手架的方式完成物资搬运,并最终实现高楼宝塔的修建。在这里,修建高楼宝塔就是劳动人民智慧的体现,他们属于具备聪明才智和辨析判断、发明创造能力的人。

图书馆是保存人类文化知识和遗产的公益机构,天生具备智慧的属性。藏书、读者、馆员、经费、技术方法、建筑设备与物资、信息、时间是图书馆八大要素。图书馆馆员作为图书馆八大要素之一,承担着为读者服务、管理文献和创新技术等重要职责。他们在图书馆发展与实践中,为满足读者的需求,通过直接参与读者服务收集读者意见和建议,结合前沿科学技术不断推陈出新,创造性地开发出便捷、高效、可靠的图书馆应用场景服务:这便是图书馆的智慧服务。

关于图书馆智慧服务的定义,众多学者和研究人员提出了各种说法,可谓见仁见智。例如:学者张延贤提出,"图书馆智慧服务是图书馆人对读者工作的一种积极进取的自主选择,是图书馆在信息化时代读者服务的一种或多种新理

念、新能力与新服务方式。图书馆智慧服务主要有智能性的图书馆智慧服务、知识性的图书馆智慧服务和理念性的图书馆智慧服务等三种概念及内涵。智能性的图书馆智慧服务实质上是图书馆的一种技术智慧,知识性的图书馆智慧服务实质上是图书馆的一种学问智慧,而理念性的图书馆智慧服务实质上是图书馆的一种人文智慧"。学者王幸远认为"公共图书馆智慧服务包含智慧文献服务、智慧信息服务、智慧空间建设和智慧知识服务等"。学者吴斯曼则认为智慧服务是智慧图书馆效能发挥的外在表现形式,它区别于传统服务,表现主要有:一是更注重新兴技术的应用与读者需求的深度融合;二是在服务功能上,它立足于读者动态需求的变化;三是在构成要素上,智慧服务由数据、技术、人员、业务与知识组成,五大要素的融合驱动了图书馆服务形态的优化,使读者服务呈现数字化、便捷化、人性化的智慧特征。

笔者认为,图书馆智慧服务有狭义和广义之分。狭义的图书馆智慧服务是指在智慧城市、智慧交通、智慧文旅等智慧大环境下,图书馆通过引入现代前沿科学技术,结合图书馆读者服务需求,构建的现代图书馆智慧应用或智慧场景服务。广义的图书馆智慧服务是指图书馆人在图书馆建设发展与服务实践中,结合任意时期时代背景下的科技方法实现的对读者透明化,具备智能性和创新性的图书馆应用或场景服务。智慧服务是以用户需求为导向开展的,通过充分利用各种馆藏实体及虚拟资源来满足读者个性化需求,实现图书馆资源以及服务的价值。

第二节　图书馆智慧服务的基本内涵

笔者依据图书馆服务读者的内容,将图书馆智慧服务的基本内涵归结为两方面:第一个方面是基于创新技术的应用型智慧服务。它是指将一种或多种先进技术融合于图书馆领域实现图书馆智能化的一种服务,并且图书馆在不同时期或不同阶段呈现出不同的智慧服务水平。第二个方面是基于知识资源的增值型智慧服务。它是指图书馆人结合读者对数字资源和知识的不同需求进行有规律、有选择性的一种主动服务,具有个性化服务的特点。

一、基于创新技术的应用型智慧服务

基于创新技术的应用型智慧服务是图书馆的技术智慧,是各时代各阶段先

进技术在图书馆智慧体系中的良好体现,其实质就是图书馆的一种技术理性、技术文明、技术科学与技术范式的一次或者多次的大发展,属于图书馆信息技术与数字化技术的开发与应用的范畴。将这种智能性的图书馆智慧服务应用到当代图书馆读者服务工作中,对图书馆事业的发展具有促进与推动作用。

图书馆技术上的创新与发展历来都与时代技术大环境密切相关,图书馆也应当紧随时代科技发展潮流,迎难而上,努力与前沿科技适配,否则将失去前沿科技带来的新机遇。以图书馆流通服务为例,传统图书馆时代,读者图书流通服务工作基本是依靠人工来处理的,读者通过搜寻卡片目录填写索书单,并将其提交给图书馆管理人员,管理人员再依据索书号从书库中找到图书并提交给读者。这是传统时代图书馆人智慧服务的一种体现,虽然效率低下,但是确实成功实现了图书馆图书流通的规范化管理。到了近代数字图书馆时代,数字技术的变革为图书馆图书电子化管理提供了前所未有的便利,基于条码+磁条技术的图书流通方式较好地实现了图书馆自动化或半自动化流通。读者可以在人工服务台由图书馆馆员扫描图书条码借阅图书或者通过自助借还机完成自助借还服务。同时,还新增了基于冲销磁条磁性技术的图书馆防盗安全门。虽然局限于磁条单一化处理能力,图书不能进行批量借还操作,但该服务在这一时期却是智慧服务的重要体现。到了现代图书馆时代,RFID 技术的兴起有效促进了图书流通的创新,读者可以携带多本粘贴有 RFID 标签的图书进行非接触式批量借还,甚至借助于人脸识别技术,实现出馆即可借书、入馆即可还书的无感借还智慧服务的至高体验。因此,时代在进步,科技在创新,图书馆的服务也变得越发智能,基于创新技术的应用型智慧服务对图书馆在现代数字化、信息化、智慧化事业的发展中显得尤为重要。

二、基于知识资源的增值型智慧服务

基于知识资源的增值型智慧服务是图书馆为读者提供的知识智慧,更确切地说,是知识智库,其实质就是图书馆为满足读者对知识资源的需求而创造性提供的知识智囊团智慧服务。

曾有学者提出图书馆开展基于知识资源的图书馆智慧服务不可取,认为图书馆和图书馆馆员基于知识服务基础之上的原创性的智慧服务超出了图书馆的能力定位,超出了图书馆馆员的能力范畴;认为图书馆馆员是服务者,不是知识专家,不是知识生产者和创造者。对于这种观点,笔者不敢苟同。

在传统图书馆时代,图书馆为保证图书能被读者使用,不被偷盗或不被外界环境损毁,专门设立图书保管部;图书馆馆员的工作职责是看守和保管图书,确保图书馆文献资源的安全。笔者于2011年进入江西省图书馆工作,仍清晰记得当时江西省图书馆还专门设有"保管部",每晚都有看守和保卫图书的值班人员。随着时间的推移和图书馆事业的不断发展,图书馆馆员不仅仅是图书的保管员,还应当作为读者的咨询导读员,为读者提供咨询服务,承担文化知识的传播职责,扮演社会教育者的角色。也正因如此,图书馆馆员的文化素质、综合业务素质得到了极大提升,图书馆馆员经过严格、专业的培训后直接参与读者参考咨询、导读服务工作,为读者提供基于知识资源的增值服务,例如图书馆馆员文献知识资源传递服务、真人图书馆知识资源服务等。图书馆甚至将参考咨询服务工作从馆内延伸至馆外。例如,江西省图书馆自2002年起,连续19年在江西省"两会"期间开展"两会"信息咨询服务,提供纸质参考文献知识资源和数字化电子资源,充分发挥图书馆为江西省立法决策提供基于知识资源的信息咨询服务职能,使江西省人大代表、政协委员充分利用图书馆丰富的知识型文献资源。再者,图书馆文化和旅游的融合促进了图书馆文旅智库的建设,图书馆不仅向本土读者提供知识资源智慧服务,还放眼于世界,开始向世界宣讲中国知识文化资源和传奇故事,让世界聆听中国图书馆的声音。

到了科学技术腾飞的现代,基于知识资源的增值型智慧服务得到了进一步发展。人工智能技术、大数据和云计算、虚拟现实、元宇宙等新兴技术为图书馆知识资源的增值型智慧服务带来了前所未有的契机。例如,图书馆基于AI算法的文献知识资源智能推荐系统、基于大数据分析的图书馆古籍文献平台,这些系统或平台根据读者的历史检索关键词或已下载的文献资源内容,精准地为读者推送其感兴趣的知识内容。

第三节　图书馆智慧服务的视角

文献资源、读者和馆员是图书馆八大元素中最重要的三要素,它们存在密切的关联。例如:读者可以借书,书也可以通过现代科学技术反过来"寻找"读者,为读者提供智能推送服务;图书馆馆员服务于读者,读者也可主动与馆员互动交流,提出新的观点或需求;图书馆馆员管理图书,反过来,图书亦可以反作用于图书馆馆员;当纸质文献资源和电子文献利用率出现较大波动时,图书馆馆员需重新分配两者的资源占比,优化文献资源配置。本节将从图书馆文献资源、读者和图书馆馆员三方视角阐述图书馆智慧服务的发展。

一、基于文献资源视角的图书馆智慧服务

文献资源是图书馆的核心资产,与读者和图书馆馆员均存在直接的关联。例如,读者借阅纸质或电子文献资源,图书馆馆员则需要对纸质文献资源进行采访、编目或其他处理。当前,基于文献资源视角的图书馆智慧服务主要体现在文献采编智慧服务、文献资源采购决策智慧服务、文献资源馆际互借智慧服务、基于区块链技术的文献资源版权保护智慧服务上。

(一)文献采编智慧服务

图书在上架前必须经过采访、编目、贴标、盖章等重复性劳动工作,文献采编智慧服务就是指将这些与采编服务相关的重复性业务工作变得更加智能化。当前,我国大部分公共图书馆还处于基于 RFID 的半自动化采编加工管理阶段,但也有图书馆在文献采编智慧服务方面开辟了新的空间。例如,2021 年广东省立中山图书馆开发了图书采分编智能作业系统——"采编图灵"。该系统结合物联网技术、人工智能技术、工业机器人技术,重组采分编工作流程,实现传统人工作业向自动化、智能化操作的转型升级。图书馆馆员只需将待加工的图书批量摆放至图书自动供件台,"采编图灵"即可精准识别,自动完成包括图书信息采集、姿态调整、标签条码打印粘贴、信息读写、翻页及盖馆藏章等十余项操作,代替大量的人工重复劳动。到 2021 年 8 月,"采编图灵"作业量累计突破 4 万册,日均产能达到省馆需求量的 150%,取得了良好的效益。"采编图灵"是目前图书馆行业先进的智能化图书处理系统,同时也将成为面向未来智慧图书馆领域的数据处理中心。

(二)文献资源采购决策智慧服务

文献资源采购决策智慧服务是指通过引入大数据技术对图书馆读者服务数据进行大数据分析,实现资源采购决策的智慧服务。在传统的图书馆决策管理中,管理者凭借自身积累的经验和对行业的敏感度来决定图书馆的发展方向。这种决策有时仅仅参考一些模糊的数据和建议,缺乏精确性和科学性。而大数据和大数据分析工具的出现,使图书馆决策者找到了一条全新的科学决策之路。例如,以数据驱动的图书馆资源采购决策系统就是文献资源采购决策智慧服务,通过采集读者流通数据和电子资源访问日志数据,分析读者访问量、检索量和下载量等关键指标,对这些数据进行深度挖掘,并对文献资源进行排行分析,最终形成数据可视化决策平台,为图书馆资源采购部门提供决策参考。

(三)文献资源馆际互借智慧服务

文献资源馆际互借智慧服务是指利用现代网络互联技术和软件开发技术实现的一项为不同公共图书馆之间进行文献资源流通的互助服务。馆际互借能够极大地满足读者的需求,降低文献资源的拒借率,同时也解决了基层公共图书馆馆藏文献资源不足的问题,发挥了图书馆馆际合作的整体优势。例如,广州市和佛山市图书馆于2019年4月23日开通公共图书馆"广佛通"合作项目,通过采用馆际互借的模式实现两馆读者互认,共享两市公共图书馆的文献信息资源与服务,最大限度地方便读者和满足读者的需求,推动广佛文化的深入发展。

(四)基于区块链技术的文献资源版权保护智慧服务

文献资源的版权问题一直阻碍图书馆资源的发展和利用,区块链技术的出现能够为实现高度共享互信的文献资源知识产权环境提供技术保障。例如,图书馆可以依托具有去中心化、全程留痕、不可篡改、可追溯等技术特性的区块链技术,搭建全国范围公共图书馆联盟链,可以有效实现全国各级公共图书馆及其他相关文化机构知识内容的权属认证、资产溯源,为知识产权保护提供技术保障,营造高度共享互信的知识产权环境。

二、基于读者视角的图书馆智慧服务

在图书馆智慧服务项目建设中,读者作为图书馆服务的对象,其需求是图书馆智慧服务建设的重要考量。当前,基于读者视角的图书馆智慧服务主要体现在读者流通、读者预约、读者画像、读者志愿管理、读者虚拟资源、读者语音交互上。

(一)读者流通智慧服务

读者流通智慧服务是指图书馆结合现代科技实现图书馆文献资源的智慧借还服务。目前,公共图书馆大多采用自助借还机完成图书借还操作,其核心技术为条码+磁条技术或RFID无线射频识别技术,实现了图书借还的半自动化流通服务。还有部分公共图书馆紧密结合前沿技术,在此基础上升级改造,实现了更加智慧化的图书借还服务。例如：有的公共图书馆在自助借还机上新增摄像头，用于基于人脸识别的读者身份信息验证，读者无须携带读者证即可完成图书借阅；有的公共图书馆通过引入人脸识别技术，并设立无感借还通道，实现出馆即借书、入馆即还书的智慧流通服务，读者仅需经过通道即可在极短的时间内自动完成图书借还手续。

江西省图书馆和广州市白云区图书馆率先在无感借还智慧服务方面开拓创新。其中，江西省图书馆于2020年9月27日新馆开馆之际上线全球首个基于人脸识别技术和超高频RFID技术的无感通道智慧流通服务，读者从携带图书进入通道到借书完成离馆的时间仅需6秒。为进一步满足读者流通服务需求，江西省图书馆对无感借还通道实施优化升级，成功将无感借阅时间缩短至3秒，并于2022年10月1日正式向读者开放，开创了全球图书馆智慧流通服务的先河，为读者提供了方便、快捷、高效的流通服务。广州市白云区图书馆于2021年9月27日开馆之际上线全国首个基于人脸识别技术和高频RFID技术的无感通道智慧流通服务，读者可在15秒内完成图书的无感借阅。

（二）读者预约智慧服务

读者预约智慧服务系统包含读者入馆预约、座位预约、活动预约等相关服务，通过手机号验证和微信昵称关联的方式实现读者预约服务。读者可以使用手机轻松完成不同时间段入馆、座席和活动预约，通过预约二维码到馆完成扫码验证签到；因故无法到馆或参加活动时，同样可以及时取消已预约的名额，完美实现读者预约智慧化服务。

（三）基于读者画像的智能推荐服务

读者画像智能推荐服务是一种根据图书馆读者用户习惯偏好，并利用大数据技术进行分析挖掘的智能推荐服务。该智慧服务以海量的历史借阅数据、资源下载记录和埋点的用户操作习惯为依据，为每一位读者贴上个性化标签，形成读者画像；智能推荐系统再根据读者画像为读者推荐类似的资源。目前，许多公共图书馆在读者画像智能推荐服务领域都有所建树，能够根据读者行为进行文献资源的智能推荐，并生成该读者在图书馆的年度服务报告。

（四）志愿管理智慧服务

读者从读者身份转变成志愿者身份，同时也扮演着图书馆工作管理人员的角色。志愿管理服务是读者与馆员的深度融合。随着自动化软件系统的发展，图书馆通过建立图书馆志愿管理服务系统完成了志愿者信息管理、志愿者活动管理和志愿者队伍编排管理,较好地搭建了图书馆志愿者管理智慧服务平台。读者可以参与到志愿者队伍中体验图书馆馆员工作的内容,感受成为图书馆馆员的乐趣。其中,每个志愿队伍都有一名志愿队伍负责人,负责志愿活动项目的发起。例如,图书资源、光盘资源等文献资源的上架志愿活动,图书馆智能化基础设施设备的读者使用引导活动,志愿者通过参加志愿活动获取一定的积分奖励,这极大地提高了志愿者参与志愿活动的积极性。在年度结束后,系统还会为每位志愿者生成志愿服务画像,极大地提升读者与图书馆的黏合度,提升图书馆志愿服务的管理水平和工作效率。

(五)基于虚拟技术的读者智慧服务

在科技不断创新发展的时代,图书馆结合虚拟技术在为读者带来沉浸式阅读体验的同时,也带来了智慧、便捷的线上虚拟图书馆服务。例如,图书馆通过渲染三维模型构建图书馆虚拟馆员,为读者提供24小时全天候在线的读者咨询智慧服务。又如,图书馆通过引入基于数字孪生、人工智能、物联网人机接口、3D实景建模引擎等各类先进技术组合的元宇宙技术,实现"图书馆数字化生存的最高形态",创造性地构建与现实图书馆映射和交互的虚拟图书馆,为读者带来了前所未有的便利:读者足不出户即可享受与真实图书馆保持一致的资源与服务。

(六)基于人工智能机器人的读者语音交互智慧服务

人工智能机器人的出现一方面缓解了图书馆馆员服务读者的工作压力,另一方面为读者提供了基于深度学习的自然语言交互式智慧服务。例如,江西省图书馆引入的两台智能机器人,分别叫"图图"和"旺宝"。它们不仅可以主动执行读者迎宾导航任务,为读者提供关于馆藏资源、读者服务和常见问题的解答,还能以诙谐幽默的方言与读者互动交流,俨然成为图书馆读者服务工作的"地宝"级资深馆员,深受读者喜爱。当然,在"深度学习"算法面世后,作为人工智能领域核心内容的机器人自主学习能力变得越来越强。江西省图书馆的机器人也具备自主学习能力:当读者问询机器人问答库中没有的问题时,它们会尝试从互联网搜索问题,并自动记忆这个问题及其答案,下次若有其他读者询问同样的问题,即可轻松作答。

三、基于馆员视角的图书馆智慧服务

基于馆员视角的图书馆智慧服务体现在两个维度。第一个维度是指通过引入先进的技术使图书馆馆员能够更加方便、快捷、高效地管理图书馆的某项工作。例如，计算机管理岗的图书馆馆员希望通过技术实现图书馆终端设备的统一管理，包括计算机故障管理、网络授权管理、计算机应用软件管理以及计算机安全管理。又如，网络安全管理岗的图书馆馆员则希望实现全馆数据流量的智能监控和安全态势感知，通过网络安全技术实现对图书馆数据资产实时监测，对网络攻击行为进行智能预测、快速响应和精准溯源，从而进一步限制和阻断攻击源。第二个维度是指图书馆通过智能技术实现对图书馆馆员的智慧化管理。例如，集门禁通行、食堂用餐、考勤管理、电梯控制等多种功能于一体的图书馆一卡通智慧服务系统，该系统能够实现对图书馆馆员的智能化管理。又如，图书馆 OA 和无纸化办公智慧服务系统既可以提高图书馆业务工作的审批效率，又能实现节能降耗的功效，增强图书馆日常工作和管理的效能。

第二章　图书馆智慧服务的前世今生

图书馆智慧服务并非与生俱来,它伴随着历史的沉淀和时间的推移不断向前发展。图书馆的形成与发展经历了从古代藏书楼到近代图书馆,再到现代图书馆三个重要历史时期,图书馆智慧服务便是从这些时期的读者基本服务中逐渐转变而来。不同时期的图书馆环境下,读者对文献资源的需求呈现出不同的表现,其需求大致可以概括为"读者可读书""读者可选书""书可选读者"。

在我国古代图书馆时期——官藏时期,人们更注重藏书,主要是对文献知识资源的保存。随着私家藏书的出现,也出现了允许外借的现象。但鉴于藏书得之不易,许多藏书家会制定藏书借阅的规章制度,避免图书遭受污损。在这一时期,古籍文献知识资源的传播与利用出现了借阅、借抄和互抄图书的现象。借抄和互抄不仅是丰富私家藏书的重要方法,而且是对典籍文献的充分流通和利用。许多家境贫寒的读书人就是通过借抄图书、勤奋苦读最终改变自身的命运,实现人生价值。例如,南朝梁文学家刘孝标,幼时故乡被北魏占领,到南方后家无藏书,在南朝齐藏书家崔慰祖的帮助下博览群书,后又在齐永明年间出都游学,遍求异书,最终成为一代名流。我国古代私家藏书时期,初步出现图书馆借阅图书的征兆,属于图书馆文献资源流通服务的萌芽期。

到了近代,出现了以卡片目录(以卡片作为载体,把书的相关信息著录在卡片上,从而形成的目录)为检索方式的传统图书馆,其智慧服务呈现出人工化、单一化特点。读者在卡片目录柜中寻找需要的卡片图书信息,再根据卡片图书信息填写索书单,图书馆馆员根据索书单为读者寻找相应图书。

到了现代,图书馆智慧服务得到了极大的发展。现代化图书馆时期主要包含基于数字化、网络化的数字图书馆时期和当前具备智能化、智慧化特征的智慧图书馆时期,不同时期的图书馆智慧服务呈阶梯式上升发展趋势。

在现代数字图书馆时期,图书馆文献资源载体形式发生了重大转变,出现了以数字电子资源为载体的文献资源和基于磁条或RFID技术、内嵌传感标识设备的纸质文献资源。数字图书馆时代在图书中嵌入磁条或RFID标签,能够实现书籍的自助借还、查找、定位、盘点等图书日常管理工作,相较于传统图书馆,有效提升了图书馆文献资源的管理与读者服务能力。与此同时,得益于数据库和互联网技术的兴起,图书馆在数字资源存储方式上也发生了重大变化。信息的快速发展,使得馆藏资源不断增长。数字图书馆将实体纸质资源加工为数字资源,读者可通过各种移动终端设备进行便捷的阅读。

在现代智慧图书馆时期,为不断满足读者服务的时代需求,紧跟前沿科学技术的发展潮流,图书馆充分利用物联网、大数据、云计算、人工智能、虚拟现实、人脸识别等现代信息技术,将读者服务工作向纵深扩展,实现图书馆服务方式由被动转变为主动,极大地提升了图书馆服务的智慧性。例如,图书馆结合大数据技术获取读者身份信息、历史借阅记录和阅读习惯,从而为每位读者提供个性化、精准化的文献知识资源推送服务;又如,通过引入虚拟现实技术,将图书馆文献知识资源融于虚拟场景,从而实现文献资源的沉浸式阅读。此外,就图书馆自身管理而言,通过引入物联网和态势感知技术,可实现图书馆数字资产的安全态势智慧管理,提高图书馆馆内环境控制和安全防护能力,大大减少了人力资源成本,有效提高了智慧化管理水平。

第一节 萌芽期:起源于传统图书馆服务

一、古代私家藏书的文献流通服务

中国上千年的藏书文化是中国传统文化不可或缺的组成部分,而古代图书馆的私家藏书作为藏书文化中的一个重要分支,在基于馆藏服务的传承方面也做出了很大的历史贡献。

(一)馆藏文献的保存。古代私家藏书最基本的历史贡献就是使得古代典籍文献得以保存和延续。随着历史车轮的滚滚前行,古代藏书虽然遭遇了战乱、统治阶层对藏书的限制以及人为灾害和自然灾害,但却未被全部损毁,这缘于私家藏书先天分散——散落于各收藏家手中,并通过抄印和刊录的方式传播,因此得以保存至今。

(二)馆藏文献资源的保护和管理。一是古代馆藏古籍文献的保存环境和保护方法为我国近代和现代图书馆藏书的保护和管理工作做出了重大贡献。

例如，清朝著名藏书家孙从添在其《藏书纪要》中记载"藏书断不可用套，常开看则不蛀。柜顶用皂角炒为末，研细，铺一层，永无鼠耗。恐有白蚁，用炭屑、石灰、锅锈铺地，则无蚁"，"书放柜中，或架上，俱不可并，宜分开寸许，放后亦不可放足。书要透风，则不蛀不霉"，"若来往多门，旷野之所，或近城市，又无空地，接连内室、厨灶、衙署之地，则不可藏书，而卑湿之地，不待言矣"，详细介绍了古籍文献的保存环境和保护方法。二是在馆藏文献资源的检索服务上，出现了书本式目录检索服务。在汉代以前，我国文献资源的载体一般为金石、甲骨、青铜、竹木、缣帛等，古代藏书者利用书签或牙制签牌夹在书函或书轴中，上标书名，以备检取，这便是最早的文献资源检索方式。到了汉代，我国发明了造纸术，纸张开始被广泛使用，成为文献资源的主要载体。我国的图书目录检索方式便是从西汉刘歆的《七略》开始，大部分采用书本式目录检索。

(三)馆藏文献的流通。随着历史的变迁，图书不予外借的规定取消。许多藏书家乐于分享和交流自己的藏书，通过借阅、借抄、互抄等方式实现对古代文献资源的充分流通和利用，也为近代图书馆读者流通服务工作的开展奠定了基础。

二、近代传统图书馆的卡片目录式文献流通服务

到了近代，传统图书馆文献资源检索与管理的方式从书本式目录转变为卡片式目录，极大地提高了文献资源的流通和管理效率。

在国际图书馆大环境中，受瑞典自然学家卡罗鲁斯·林奈乌斯关于生物分类方法的影响，法国图书馆最先使用纸牌进行图书分类。卡罗鲁斯·林奈乌斯在其出版的图书《自然系统》(Systema Naturae)中讲述如何分类和命名生物与矿物，目的是让科学家能根据大量的共享数据来分析物种的相似性。通过把矿物的信息写在纸上以便随时记录信息，从而轻松检索出任何矿物的数据，并将出错的信息复位。最重要的是，当出现新的生物或矿物时，可以随时增补新信息到新版本的《自然系统》中。在该书首印30年后，卡罗鲁斯·林奈乌斯用卡片替代了纸张，将所有生物和矿物的信息都写在一张张扑克大小的卡片上——这些卡片仅用于分类和索引。随后，法国大革命时期，许多寺院图书馆和私人图书馆被收为国有，其国民代表大会受卡罗鲁斯·林奈乌斯的纸牌式索引方式影响，指示相关人员用纸牌式卡片目录为这些藏书编目。19世纪初，美国和欧洲的图书馆开始使用索引卡分类，使用卡片这种索引方式使得检索更便捷：每新增一本图书,图书馆只需简单添加一张新卡片到总目录即可。19世纪末,美国图书馆开始普遍使用卡片目录进行编目。20世纪初,卡片目录逐步取代了历史更为悠久的书本式目录,成为图书馆的主要目录形式。

20世纪初,各种类型的图书馆在我国相继出现,图书馆馆员采用四部分类法编制古籍目录,用自编的分类体系编制新书目录,这一时期的图书检索方式主要是书本式目录。到辛亥革命时期,欧美国家的卡片式目录传入中国,部分高校图书馆才开始采用卡片式目录,卡片式目录从此替代书本式目录检索方式。例如,1911年,清华大学和南洋大学图书馆首次采用卡片式目录。1918年,武昌文华公书林也制作使用卡片式目录。1919年五四运动以后,随着新文化运动的蓬勃发展,各地纷纷建立图书馆,为使图书更好地为读者服务,图书馆界的改革者们积极学习西方国家图书馆的先进理论和技术,引入了卡片式图书目录检索方式。到1925年中华图书馆协会成立后,卡片目录在中国逐渐普及。

第二节 成长期:发展于数字图书馆服务

智慧服务的成长期出现的重大转变在于其服务关注点开始由文献资源逐渐延伸到图书馆读者用户。与该时期相关联的关键词主要有数字图书馆、Web2.0、MARC机读目录、联机公共目录检索系统(OPAC)、博客(Blog)系统等。在这一时期,图书馆智慧服务表现为基于数字化新型文献资源的数字图书馆服务、基于机读目录的文献资源检索服务、基于软件的图书馆自动化管理服务。

一、基于数字化新型文献资源的数字图书馆服务

随着信息技术的发展,需要存储和传播的信息量越来越大,信息的种类和形式越来越丰富,传统图书馆的机制逐渐不能满足读者需要。因此,数字图书馆这一概念应运而生。

在国际大环境中,美国一直在数字图书馆的发展过程中处于领先地位。美国国家科学基金(NSF)在1997年明确指出:"数字图书馆是一个环境,它将收藏、服务和人带到一起以支持数据、信息乃至知识的全部相关流程,包括从创造、传播、使用以及保存的全过程。"除美国外,法国、加拿大、英国等西方国家也制订并大力实施各自的数字图书馆计划。

与此同时,我国数字图书馆建设在政府和社会的大力支持和广泛关注下也有了长足的发展。1996年,第62届国际图联(IFLA)大会在北京召开,首次正式提出"数字图书馆"概念,数字图书馆成为该会议的重要讨论专题。1997年7月,"中国试验型数字式图书馆项目"由文化部向国家计委立项,国家图书馆、上海图书馆等6家公共图书馆联合参与,该项目的实施是我国数字图书馆建设的开端。1998年,数字图书馆成为热门关键词。1998年10月,文化部与国家图书馆启动了中国国家数字图书馆工程,该工程由中国数字图书馆有限责任公司负责,标志着中国数字图书馆工程进入实质性操作阶段。1999年初,国家图书馆完成"数字图书馆试验演示系统"的开发。同年3月,国家图书馆文献数字化中心成立,扫描年产量3000万页以上。同时,全国各级公共图书馆在国家图书馆的引领下广泛参与数字图书馆研究与实践。2000年底,文化部在海南召开"中国数字年图书馆工程资源建设"工作会议,讨论制定《中国数字图书馆工程一期规划(2000—2005年)》,并推出资源加工标准规范。2001年初,各大高校相继成立数字图书馆研究所,在全国范围内掀起了数字图书馆建设和研究的浪潮。

数字图书馆的发展经历了以技术为主导、以资源为主导和以服务为主导的三个发展阶段。首先,各级图书馆按照国家数字资源建设标准规范,结合数字化技术对馆藏文献资源进行统一的标准化加工和存储,有效构建了数字图书馆文献资源体系;其次,在资源内容建设上,各级图书馆结合本地实际情况因地制宜地选取馆藏地方特色资源进行数字化加工,并为读者提供数字资源服务,如开辟网上浏览、检索和下载功能;再次,数字图书馆建设的最终目的是为广大读者提供数字化文献资源与知识服务,同时为图书馆馆员等知识服务建设者提供高效的知识服务管理平台。因此,数字图书馆服务的开展应不断开拓创新,使服务更趋多元化。例如,图书馆通过网络互联互通技术打通兄弟图书馆的专网链路,从而实现数字资源的共建共享和资源优势互补,为读者提供更丰富的数字化新型文献资源。

二、基于机读目录的文献资源检索服务

到了近代图书馆时期,由于传统卡片式索引目录服务效率低下,且海量的图书文献资源需要越来越多的卡片和存储空间,基于数字化计算机识读和处理的机读目录替代了传统卡片式索引目录。机读目录（machine readable cataloging，简称 MARC）是指利用计算机识读和处理的目录。它是计算机编目的产品，以代码形式和特定的结构将书目信息记录在计算机的存储载体上，计算机能够识别、编辑并输出书目信息。机读目录可用于描述、储存、交换和检索各种类型的文献交换格式，它应用于规范（authority）、书目（bibliographic）、分类（classification）、团体信息（community information）和馆藏（holdimgs）数据的交换和表达。机读目录可一次输入，多次使用，是信息技术发展和资源共享的产物。实现网上信息资源共享是现代图书馆发展的方向，而书目数据的标准化、规范化是实现文献信息网络化和资源共享的前提。图书馆要在信息社会中生存、发展，不致落伍，就必须掌握机读目录的标准著录格式，使书目数据在国内外各文献收藏单位之间顺利交换。

世界上最早的机读目录是美国国会图书馆的 USMARC，它经过数年的改进已成为国家标准。随后各国争先仿效，编制本国的机读目录，如英国的 UKMARC。为便于各国机读目录互相交换，国际图联制定了 UNIMARC，以便规范各国的机读目录格式来实现数据的互联共享。我国从 1978 年开始研制机读目录，经过 20 多年的努力，取得了部分成果。我国依据国际图联 UNIMARC 标准，结合实际情况，编制出《中国机读目录通讯格式》（CNMARC）。以 CNMARC 为例，其记录结构分为记录头标区、地址目次区、数据字段区、记录分隔符。

在图书编码标准制定后，图书馆结合网络技术和联机公共目录检索系统——OPAC（online public access catalog），实现文献资源的查询。它是直接与读者互动的操作终端系统，是图书馆和读者在网上交流的重要窗口，起着沟通读者与馆藏文献资源的作用，极大地提升了读者检索文献资源的效率。OPAC 系统经过多次改进升级，到了 20 世纪 90 年代初，利用互联网技术已经基本实现全球网络互连，充分利用 Web 接口与 Z39.50 协议及客户机/服务器模式，使服务的对象从单一的馆内读者扩大到全球网络读者。

三、基于软件的图书馆自动化管理服务

近代图书馆智慧服务在图书馆管理方面最显著的变化是其管理方式由传统人工管理方式转变为自动化管理方式。我国图书馆自动化管理服务大体经历了起步、形成、应用和升华四个阶段，如表 2-1 所示。

表 2-1 我国图书馆自动化管理服务阶段

阶段名称	时间段	主要内容
起步阶段	1978—1985 年	1. 图书馆人才培养。 2. 国外机读目录学习。 3. 制定中国机读目录标准。 4. 研制开发汉字属性字典。
形成阶段	1985—1995 年	1. 研制开发图书馆自动化系统。 2. 汉字属性标准化研究。 3. 制定图书馆条码行业标准。 4. 引进国外先进系统或设备。
应用阶段	1995—2010 年	1. 图书馆应用软件实践。 2. 数字图书馆起步。 3. 图书馆互联、资源共享。 4. 图书馆自动化普及。
升华阶段	2011—2017 年	1. 结合国家骨干网,建设全国图书馆计算机网络。 2. 开展基于 Web 网站信息资源导航的门户建设。 3. 增设线上展览、讲座、全文数字资源服务,全面提高图书馆自动化管理服务水平。 4. 文化和旅游部、财政部联合下发通知,正式实施数字图书馆推广工程。

图书馆自动化管理服务按照内容可细分为图书馆业务工作自动化、图书馆读者文献资源获取自动化和图书馆办公自动化。

(一)图书馆业务工作自动化。图书馆业务工作自动化管理是指以计算机技术为核心,与网络通信技术相结合,对图书馆文献资源实行自动控制的过程。例如,图书采访、编目、期刊管理、典藏管理、流通管理、书目检索、馆际互借等。图书馆业务工作自动化管理系统主要包括软件、硬件、资源和人员四大要素。

(二)图书馆读者文献资源获取自动化。图书馆读者文献资源获取自动化是指读者在获取图书馆纸质实体图书与数字化电子图书这项服务实现的自动化管理。例如,图书馆采用条码+磁条技术或 RFID 无线射频识别技术后,读者可通过自助借还机实现纸质文献资源的自动流通,无须到服务台请求图书馆管理员人工借还。又如,当 Web2.0 技术真正应用到图书馆实现 Lib2.0 后,读者与知识超越了时空限制,读者可以在未来的任何时间、任何地点轻松获取图书馆数字化电子文献资源。

(三)图书馆办公自动化。图书馆办公自动化管理服务是指基于软硬件基础设施和网络环境实现图书馆内部人员、文件、资金、决策服务等方面的内部管理服务。例如,图书馆内部职工考勤管理、协同 OA 办公管理、财务预算资金管理、领导决策服务管理。

第三节 硕果期:腾飞于智慧图书馆服务

到了现代,图书馆的发展步入硕果期,出现了以高效、便捷、智慧为特点的智慧图书馆服务。在这一时期,利用信息技术助力图书馆转型发展已成为业界的共识,各级公共图书馆积极将各类创新技术应用于图书馆建设与服务中。例如,文献数字化、RFID 物联网、虚拟化、大数据、5G 网络、互联互通、虚拟现实、人脸识别、人工智能、网络安全态势感知、数字孪生、区块链等创新技术的出现为当前我国图书馆事业的高质量发展带来了新的动力。本节将从智慧编目、智慧流通、智慧阅读三个维度讲述现代公共图书馆智慧服务发展的案例。

一、智慧编目服务

为缓解图书馆馆员的采访、编目工作压力,提高采编服务效率,广东省立中山图书馆结合物联网技术、人工智能技术、工业机器人技术,重组采分编工作流程,实现传统人工作业向自动化、智能化操作的转型升级,成功建设图书采分编智能作业系统——"采编图灵",并于 2021 年正式运行,日均产能可达人工采编需求量的 150%,取得了良好的效益。

该系统包含图书自动供件、信息采集及姿态调整、封底和封面物理加工三个子系统,合计 12 个功能模块。图书馆馆员仅需将图书批量摆放至图书自动供件台,"采编图灵"即可精准识别,自动完成包括图书信息采集、姿态调整、标签条码打印粘贴、信息读写、翻页及盖馆藏章等 10 余项操作,有效解决图书馆馆员重复劳动问题,缓解采编人员压力,提高图书馆文献资源加工效能。

二、智慧流通服务

为解决图书馆流通服务效率低下的问题,江西省图书馆着力推动建设图书"无感借还"智慧流通服务系统,在全国率先完成了无感借还技术研发。该服务系统于 2020 年 9 月 27 日在新馆投入试运行,采用红外光幕技术、人脸生物识别技术、RFID 无线射频识别技术实现读者无感借还图书,读者只需携带书籍通过无感借还通道,即可完成图书的借出和归还。

其中,红外光幕技术用于判定读者是否进入通道和离开通道。当读者进入通道时触发红外光幕,红外发射管发出的光信号被遮挡,红外接收管接收不到调制信号,相应内部电路输出为高电平,系统通过内部电路状态即可判断读者是否进入或离开无感通道。人脸识别技术用于读者身份信息识别,通过人脸检测、人脸跟踪、人脸比对三个步骤完成读者身份信息识别。人脸比对采用特征向量和神经识别算法相结合的方式,完成人脸验证比对,通过确定眼虹膜、鼻翼、嘴角等五官轮廓的大小、位置、距离等属性,计算特征向量,并将其与人脸数据库中的人脸原始数据进行比较。RFID 无线射频识别技术用于获取图书信息。RFID 标签就好比每一本图书的身份证,通过无感通道内部配备的 RFID 超高频读写器识读图书标签信息。

江西省图书馆"无感借还"智慧流通服务系统依托无感借还通道运行。通道分为"无感借书通道"和"无感还书通道",设在图书馆二层主入口区域,共有 8 条。其中:中间 4 条通道为入馆的还书通道;左、右侧的各 2 条通道为出馆的借书通道。读者携带图书从通道出馆即可完成借书,从通道入馆即可完成还书。相较于传统借书流程,无感借阅智慧服务无须读者携带借书证或进行触摸屏式人机交互操作,读者通过无感通道即可快速完成图书借阅手续。这极大地提高了读者流通服务的快速响应和智慧服务的能力,取得了良好的流通服务效能。

三、智慧阅读服务

进入智慧化阶段后,公共图书馆将沉浸式阅读和精准感知融入图书馆阅读服务中,促进了智慧阅读服务的形成,使图书馆成为能够读懂读者心声的智慧图书馆。

一般意义上的"阅读",是指读者主动从材料中获取信息的过程,是一种理解、领悟、吸收、鉴赏、评价和探究的思维过程。"智慧阅读"不同于一般的阅读,它不仅仅是信息获取和交换,更侧重于读者在阅读中领悟的阅读心得和技巧。可以说,智慧阅读是普通阅读的升华:在记忆方面,能够更加迅速、准确地定位和获取文献资源;在认知方面,能够帮助读者快速、深刻地感知世界并提升自我。

例如,广州市黄埔区图书馆凭借高质量的公共文化服务获评广州市首批

"全民阅读示范点"，其"全民阅读·书香黄埔"智慧阅读网络空间建设已初具规模。2022年9月，黄埔区图书馆已建立覆盖全区的"阅读专列"，在全国首创智慧交通阅读驿站，联合交通运输部门完成115个智慧交通阅读驿站建设，借助5G网络科技，提供数字阅读推送服务，利用区图书馆线上服务终端，实时推送"精品推荐书单"，为广大群众提供精准的文化服务。

时代在发展，技术在创新，图书馆服务也变得越发智慧。然而，现代图书馆智能化、智慧化服务的发展离不开早期图书馆的基础服务。如果没有私家藏书楼文献资源的借抄、互抄、借阅，没有传统图书馆3英寸×5英寸的索引卡片目录，没有数字化、互联网的技术革命，那么，图书馆智慧服务将不会如此早地到来。

第二篇

核心技术篇

该篇为本书的核心部分,主要通过现代科学技术讲解和案例实践结合的方式阐述图书馆如何利用现代科学技术推进图书馆服务模式的智慧化创新;通过介绍物联网、RFID、虚拟化、大数据、5G、互联互通、虚拟现实、人脸识别、人工智能、网络安全态势感知、数字孪生、区块链等核心技术,说明如何将这些技术应用于图书馆中,并列举相关技术的图书馆实践案例,说明图书馆智慧服务的创新发展。

第三章 物联网与 RFID 技术——每本图书的"身份证"

第一节 认识物联网与 RFID 技术

一、物联网与 RFID 的基本概念

(一)物联网技术的基本概念

物联网是互联网的延伸与扩展,其英文名为 internet of things,即万物相连的互联网。它是一种能够利用一系列信息传感设备将各类物体连接到互联网并进行信息交换和通信、智能识别、定位、跟踪、监控和管理的网络,从而实现任何时间、任何地点的万物互联。常见的信息传感设备包含射频识别、红外传感器、全球定位系统、激光扫描仪和气体传感器等。

(二)RFID 技术的基本概念

RFID 技术是指通过无线射频方式对加载在物体上用于记录信息的记录媒体进行读写操作,实现数据传输与交换的一种技术。其英文名为 radio frequency identification,即无线射频识别技术。它是一种非接触式的自动识别技术。

二、RFID 与物联网的联系与区别

总体而言,物联网与 RFID 技术关系紧密:RFID 技术是物联网发展的起步和关键环节,但 RFID 技术的应用却不仅仅局限于物联网领域。两者既存在紧密的联系,也存在区别。

(一)RFID 与物联网的联系

RFID 是物联网技术中的一种支撑技术,也称为"使能技术",是物联网技术发展的起点。早在 1999 年,美国麻省理工学院研究人员提出了通过互联网实现物品互连的创新思想,并研发出产品电子代码,并将产品电子代码以数字形式存储于被嵌入各类物品的信息传感设备(如 RFID 芯片)中,这便是最早的以物品电子代码为基础的物联网。到了 2003 年,国际物品编码协会成立了专门从事全球物联网研究的非营利机构——EPCglobal(Electronic Product Code global)。研究人员将这种可分配给物理对象、单位负载、位置、可识别实体的唯一标识符称为电子产品代码(EPC),并开展了一系列物联网采集终端 RFID 的研究与试验工作(将 EPC 代码存储于 RFID 芯片中,并将 RFID 标签嵌入到单个物品上)。

(二)RFID 与物联网的区别

当前 RFID 技术多应用于特定非开放式领域的事务管理,且不同领域的企业或单位各自建立具有自身特征的识别协议与标准。而物联网是基于统一协议和标准的开放式连接。与 RFID 应用中数据主要存放于 RFID 芯片中不同的是,基于物联网技术的物品信息存储于云端,实现全球范围内的信息资源共享。

1. 存储地点区别

RFID 技术中的数据信息一般存放于嵌入了被识别物品信息的 RFID 芯片中。物联网技术中的数据信息一般是存储于云端的物联网云平台,各类 IOT 设备通过集成接口调用等方式被物联网云平台实时采集监控。

2. 应用领域及场景区别

物联网技术主要通过红外技术、地磁感应技术、RFID 技术、条码识别技术、射频识别技术、无线通信技术实现多领域识别应用。而所有这些技术中,射频识别技术(RFID 技术)相较于其他识别技术,在准确率、感应距离、信息量等方面都具有非常明显的优势。RFID 识别技术应用领域不仅仅局限于物联网领域,还涵盖了微波、电磁、通信、集成电路等领域。

3. 开放性区别

物联网技术的发展使其网络范围由传统互联网扩大到包含传感网、移动通信网、移动互联网等各类开放式信息网络,实现任何时间、任何地点对任何事物的开放式系统识别。

以 RFID 为识别技术的系统应用分为开放式 RFID 系统和非开放式 RFID 系统。在开放式 RFID 系统中,RFID 代码在全球范围内具有唯一性,其对应的 RFID 数据可在全球范围内不同的局域网系统间实现数据信息的交换与信息共享。例如,大型跨国企业具有供应链管理接口的 RFID 应用系统,实现全球范围内数据信息的交换与共享。

非开放式 RFID 系统则仅可在本地局域网内部系统之间进行数据信息交换

和共享,其定义的数据协议、编码格式标准和数据结构在全球范围内不具备唯一性,不能与其他局域网范围的系统数据进行交换与信息共享,例如 RFID 图书馆图书管理、RFID 企业资产管理、RFID 人员考勤管理。只在本单位或企业的局域网系统中进行数据交换的数据采集系统,均为非开放式 RFID 管理系统。

三、RFID 技术标准

统一标准是一项技术或系统得以广泛应用的重要前提。例如,第五代移动通信技术(5G)的普及得益于其技术标准建设。2013 年,工信部、发改委、科技部共同支持成立 IMT-2020(5G)推进组,共同推动 5G 国际标准发展。2017 年,工信部发布兼顾系统覆盖和大容量的基本需求的 5G 中频频谱标准。同样,RFID 技术的崛起与其建设技术标准的统一息息相关。由于 RFID 涉及领域和应用范围较广,且其标准内容极为复杂,所以在国际上关于 RFID 标准的建设存在竞争态势。

(一)RFID 国际标准

当前,RFID 国际标准体系已形成五大标准组织,按照影响力排序依次为 EPCglobal、ISO/IEC、UID、AIM、IP-X,它们分别代表了不同团体或国家的利益。其中:EPCglobal 标准体系综合了美国与欧洲的厂商,在全球拥有上百家成员,得到零售巨头沃尔玛、制造业巨头强生、宝洁等跨国公司的支持,实力相对占上风;ISO/IEC 是国际标准化组织和国际电工委员会联合发布的 RFID 技术标准,有着天然的标准化公信力。在标准频段研究上,除了对 860 MHz～960 MHz 频段发布标准,对其他频段也发布了技术标准。UID 是泛在识别中心 RFID 研究机构,代表了以日本为核心成员国的利益,以及少数其他国家的著名厂商,如微软、三星、LG 等厂商的利益。AIM 是由自动识别和数据采集中心组织的一个国际自动识别制造商协会,其影响力远不如 EPCglobal。IP-X 的成员则以非洲、大洋洲、亚洲等国家为主。

RFID 标准的核心内容主要集中在 RFID 标签的数据通信协议和编码标准上。其中,RFID 标签数据通信协议定义了不同频段的空中接口及参数。鉴于篇幅原因,本书仅介绍最具影响力的 EPCglobal 的 RFID 标准体系框架[①]。

---

① 资料来自 https://www.gs1.org/standards/rfid。

1. 标签数据标准（tag data standard，简称 TDS）

标签数据标准是指 EPC 射频识别标签数据规范。目前，该规范已于 2022 年 8 月升级为 TDS2.0 版本。该版本除包含 1.9 版本中关于标签 EPC 码承载的基本数据（EPC 数据、用户存储数据、控制信息和标签制造厂商信息）外，还添加了 EPC/RFID 编码与 GS1 条码中 GS1 元素字符串对齐的规则——该类规则可实现快速查询具有特定参数要求的产品以及其他新兴需求功能。例如，新的"EPC＋"方案可简化编码/解码并提高条码与 RFID 标签的互操作性。同时 TDS 2.0 还支持在 EPC/UII 内存中编码 AIDC 数据（作为用户内存的可选替代方案），支持 AIDC 数据的 Gen2 Inventory 反向散射，满足从 RAIN RFID 标签优化捕获的用例要求。

2. 标签数据转换协议（TDT）

标签数据转换协议为软硬件设施开发商和系统集成商界面的数据标识层标准，可用于确认 EPC 格式及不同级别数据标识之间的转换。

3. RFID 标签空中接口协议

国际物品编码组织（GS1）是一个中立的、非营利性国际组织，负责制定、管理和维护最为广泛的全球统一标识系统（简称 GS1 系统），可有效促进全球商贸流通和供应链效率提高。GS1 编码组织对超高频 UHF Gen2 以及高频空中接口协议均做了详细规定，本协议为软硬件设施开发商和系统集成商界面的数据通信层标准。

（1）超高频（UHF C1G2）

GS1 的 EPC"Gen2"空中接口协议 v1 版本由 EPCglobal 在 2004 年首次发布，该协议定义了工作在 860 MHz～960 MHz UHF 频率范围内的读写器和无源标签 RFID 系统的物理和逻辑要求。随着零售业和社区用户需求的不断增加，最新的 v2.0 版本已面世，并具备向后兼容的功能。

（2）高频（HF C1）

该标准定义了在 13.56 MHz 频率下运行的无源反向散射、读写器优先沟通（ITF）、RFID 系统的物理和逻辑要求。该系统包括读写器和标签。EPC 高频空中接口协议 v2.0.3 相较旧版本，具有更快的速度，为高频识别提供项目级标签功能。

4. RFID 软件接口

(1)底层读写器协议(LLRP)

底层读写器协议(LLRP)指定 RFID 读写器和客户端之间的接口。接口协议之所以称为底层协议,是因为它实现了对 RFID 空中接口协议操作时序的完全控制以及对 Gen2v2 命令的所有参数的访问。与此同时,该版本提供了允许 LLRP 和 Gen2v2 空中接口标准完美匹配的新功能。新功能包括用于向后兼容的 LLRP 版本管理以及用于隐私和安全目的的 Untraceable 和 Authenticate 命令。本协议为软硬件设施开发商和系统集成商界面的数据采集层标准。

(2)读写器发现配置与初始化(DCI)

GS1 EPCglobal 标准规定了 RFID 读写器、访问控制控制器及其工作网络之间的接口规范,以便于用户配置和优化读写器网络。同时,该接口可利用它们所连接的网络与其他设备通信、交换配置信息、初始化并控制每个读写器的操作,从而向客户端提供标签和其他信息。本协议为软硬件设施开发商和系统集成商界面的数据交换层标准。

(3)读写器管理标准规范(RM)

读写器管理标准规范(RM)是有线协议的读写器管理标准(v1.0.1 版本),该标准用于监测符合 EPCglobal 要求的 RFID 读写器的运行状态和健康状况。

(4)应用程序级事件标准规范(ALE)

应用程序级事件标准规范定义了中间件对上层应用系统提供的标准接口,通过该接口可以捕获 RFID 事件和相关数据,并将这些数据进行过滤、整合,从而采集重要信息。

ALE 的透明性和数据解析功能为编写业务逻辑提供了一个新起点。ALE 的透明性使得 ALE 客户端不需要考虑读写器品牌型号,甚至不需要知道读写器或天线的数量。ALE 数据解析功能使得其通过运行"ALE 过滤和收集引擎",为用户应用程序提供基于 Web 的应用程序编程接口(API)。例如,ALE RFID 标签读写功能,为用户提供解析后的 EPC 数据,而非标签的原始二进制内容。

(二)我国 RFID 标准

我国物联网和 RFID 技术的标准体系建设相较于西方国家更晚。随着 GS1、ISO 等国际化标准组织的沟通协调工作,许多发达国家在用的 RFID 企业标准逐渐转变为开放性的国际标准,这为我国研究并制定本地化 RFID 标准建设奠定了基础。

为有效保障 RFID 标签信息安全,建立我国 RFID 自主知识产权,从而在 RFID 技术产业应用中掌握主动权,我国在发展 RFID 产业的同时也积极制定 RFID 标准。我国 RFID 系统标准体系可分为基础技术标准体系和应用技术标准体系。

1. 基础技术标准体系

基础技术标准分为基础类标准、管理类标准、技术类标准和信息安全类标准四个部分。其标准体系图如图 3-1 所示。

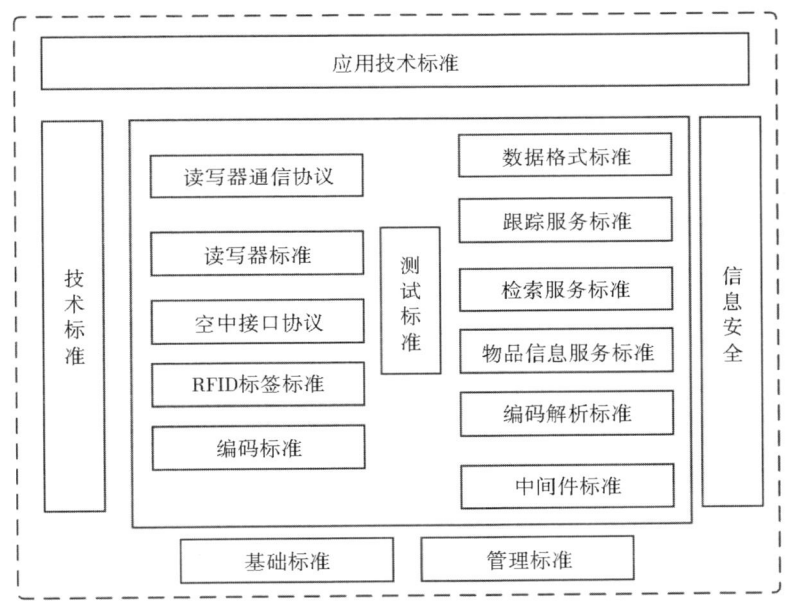

图 3-1 我国 RFID 标准体系

我国 RFID 基础技术标准体系如图 3-1、3-2 所示。其中,RFID 标签、读写器和中间件标准只包含所有产品的共性功能与共性要求。应用技术标准体系中将定义个性功能和个性要求。接口标准和公共服务类标准不随应用领域变化而变化,是应用技术必须采用的标准。

2. 应用技术标准体系

RFID 应用技术标准体系是一个指导性框架,制定具体的 RFID 应用技术标准时,要结合应用领域的特点,进行相应的补充。在 RFID 应用技术标准体系模型中,有些内容需要制定国家标准,有些内容需要制定行业标准、地方标准或企业标准。标准制定机构要根据具体的情况制定相应级别的应用标准。

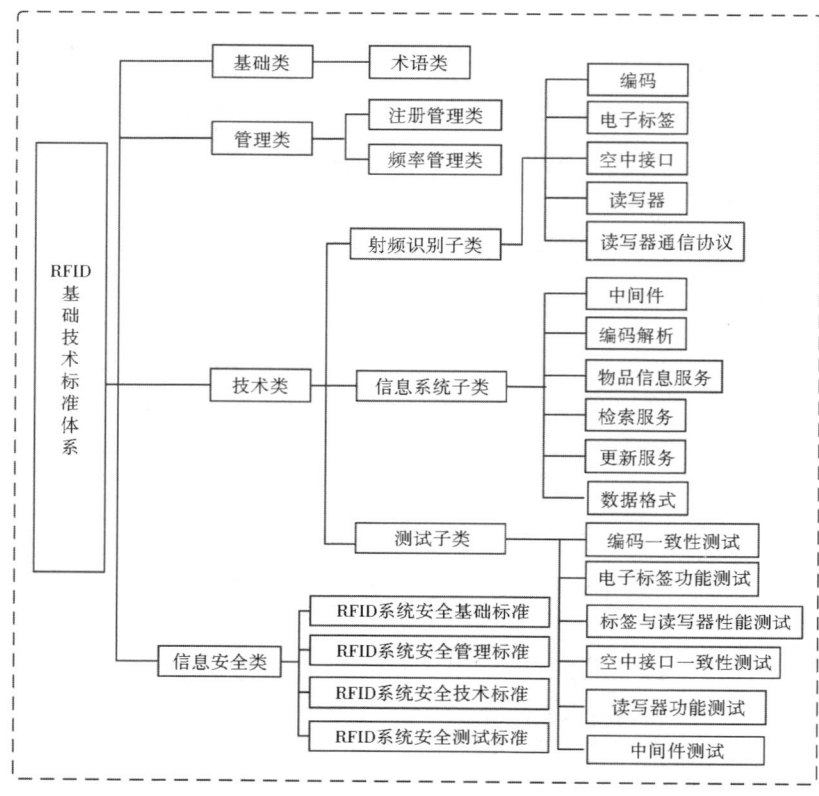

图3-2 基础技术标准体系

3. 已正式发布的RFID技术国家标准

由工业和信息化部电子标签（RFID）标准工作组、全国信息技术标准化技术委员会传感器网络标准工作组、工业和信息化部信息资源共享协同服务（闪联）标准工作组、全国工业过程测量和控制标准化技术委员会等产、学、研、用户各界共同发起了物联网标准联合工作组。目前，我国已经正式发布的RFID技术方面的国家标准见表3-1。

表3-1 我国已经正式发布的RFID技术方面的国家标准

标准号	标准名称	发布日期	实施日期
GB/T 14916—2006	识别卡　物理特性	2006-03-14	2006-07-01
GB/T 20563—2006	动物射频识别　代码结构	2006-10-26	2006-12-01

续表 3-1

标准号	标准名称	发布日期	实施日期
GB/T 22351.1—2008	识别卡 无触点的集成电路卡 邻近式卡 第1部分:物理特性	2008-08-06	2009-01-01
GB/T 22334—2008	动物射频识别 技术准则	2008-08-26	2009-02-01
GB/T 22351.2—2010	识别卡 无触点的集成电路卡 邻近式卡 第2部分:空中接口和初始化	2010-12-01	2011-04-01
GB/T 28926—2012	信息技术 射频识别 2.45 GHz 空中接口符合性测试方法	2012-11-05	2013-02-09
GB/T 28925—2012	信息技术 射频识别 2.45 GHz 空中接口协议	2012-11-05	2013-02-09
GB/T 29261.3—2012	信息技术 自动识别和数据采集技术词汇 第3部分:射频识别	2012-12-31	2013-06-01
GB/T 29266—2012	射频识别 13.56 MHz 标签基本电特性	2012-12-31	2013-06-01
GB/T 29272—2012	信息技术 射频识别设备性能测试方法 系统性能测试方法	2012-12-31	2013-06-01
GB/T 29768—2013	信息技术 射频识别 800/900 MHz 空中接口协议	2013-09-18	2014-05-01
GB/T 29797—2013	13.56 MHz 射频识别读/写设备规范	2013-11-12	2014-05-01
GB/T 32829—2016	装备检维修过程射频识别技术应用规范	2016-08-29	2017-03-01
GB/T 32830.1—2016	装备制造业 制造过程射频识别 第1部分:电子标签技术要求及应用规范	2016-08-29	2017-03-01
GB/T 32830.2—2016	装备制造业 制造过程射频识别 第2部分:读写器技术要求及应用规范	2016-08-29	2017-03-01
GB/T 32830.3—2016	装备制造业 制造过程射频识别 第3部分:系统应用接口规范	2016-08-29	2017-03-01
GB/T 33459—2016	商贸托盘射频识别标签应用规范	2016-12-30	2017-07-01

续表 3-1

标准号	标准名称	发布日期	实施日期
GB/T 33848.1—2017	信息技术　射频识别　第1部分:参考结构和标准化参数定义	2017-05-31	2017-12-01
GB/T 35660.1—2017	信息与文献　图书馆射频识别(RFID)第1部分:数据元素及实施通用指南	2017-12-29	2017-12-29
GB/T 33848.3—2017	信息技术　射频识别　第3部分:13.56 MHz 的空中接口通信参数	2017-07-31	2018-02-01
GB/T 34594—2017	射频识别在供应链中的应用　集装箱	2017-10-14	2018-05-01
GB/T 34996—2017	800/900 MHz 射频识别读/写设备规范	2017-11-01	2018-05-01
GB/T 35102—2017	信息技术　射频识别　800/900 MHz 空中接口符合性测试方法	2017-11-01	2018-05-01
GB/T 35660.2—2017	信息与文献　图书馆射频识别(RFID)第2部分:基于 ISO/IEC 15962 规则的 RFID 数据元素编码	2017-12-29	2018-07-01
GB/T 35129—2017	面向食品制造业的射频识别系统　环境适应性要求	2017-12-29	2018-07-01
GB/T 35130—2017	面向食品制造业的射频识别系统　射频标签信息与编码规范	2017-12-29	2018-07-01
GB/T 35135—2017	面向食品制造业的射频识别系统　应用要求	2017-12-29	2018-07-01
GB/T 35290—2017	信息安全技术　射频识别(RFID)系统通用安全技术要求	2017-12-29	2018-07-01
GB/T 36364—2018	信息技术　射频识别　2.45 GHz 标签通用规范	2018-06-07	2019-01-01
GB/T 36365—2018	信息技术　射频识别　800/900 MHz 无源标签通用规范	2018-06-07	2019-01-01
GB/T 36435—2018	信息技术　射频识别　2.45 GHz 读写器通用规范	2018-06-07	2019-01-01
GB/T 37026—2018	服装商品编码与射频识别(RFID)标签规范	2018-12-28	2019-07-01

续表 3-1

标准号	标准名称	发布日期	实施日期
GB/T 37033.1—2018	信息安全 技术射频识别系统密码应用技术要求 第 1 部分:密码安全保护框架及安全级别	2018 - 12 - 28	2019 - 07 - 01
GB/T 37033.2—2018	信息安全 技术射频识别系统密码应用技术要求 第 2 部分:电子标签与读写器及其通信密码应用技术要求	2018 - 12 - 28	2019 - 07 - 01
GB/T 37033.3—2018	信息安全 技术射频识别系统密码应用技术要求 第 3 部分:密钥管理技术要求	2018 - 12 - 28	2019 - 07 - 01
GB/T 37379—2019	内河船舶 2.45 GHz 射频识别系统技术规范	2019 - 05 - 10	2019 - 12 - 01
GB/T 37886—2019	气瓶射频识别(RFID)读写设备技术规范	2019 - 08 - 30	2020 - 03 - 01
GB/T 38059—2019	气瓶射频识别(RFID)应用 充装控制管理要求	2019 - 10 - 18	2020 - 05 - 01
GB/T 38333—2019	铅酸蓄电池用射频识别(RFID)电子标签技术规范	2019 - 12 - 10	2020 - 07 - 01
GB/T 38668—2020	智能制造 射频识别系统 通用技术要求	2020 - 04 - 28	2020 - 11 - 01
GB/T 38670—2020	智能制造 射频识别系统 标签数据格式	2020 - 04 - 28	2020 - 11 - 01
GB/T 35660.3—2021	信息与文献 图书馆射频识别(RFID) 第 3 部分:分区存储 RFID 标签中基于 ISO/IEC 15962 规则的数据元素编码	2021 - 11 - 26	2021 - 11 - 26

(三)RFID 数据结构及信息编码格式

1. RFID 数据结构

RFID 数据结构是指 EPC 规范定义的由"标签头部"与"数字字段"两部分组成的 EPC 数据结构。其中:EPC 数据结构中的"标头"用于定义 EPC 标签的总长度、编码格式和数据结构类型,属于系统字段,与被标识对象无关;"数字字段"与被标识对象相关,主要包含被标识对象类型代码、标签厂商识别代码、管理者代码、被标识对象分类及个体流水号等信息。详情如表 3-2 所示。

表 3－2　EPC 通用数据结构及释义

类型结构	系统字段	标识对象字段				
	标头	滤值	分区	管理者代码	对象分类	序列号
释义	定义 EPC 标签系统属性（EPC 标签总长度、编码格式及数据结构代码）	定义 EPC 标签标识对象类型代码	定义厂商识别代码	定义标识对象用户识别代码	定义标识对象分类流水号	定义标识对象个体流水号

2. RFID 信息编码格式

RFID 信息编码格式按照开放共享类型可分为开放式编码和非开放式编码。

开放式编码方案是指在两个及以上的局域网系统中运行的 RFID 项目信息标识，它具备标识对象、编码格式、数据结构及代码赋值的全球范围统一性，从而有效保证 RFID 标签代码在全球的唯一性，为后续在全球范围内进行数据交换与信息共享做铺垫。

非开放式编码方案是指在单一局域网系统内部运行的 RFID 项目信息标识，其 RFID 数据智能在该局域网以外的网络中不具有唯一性。因此，不需要对外进行数据交换的系统可以采用非开放式编码方案，例如车辆管理系统、门禁管理系统。当然，为避免后期出现非开放式编码方案转向开放式编码方案的可能性，在设计编码方案时可以采用两者结合的方式，即在数据结构上采用与开放式编码方案保持一致的数据格式。

目前 EPC 系统应用中，按照位数划分的编码类型有三种，分别是 64 位、96 位和 256 位；分别由版本号、被标识对象域名管理者、被标识对象分类、被标识对象序列号四部分组成，详情见表 3－3。

表 3－3　按照位数划分的 EPC 编码类型

编码类型		版本号	域名管理者	对象分类	对象序列号
EPC-64	TYPEI	2	21	17	24
	TYPEII	2	15	13	32
	TYPEIII	2	26	13	23
EPC-96	TYPEI	8	28	24	36
EPC-256	TYPEI	8	32	56	160
	TYPEII	8	64	56	128
	TYPEIII	8	128	56	64

其中:头字段标识 EPC 的版本号,它使得 EPC 将来可有不同的长度或类型;EPC 域名管理者是描述与此 EPC 相关的生产厂商或所有者的信息。例如,某个图书馆的对象分类记录对象精确类型的信息。江西省图书馆馆藏的题名为《区块链应用开发实战》的科技类中文图书,其序列号是唯一标识对象,会精确地指明所说的《区块链应用开发实战》这本书究竟是哪一本的复本。

四、RFID 标签与 RFID 读写器

(一) RFID 标签

1. 什么是 RFID 标签?

RFID 标签是一种附着在被标识物品上的一种数据载体,该数据载体能够接收电磁场调制信号并返回应答信号,并且能通过标签读写器完成数据传输及业务系统指令程序。RFID 标签,也被称为电子标签、射频标签、射频卡等。它以射频电子数据形式存储标识对象的代码,与读写器一同构成 RFID 系统的硬件主体。

2. RFID 标签的结构组成

RFID 标签的物理结构主要由 RFID 标签内核与封装内核的外部材料组成。RFID 标签内核由 RFID 芯片、天线以及所粘贴的基板组成。芯片和天线是 RFID 标签的核心。芯片是半导体晶片,天线是 RFID 标签的触角,作为 RFID 标签发射与接收射频信号的部件而存在,它们一般固定在柔软透明的 PET 聚酯膜基板上,如图 3-3 所示。RFID 标签的外部封装材料可以是可视化可打印的封装材料,或者是非可视化粘贴材料。

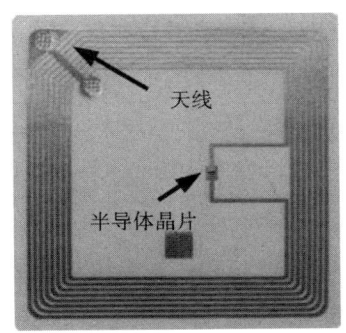

图 3-3 RFID 高频标签的核心——芯片与天线

3. RFID 标签的分类

按照不同的特征类型,RFID 标签的分类方法有五种,分别是:按照供电形

式分类、按照调制方式分类、按照工作频率分类、按照读写方式分类、按照通信时序分类。

(1) 按照供电形式分类

依据工作所需能量的供应形式,RFID 标签可以分为:有源标签、无源标签以及半有源标签。有源标签的工作能量来自自带的电池,电池能量的供应使得其识别距离可达百米。有源标签体积较大、成本较高、寿命较短,需要定期更换,常见的有集装箱电子铅封标签。与之相反,无源标签是指不通过电池提供能量,利用波束供电技术将接收到的无线射频信号能量转化为直流电源为标签内部的电路供电。其体积小、成本低、寿命长,但识别距离较短,最长为数十米。半有源标签则介于有源标签与无源标签两者之间,其配备的电池仅用于激活系统;系统激活后,半有源标签便进入无源标签工作模式。这类标签常用于实时温湿度传感器系统中,例如,半有源温湿度传感超高频标签。

(2) 按照调制方式分类

依据 RFID 调制方式,RFID 标签可以分为主动式、被动式和半主动式三种。其中,主动式 RFID 标签为有源标签,主动发送数据到读写器,标签与读写器只需要完成一次应答即可实现数据采集工作,常用于军事领域。被动式 RFID 标签必须利用读写器的载波信号来调制自己的信号,RFID 标签进入读写器识读信号范围后,RFID 天线接收到电磁波,其线圈会产生感应电流为标签供电。半主动式 RFID 标签中的电池仅对标签内部电路供电,标签一旦被读写器能量激活,便通过反向散射调制方式传输数据。

(3) 按照工作频率分类

频率是 RFID 标签的重要指标,RFID 标签的工作频率与 RFID 读写器发送射频信号的频率保持一致。依据 RFID 工作频率方式,RFID 标签可以分为低频标签、高频标签、超高频标签、微波标签四种。其中:低频标签的工作原理为电感耦合,其工作频率范围是 30 kHz ~ 300 kHz,比较典型的频率为 125 kHz、133 kHz,其识读距离一般小于 60 cm;高频标签电感耦合原理与低频标签相同,其工作频率范围是 3 MHz ~ 30 MHz,比较典型的频率为 13.56 MHz,其识读距离一般小于 1 m,常用于门禁卡、公交卡等应用;超高频标签与读写器的工作原理为电磁耦合,其工作频率主要有 433 MHz 和 860 MHz ~ 960 MHz 两个频段,其识读距离一般大于 1 m,近场典型距离为 3 m ~ 4 m,远场可达 100 m;微波标签的工作频率主要有 2.45 GHz 和 5.8 GHz 两个频段,目前国内市场上可见的车载有源微波标签主要用于 ETC 电子收费系统,具有鉴权、加密访问和电子钱包扣款功能。国内外的 RFID 开发重点集中于超高频 RFID 系统。

(4)按照读写方式分类

依据读写方式,RFID 标签可以分为只读、一次写入多次读出和多次可读写三种。其中:只读式标签是在标签生产时写入相关数据并固定化,其成本最低,数据也最安全,一般用于货物防伪鉴定管理,如白酒和红酒的防伪标签;一次写入多次读出式标签成本较低,一般用于生产管理、物流管理等系统;多次可读写式标签成本最高,一般用于需要随机读写的系统,如收费系统。

(5)按照通信时序分类

通信时序是指读写器与标签的工作次序,按照通信时序分类存在两类标签,分别是:RTF(reader talk first)读写器先讲类型标签和 TTF(tag talk first)标签先讲类型标签。

读写器先讲类型是指读写器首先向多个标签发出隔离命令,只允许一个立即要识读的标签处于活动状态,与读写器保持无重装通信,一旦通信结束,立即将其休眠,继续指定下一个标签执行相同命令。如此往复,最终完成多标签识读。也就是说,读写器主动唤醒,类似于课堂上老师点名让同学发言。

标签先讲类型是指多个 RFID 标签在随机时间里反复发送自己的 ID 代码,不同的标签可以在不同的时间段最终被读写器正确识读,即 RFID 标签向读写器"自报家门"。

4. 如何选择合适的 RFID 标签?

RFID 标签的选择需要按照使用单位的实际需求因地制宜地进行选型适配。良好的性价比与识读率精确是标签选择的最终目标,在此基础上,再考虑标签的供电性能、调制性能以及频率性能要求。

(二)RFID 读写器

1. 什么是 RFID 读写器?

RFID 读写器又称为 RFID 阅读器,是采集 RFID 标签数据的装置,通过射频识别信号自动识别目标对象并获取相关数据,无须人工干预即可识别运动中的物体并可同时识别多个 RFID 标签。RFID 系统中,读写器与标签之间的通信准确率被称为识读率,RFID 系统的优劣很大程度上取决于识读率的高低。因此,提高识读率成为 RFID 系统不断优化的方向。

2. RFID 读写器的工作原理

RFID 读写器的工作原理是利用无线射频信号与空间耦合传输特性，使 RFID 标签与读写器的耦合元件在射频耦合通道内进行能量传递、数据交换，实现对标识对象的自动识别。读写器与 RFID 电子标签之间的射频信号耦合分为变压器原理模型的电感耦合、雷达原理模型的电磁反向散射耦合。前者识别距离较近，RFID 射频信号通过空间高频交变磁场实现耦合；后者识别距离远，电磁波碰到目标后反射，同时携带回目标信息。

3. RFID 读写器的组成

（1）RFID 天线

在 RFID 系统中，天线分为电子标签天线和读写器天线两大类，它们分别起着接收能量和发射能量的作用。电子标签天线主要负责将读写器中的电流信号转换成射频载波信号；读写器天线负责接收标签发送过来的射频载波信号并将其转化为电流信号。天线的设计对读写器的工作性能非常重要：对于 RFID 标签来说，它的工作能量全部由 RFID 读写器天线提供。

（2）RFID 射频接口模块

该模块是 RFID 读写器的射频前端，主要负责发射及接收信号。其中的调制电路将需要发送的信号加以调制后发送出去，解调电路则将标签传送过来的信号放大，保证信号接收。

（3）读写器逻辑控制模块

逻辑控制模块是整个读写器工作的控制中心和智能单元，读写器在工作时由逻辑控制模块发出指令，接口模块按照不同的指令执行不同的操作。微控制器可以完成信号的解编码、数据加解密以及执行防碰撞算法；存储单元负责存储一些程序和数据；应用接口则负责输入/输出通信。

4. RFID 读写器分类

RFID 读写器按照不同的携带方式可分为固定式、手持式和移动式读写器。固定式 RFID 读写器主要应用于固定式场景，如嵌入墙体无须移动的 RFID 图书自助借还机、RFID 图书防盗安全门。手持式 RFID 读写器常用于盘点资源管理，通过手持式 RFID 读写器中的天线接收感应到的 RFID 资产标签数据，并进行资产盘点。移动式读写器则可以在流动站点移动盘点 RFID 标签数据。

RFID 读写器按照工作频段不同,可以分为低频、高频、超高频、微波等,不同频段的读写器需要与相应频段的 RFID 标签配套使用,否则将无法工作。

5. 如何选择合适的 RFID 读写器?

读写器的选择取决于用户对 RFID 标签数据识别的实际需求,即按照用户业务流程来判断读写器是采用固定式、手持式还是移动式。与此同时,还需要考虑读写器的性价比,应选择识读率较高且好用的读写器。

第二节 将 RFID 技术应用于图书馆

RFID 技术的发展为各领域各行业开辟了全新的发展空间,图书馆也不例外。将 RFID 技术应用于图书馆中,有效提升了图书管理与读者服务的工作效率。本节将从国内图书馆行业 RFID 技术标准以及与图书馆相关的 RFID 技术应用两个方面进行讲解。

一、国内图书 RFID 无线射频识别标准

我国图书馆相关标准的制定主要由文化和旅游部主管,由国家图书馆、各级公共图书馆、高校图书馆、中国电子技术标准化研究所等单位共同负责起草,并由国家标准化管理委员会统一发布。目前,我国已经正式发布并采用的公共图书馆文献与信息射频识别(RFID)技术标准如表 3-4 所示。

表 3-4 我国已经正式发布的 RFID 技术方面的国家标准

标准号	标准名称	发布日期	实施日期
GB/T 35660.1—2017	信息与文献 图书馆射频识别(RFID) 第 1 部分:数据元素及实施通用指南	2017-12-29	2017-12-29
GB/T 35660.2—2017	信息与文献 图书馆射频识别(RFID) 第 2 部分:基于 ISO/IEC 15962 规则的 RFID 数据元素编码	2017-12-29	2018-07-01
GB/T 35660.3—2021	信息与文献 图书馆射频识别(RFID) 第 3 部分:分区存储 RFID 标签中基于 ISO/IEC 15962 规则的数据元素编码	2021-11-26	2021-11-26

二、图书馆 RFID 技术应用

传统图书馆采用单一的条形码加磁条技术实现图书信息获取,存在需要图

书馆馆员用图书扫码枪人工为每本图书操作实现图书借还、易损坏等弊端。随着 RFID 技术的发展成熟，基于 RFID 技术的图书标签逐渐取代传统条码，成为图书馆中每一本图书的"身份证"。条形码与 RFID 标签的区别和优、缺点见表 3-5。

表 3-5　条形码与 RFID 标签的区别和优、缺点

类别	区别	优点	缺点
条形码+磁条	条形码是一种机器可读的代码，以数字和单色图案（线条或正方形）的形式直观地表示数据。磁条由钴、镍、铁等金属材料组成，具备高导磁率特性，主要用于探测图书是否消磁，若出馆时图书未消磁则报警。	1. 条形码及条形码读取器价格低廉。 2. 存在普适性，智能手机也可读取条形码。	1. 条形码识读距离较近，必须靠近条码阅读器。 2. 直接暴露于空气中，时间长易被磨损或被液体破坏。 3. 只能被单一扫描识读，不能批量识读，效率较低。 4. 数据安全性无法保障，易被伪造。
RFID 标签	射频识别（RFID）标签由微芯片和无线电天线组成，它们存储唯一的数据并将其传输到 RFID 阅读器。	1. 可识读距离较远。 2. 可批量读取，可一次读取多个 RFID 标签。 3. 识读速率快。 4. 数据安全性高，芯片数据可被加密。	1. RFID 标签和 RFID 读写器价格比条形码高。 2. 普通 RFID 标签的信号可能被液体或金属屏蔽，影响识读率。

RFID 技术的运用给图书馆的图书业务服务和管理模式，乃至从图书采购到图书上架整个工作业务流程均带来了革命性影响，进而引发新的业务流程重组，使图书馆自动化得到推进发展，服务功能进一步增强。相比传统的条形码加磁条方式，RFID 技术的优势主要表现在以下四个方面：

（一）实现读者自助批量借还图书

传统图书馆利用条码和磁条技术实现图书借还操作，需要图书馆管理员逐本打开图书扉页并找到条码，再用条码枪进行扫描和消磁，借还效率十分低下。

RFID 技术的应用可以轻松实现读者自助批量借还图书：读者在自助借还机内嵌入 RFID 智能标签读写器以及 RFID 读者卡或身份证感应器，通过非接触式读取图书信息，借助 RFID 技术的防碰撞功能，可以同时对多本图书进行读取和识别，从而有效提高图书借还效率，提升读者服务能力。

（二）实现图书快速盘点作业

图书馆可以利用 RFID 技术搭建图书馆移动盘点系统，实现图书快速盘点

作业。图书馆移动盘点系统采用内置 RFID 读写器的移动盘点车对图书进行快速扫描盘点，以非接触式方式快速识别粘贴在图书上的 RFID 标签和层架标，完成图书排架与定位、统计流通资料等功能，有效降低图书馆馆员的劳动强度，提高图书馆数据采集速度。该系统支持无线网络连接，数据实时更新，并支持离线盘点功能。图书馆馆员通过移动盘点车上的人机交互界面实现盘点定位与统计相关工作。

（三）实现图书典藏管理工作

图书馆一般设有开架和闭架书库，图书馆管理员会把读者借阅的图书排架于开架书库中。在读者借阅或浏览图书后，图书馆管理员通常需要花费较多精力寻找乱架、错架的书刊文献，并及时进行分类归位，其工作量和工作强度都非常大。

RFID 技术的应用可以让图书馆管理员轻松掌握每本图书的层架位信息。将图书原始架位信息录入 RFID 系统后，图书馆管理员在日常巡架、整架过程中，可通过手持式阅读器扫描，及时发现乱架的图书信息，由此使排架、整架工作变得相对轻松。

（四）实现图书精准防盗

传统的条形码加磁条防盗系统需要图书馆馆员对读者借出的图书的磁条进行消磁操作，经常会出现防盗门莫名其妙地误报，其原因主要是读者借书时消磁不成功，容易引起不必要的误会。

RFID 技术的应用可以实现更精准的图书防盗功能：通过在图书防盗通道门中嵌入 RFID 阅读器，实时监测图书 RFID 电子标签，读取 RFID 标签芯片数据，实现图书防盗报警功能。而 RFID 门禁系统可以通过集成的阅读器来判断被检查图书是否为违规夹带或借阅记录遗漏的图书，进而判断是否做出报警动作，有效降低漏报率和误报率。

第三节　图书馆 RFID 技术应用案例

为促进读者对图书馆 RFID 技术应用的理解，本节将以超高频 RFID 标签在江西省图书馆中的实际应用为例进行案例讲解。

一、江西省图书馆 RFID 技术项目建设背景

1990 年以前，江西省图书馆通过传统卡片目录进行图书流通，每一张卡片

目录都是图书馆工作人员手写或者手工印制的书籍资料检索信息,卡片目录保存于卡片目录柜中,由图书馆管理员负责保管。在那个年代,卡片目录就相当于现代的书籍资料检索系统。通过卡片目录可以找到馆藏书籍资料的"身份信息",读者不允许直接进入闭架书库中,只允许在检索室通过书籍资料的分类标识,找到目录卡片柜里对应的小抽屉,再从小抽屉里的众多卡片中,寻找自己所需要图书的检索号,并将其告知图书馆工作人员;工作人员再根据这个检索号去书库中对应的书架上查找图书,并将找到的图书交到读者手中。

江西省图书馆早在 1990 年就已经着手公共图书馆自动化或半自动化建设,通过成立"江西省图书馆自动化建设领导小组",以建设馆藏文献书目数据库为基础的中央数据库,实现馆内采访、编目、流通、连续出版物、参考咨询、联机检索等业务工作的自动化为目标,制定了三期逐步实施自动化建设计划方案。1997 年,江西省图书馆从深圳图书馆科图公司引进图书馆自动化管理 ILAS 系统后着手进行馆内自动化业务技能培训。到 2001 年,江西省图书馆已经完成将近 30 万条馆藏图书记录的录入,形成了江西省图书馆馆藏书目数据库,实现了联机公共目录查询 OPAC 检索服务。读者可以通过图书的 ISBN 号、分类号、题名、责任者、主题词、索书号等多种途径进行文献资源检索。2010 年,江西省图书馆已经具备完备的图书馆自动化管理局域网,实现了图书条码+磁条方式的图书自动化借阅方式。2013 年,江西省图书馆引进了全套自助借还系统,包含 2 台自助办证机、11 台自助借还机、1 台 24 小时城市街区图书馆和 1 台 24 小时还书机,从人工借还到基于条码和磁条技术的自动化借还,极大地提高了图书馆自动化运行效率。2014 年,为了解决条码易磨损、不支持批量操作、读取效率低下的问题,江西省图书馆引入超高频 RFID 芯片技术,将全馆文献资源进行 RFID 改造,通过 RFID 技术实现馆藏文献资源批量读取借阅,增加图书识读距离,极大地提高了文献资源识读效率。

到了 2019 年 9 月,江西省图书馆紧随时代脚步,积极创新发展,进一步将图书馆自动化管理系统从传统 CS 客户端服务器架构改造成基于 BS 浏览器服务器集群式总分馆 UILAS 图书馆自动化系统架构,图书馆典藏、编目、流通及系统管理人员无须安装客户端即可在浏览器访问自动化管理系统,并较好实现了江西省城区内图书通借通还功能,为江西省图书馆公共文化事业发展提供了强劲助力。

二、江西省图书馆 RFID 技术项目需求分析

（一）图书文献资源识别 RFID 标签改造需求

使用传统的条码和磁条技术实现图书借还操作比较复杂：需要图书馆管理员逐本打开图书扉页找到条码，再用条码枪进行扫描和消磁；同样，读者在基于条码+磁条的自助借还机上也只能一本一本地进行操作，借还效率十分低下。

RFID 技术的应用可以轻松实现自助批量借还图书。自助借还机内嵌入了 RFID 智能标签读写器以及 RFID 读者卡或身份证感应器，通过非接触式读取图书信息，借助 RFID 技术的防碰撞功能，可以同时读取和识别多本图书，从而有效提高图书借还效率，提升读者服务效能。江西省图书馆 RFID 技术项目的核心需求为将超高频 RFID 标签应用到江西省图书馆所有馆藏文献中，借助超高频 RFID 标签较强的抗干扰性、超远距离识别、使用寿命长、批量识读、非接触式数据采集等优点，解决图书馆图书流通识读距离近、操作效率低下的问题，对江西省图书馆图书典藏、编目、流通和管理工作有很大的帮助。

（二）图书馆读者 RFID 读者证改造需求

读者借阅证主要用于读者身份信息的识别。江西省图书馆传统读者借阅证采用 IC 卡制作而成，稳定、可靠，使用寿命长，一般可使用 10 年以上，温度、光线、表面磨损也不会对读者证使用构成影响。与 RFID 技术工作原理不同，IC 卡的工作原理是射频读写器向 IC 卡发一组频率固定的电磁波。在电磁波的激励下，LC 谐振电路产生共振，使电容内有电荷。在电容的另一端接单向导通的电子泵，将电容电荷送到另一个电容存储。所积累的电荷达到 2 V 时，此电容将为其他电路提供电压，将卡内数据发射出去或接收读写器数据。RFID 技术的工作原理是标签进入阅读器后，接收阅读器发出的射频信号，凭借感应电流所获得的能量发送存储在芯片中的读者数据信息，读写器读取信息并解码后，将信息发送至 ILAS 自动化管理系统进行数据处理。考虑到 RFID 技术为非接触式识别，读取读者信息快速，内部加密特性较强，能够确保读者身份信息的安全，同时也为了匹配超高频图书 RFID 标签，江西省图书馆需将读者证统一为基于 RFID 超高频技术的读者证。

（三）图书馆基于 RFID 的读者服务终端设备改造

早期江西省图书馆读者服务终端设备较为落后，采用的是基于条码+磁条技术的图书流通和图书防盗装置，利用磁条的充磁和消磁方法实现图书夹带报

警功能,然而在实际情况下经常会出现漏消磁导致的误报,严重影响读者服务的精准性。

RFID 技术的应用极大地拓展了图书馆读者服务终端设备的功能,技术人员不仅研发了基于 RFID 技术的图书自助借还设备、图书防盗设备,还创新性地开发了基于 RFID 的移动式和手持式图书自动盘点、图书定位、RFID 图书自动分拣等新型设备。建设创新型读者服务终端设备成为江西省图书馆 RFID 技术项目的重点。

(四)基于 RFID 技术的 24 小时自助图书馆建设

通过建设基于 RFID 技术的室外 24 小时自助借还空间,读者可在任何时间到达该空间内进行图书流通服务,从而解决由图书馆工作时间与普通读者工作时间重合导致的书籍流通困难和图书逾期导致的不可借阅等相关问题。尊重读者的阅读习惯,一切以读者需求出发,在不增加人力成本的情况下,延长图书馆服务时间,可促进图书馆高质量发展。

三、江西省图书馆 RFID 技术项目设计规划

江西省图书馆 RFID 电子标签管理系统的核心是通过采用 RFID 电子标签技术实现数据自动采集功能,结合数据库及软件管理系统实现自助借还、图书盘点、图书上架、图书检索、图书防盗、读者借阅证发放与管理、馆藏信息统计等功能。

(一)RFID 系统架构

江西省图书馆 RFID 系统架构按照软件架构划分,可以分为硬件层、硬件访问层、硬件应用层、数据层、数据访问层、业务层、用户层等多个层次,如图 3-4 所示。其中:硬件层由各种 RFID 设备硬件的基本设备单元组成,如传感器、RFID 标签、打印机等;硬件访问层用于访问各种硬件设备的软件支撑平台和控件;硬件应用层通过整合多种硬件结构,形成各种不同 RFID 逻辑单元组合;数据层由底层对应的多种数据库以及 ILAS 系统或读者认证系统数据库组成;数据访问层是指通过软件方式连接业务应用与基础数据平台的系统软件;业务层是指完成图书馆某一特定任务的软件系统单元;用户层是最终与图书馆读者和馆员等用户角色进行交互的最上层逻辑应用界面层。

通过模块化设计架构,利用抽象的物理设备接口,关联用户需求和硬件设备,按照业务逻辑组合硬件、软件资源,系统可以按照图书馆用户的不同需求进

图 3-4 江西省图书馆 RFID 系统软件架构图

行组合,构建符合用户需求的设备和系统。RFID 系统架构中的硬件和软件相互独立,未来可以根据需要,增加新型 RFID 系统设备。

(二)RFID 图书标签选型

当前图书馆 RFID 系统采用的频段主要集中在高频 HF(13.56 MHz)和超高频 UHF(860 MHz~960 MHz)两个频段。考虑到超高频 RFID 标签比高频 RFID 标签识读距离更远,识读速度更快,且标签隐蔽性更好,不容易被破坏,江西省图书馆选取超高频 RFID 标签作为本馆的图书标签,如图 3-5 所示。

图 3-5 江西省图书馆 RFID 超高频图书标签

(三) RFID 图书标签 EPC 编码规则

RFID 图书标签的芯片存储了几组重要数据,包括用户存储器、TID、EPC 和保留内容。其中用户存储器用于定义图书馆内部的自定义数据;TID 号用于电子标签产品类识别号,每个厂商的 TID 号都不同,一般由 64 个比特位组成;EPC 中存储的唯一信息是 96 位或者 64 位产品电子代码。为了降低成本,通常采用被动式射频标签。EPC 标签根据功能级别的不同分为 5 类,目前,江西省图书馆采用的是基于 Class1/GEN2 标准的 96 位产品电子代码编码;保留内存是存储标签的加密密码。

表 3-6　江西省图书馆 RFID 标签存储区代码结构

存储内容	起始地址	结束地址	长度	备注
行业标识	1	8	8 位	用于标识所属行业
馆代码	9	24	16 位	用于标识所属馆
馆藏代码	25	32	8 位	用于标识所属馆藏地点
标签类型	33	34	2 位	00 表示图书,01 表示架标,10 表示层标
流通标识	35	35	1 位	1 表示可流通,0 表示不可流通
文献流水号	36	80	45 位	文献条码号
保留字段	81	90	10 位	用于保留位
标签格式版本	91	94	4 位	用于标识标签版本号
EAS 防盗位	95	96	2 位	文献状态 0 表示借出,1 表示入藏

以江西省图书馆题名为《黑客攻防——从入门到精通》这本图书为例,通过读写器软件检测发现该图书的 EPC 编码为 C2280700200000C00EB80005,解析该 EPC 的文献流水号:将 16 进制 200000C00EB8 转化成二进制,去掉前三位标签类型和流通标识,转化成十进制,得到一串数字 12586680,即该书的条码号。详见图 3-6 和图 3-7。

(四) RFID 系统与 ILAS 图书馆自动化管理系统对接

RFID 系统是图书馆的重要组成部分,是依附于图书馆自动化管理系统而存在的新一代智能标签管理系统。因此,它必须同江西省图书馆 ILAS 系统进行对接,以实现数据交换。目前,江西省图书馆通过 SIP2(standard interchange protocol v2)协议实现 RFID 系统和图书馆自动化管理系统之间的数据转换。SIP2

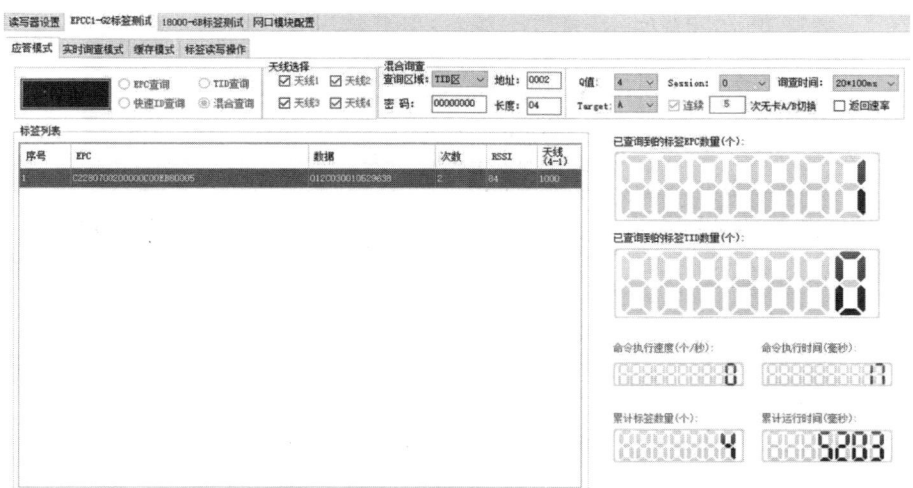

图 3-6　江西省图书馆 RFID 图书标签 EPC 编码

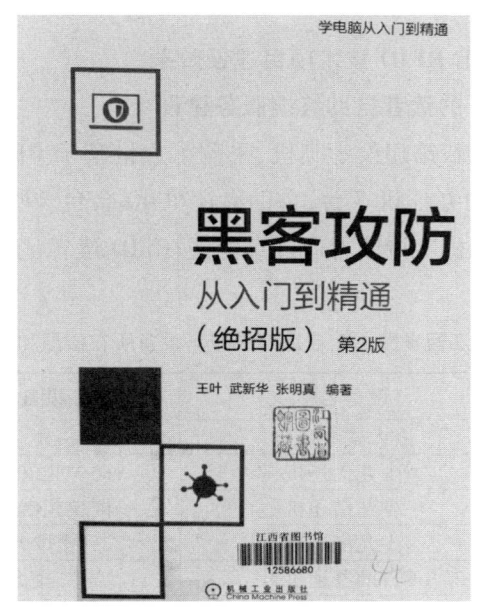

图 3-7　江西省图书馆的图书条码号

协议为图书馆自动化流通系统(automated circulation system,简称 ACS)和图书馆自动化设备提供了一个标准数据交换接口。它作为图书馆后台系统提供的接口,在遵循标准协议的基础上,供文献流通自动化系统采用一问一答的交互方式进行访问,通过指定的命令请求与数据传递,实现江西省图书馆流通规则。江西省图书馆 ILAS 图书馆自动化管理系统界面如图 3-8 所示。

图3-8　江西省图书馆 UILAS 图书馆自动化管理系统界面

四、江西省图书馆 RFID 技术项目建设效果

(一)基于 RFID 的读者自助终端服务建设

江西省图书馆以新馆建设为契机,采购了大量基于 RFID 技术的自助终端服务设备,其中:自助办证机 5 台;自助借还机 40 余台。所在楼层和具体位置如表 3-7 所示,借还机支持读者通过身份证、RFID 读者证、二维码以及社保卡识别身份信息。

表3-7　江西省图书馆自助终端服务设备所在楼层和具体位置

楼层/地点	设备名称	设备位置
一层	嵌入式办证机	一楼北大厅
	少儿借还机	一楼少儿借阅区服务台
	少儿借还机	一楼少儿借阅区服务台
	少儿借还机	一楼少儿借阅区
二层	自助办证机	二楼大厅北
	自助办证机	二楼大厅北
	自助办证机	二楼大厅南
	借还机	二楼北区服务台
	借还机	二楼北区服务台
	借还机	二楼大厅北
	借还机	二楼大厅北
	借还机	二楼大厅北
	借还机	二楼大厅北

续表 3-7

楼层/地点	设备名称	设备位置
二层	借还机	二楼大厅南
	借还机	二楼大厅南
	借还机	二楼大厅南
	借还机	二楼大厅南
	借还机	二楼大厅南
	借还机	二楼北区北扶梯
	借还机	二楼北区北扶梯
三层	借还机	三楼北区北扶梯
	借还机	三楼北区北扶梯
	借还机	三楼北区服务台
	借还机	三楼北区服务台
	借还机	三楼北区过道
	借还机	三楼北区过道
	借还机	三楼北区过道
	借还机	三楼大厅北
	借还机	三楼大厅北
	借还机	三楼大厅南
	借还机	三楼大厅南
	借还机	三楼南区服务台
	借还机	三楼南区服务台
四层	借还机	四楼南区中间过道
	借还机	四楼南区服务台
	借还机	四楼南区服务台
	借还机	四楼大厅南
	借还机	四楼大厅北
五层	借还机	五楼大厅南
	借还机	五楼大厅南
	借还机	五楼北区服务台
	借还机	五楼北区
室外二十四小时区域	自助办证机	二十四小时借阅区
	借还机	二十四小时借阅区
	借还机	二十四小时借阅区

自助借还系统采用 Windows 操作系统，主要包含借书、还书、查询和续借功能；通过 SIP2 接口与后端的 ILAS 图书馆自动化管理系统连接通信。同时，该系统还具备故障恢复功能，在网络出现短暂故障并恢复后，自助借还机将自动连接后端系统服务器，恢复自助服务，无须图书馆馆员协助连接或重启服务。江

西省图书馆自助借还机如图3-9所示。

图3-9 江西省图书馆自助借还机

(二)基于RFID的超高频图书标签建设

鉴于超高频RFID标签具有非接触式、超远距离识别、寿命长、隐蔽性好等优点,江西省图书馆以新馆建设为契机,于2018年10月一次性采购了约140万枚型号为TAG-B4U的RFID智能图书标签(超高频),其规格参数为102 mm × 5.5 mm × 0.28 mm,支持ISO 18000-6C协议和EPC CLASS1 GEN2标准,工作频率为860 MHz至960 MHz。图3-10展示了江西省图书馆图书粘贴超高频RFID标签。

(三)基于RFID的读者证建设

为纪念江西省图书馆从洪都大道搬迁至赣江之滨后首次开馆这一重要时刻,江西省图书馆新增了一批超高频RFID读者证作为江西省图书馆新馆首批读者纪念卡,每张纪念卡可借阅10本图书,较普通读者证多6本。图3-11为笔者设计的江西省图书馆新馆首批RFID读者纪念卡。这批读者纪念卡采用将超高频RFID芯片植入卡内的方式实现读者图书借还自动化服务,读者可凭RFID读者卡在读者自助借还设备上完成图书借阅和图书查询操作。

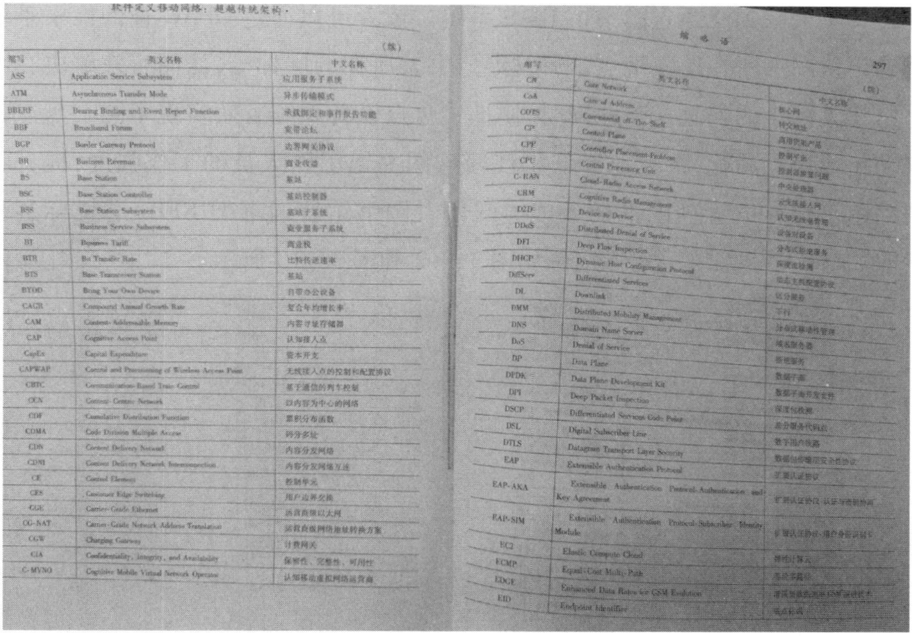

图 3-10 江西省图书馆图书粘贴超高频 RFID 标签

图 3-11 江西省图书馆新馆首批读者纪念卡

(四) 基于 RFID 的层架标定位建设

应用 RFID 无线射频技术,将图书馆的每一个普通图书架都进行编码,与书架上放置的图书进行关联,将可以实现图书的迅速、准确定位;利用手持便携式盘点设备系统对 RFID 标签进行读取,可以在极短时间内定位图书所在的位置,并进一步关联到江西省图书馆 ILAS 系统。读者可以通过 OPAC 查询检索系统精确定位图书所在馆藏地点、书架标号、书架所在的层标号，从而有效解决在图书馆找书困难的问题。与此同时，便携式盘点设备系统有效实现了图书盘点的自动化或半自动化，极大地降低了江西省图书馆工作人员的工作强度，提升了图书馆工作人员管理图书的效能。江西省图书馆普通书架 RFID 层架标签及 OPAC 查询检索系统层架标定位如图 3－12 和图 3－13 所示。

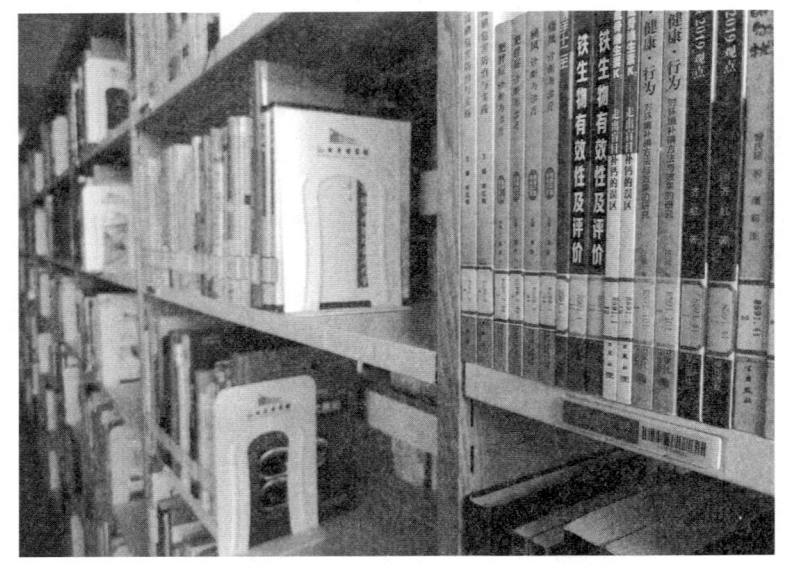

图 3－12　江西省图书馆新馆普通书架 RFID 层架标签

江西省馆(3)

馆藏信息

条码号	索书号	当前所在馆	当前所在地点	馆藏状态	流通类别	卷册说明	架位号
12481287	TP311.561/278	江西省馆	四层南区中文图书借阅	入藏	中文图书1		四楼南 中文图书借阅 021排B面10架1层
12481286	TP311.561/278	江西省馆	四层南区中文图书借阅	入藏	中文图书1		四楼南 中文图书借阅 021排B面10架1层
12481285	TP311.561/278	江西省馆	基本书库	入藏	中文图书1		

图 3－13　江西省图书馆新馆 OPAC 查询检索系统层架标定位

（五）基于 RFID 的馆员流通工作站建设

馆员工作站是一款支持 EPCglobal UHF Class1 Gen2/ISO 18000-6C 协议的桌面式 RFID 标签读写设备。它集成了高性能近场天线，可防止标签被误读或误写，具有读写速度快、准确率高、抗干扰能力强、使用便捷等特点。

江西省图书馆馆员流通工作站以 PC 机为基础，集成 RFID 读写装置、各种类型读者卡识别装置、条形码识别装置等设备,通过工作站可以快速对 RFID 标签进行非接触式读写操作,具备读取图书标签、编写图书标签、改写图书标签的能力,并且在标签加工与改写的过程中不需与后端 ILAS 系统进行数据交互。图 3-14 为江西省图书馆超高频 RFID 馆员流通工作站。

图 3-14　江西省图书馆超高频 RFID 流通工作站

(六)基于 RFID 的图书防盗管理

图书防盗安全门设备是指可对粘贴有 RFID 标签的文献资源进行扫描、安全识别的系统设备,通过磁条 EM 防盗方式或者 RFID 图书标签 EAS 防盗位检测的方式实现图书资源的防盗安全管理。江西省图书馆采用的图书防盗安全门内置 RFID 标签读写设备,该设备系统可通过对书籍 RFID 标签中 EPC 编码的借阅状态位来判定图书是否已被借阅。若防盗位为 0,则表示图书已被借出,系统不会报警;若防盗位为 1,则表示图书为入藏状态,系统自动鸣笛报警,并且在安全门中间的屏幕上会显示报警图书的题名信息。这极大地提高了江西省图书馆工作人员的管理效率。江西省图书馆超高频 RFID 图书防盗双通道安全门如图 3-15 所示。

(七)基于 RFID 的图书馆图书自动分拣建设

图书馆的一项重要工作便是对典藏图书资料的流通和保管。每本图书按照图书中图分类法规则被上架到图书馆编排号码的固定图书架位上,以便读者寻找。然而,在实际应用中,普通读者对分类规则不了解或个人习惯原因,经常导致图书上错架而引发找书困难的问题,需要图书馆工作人员将这些上错架的图书归位,这一动作叫图书的顺架,大规模的图书顺架即为图书盘点工作。

图3-15　江西省图书馆超高频RFID图书防盗双通道安全门

鉴于图书馆图书馆藏量多达300余万册,人工顺架工作量巨大,费时费力,并且效率极为低下,江西省图书馆引入RFID图书自动分拣设备系统。应用RFID自动分拣系统可对读者归还的图书进行RFID标签识读和预分类处理,将读者归还的图书自动分拣至不同的图书馆藏地分类箱中。图书上架的时候,简化了图书挑选分类的环节,缩短了图书上架时间,加快了图书中转速度。江西省图书馆自动分拣设备系统如图3-16所示。

图3-16　江西省图书馆自动分拣设备系统

(八)基于 RFID 的图书智能书架建设

智能书架是指集图书借、还、查基本操作和图书精准定位、图书自动盘点、图书信息统计于一体的智能书架管理系统。智能书架系统主要由普通木质书架、RFID 读写天线、智能书架软件系统、LED 触摸显示屏、软件平台构成。其中,RFID 读写天线是智能书架的核心部件,能对贴有 RFID 标签的图书进行识别定位。江西省图书馆共有 8 组智能书架,主要用于摆放新购图书,每组可容纳图书约 2400 本,整个智能书架区域能容纳 2 万余册图书。智能书架如图 3 - 17 所示。

图 3 - 17　江西省图书馆基于 RFID 的智能书架

智能书架除具有基本的图书借阅、归还、续借等功能外,还可实现图书精准定位。通过借助超高频无线射频技术完成在架书目的文献管理,布置在书架上的天线自动检索书架上图书的 RFID 电子标签,具有检测速度快、定位精度高等特点。读者从书架上取出图书或者将图书放回书架上,整个监测识别定位过程不超过 5 秒即可完成。

第四章 虚拟化技术——数字图书馆运维管理的杀手锏

第一节 认识虚拟化技术

一、虚拟化技术的基本概念

虚拟化技术是通过映射或抽象的方式屏蔽物理设备的复杂性,增加一个管理层面,激活一种资源并使之更易于管理和控制。虚拟化技术使用软件的方法重新定义划分 IT 资源,可以有效简化基础设施的管理,实现 IT 资源的动态分配、灵活调度、跨域共享,提高 IT 资源(如服务器、存储或网络等)利用率,降低成本,加快部署,极大增强系统整体安全性和可靠性,使 IT 资源能够真正成为社会基础设施,满足各行各业灵活多变的应用需求。

通过虚拟化技术可以将一台计算机虚拟为多台逻辑计算机。它是对计算机物理资源的抽象,实现资源的模拟、隔离和共享。在一台计算机上可同时运行多个逻辑计算机,每个逻辑计算机可运行不同的操作系统,并且各应用程序都可以在相互独立的空间内运行而互不影响,从而显著提高计算机的工作效率。

二、虚拟化技术的架构

(一)寄居虚拟化架构

寄居虚拟化架构是指在真实的宿主操作系统(可以是 windows 或 linux 操作系统)上安装和运行一个虚拟化软件程序(例如 VMware workstation 软件),并在虚拟化软件中安装虚拟操作系统,虚拟机作为宿主操作系统的一个进程被调度和管理。由于虚拟机依赖于宿主操作系统对设备的支持和物理资源的管理,当真实物理机宕机后,该物理机上的虚拟系统均会宕机,因此该虚拟化架构的稳定性不高。其依赖关系顺序为:虚拟化操作系统依赖于虚拟化平台软件,虚拟化平台软件依赖于真实的宿主操作系统。寄居虚拟化技术架构常用于个人搭建的测试服务环境,其架构图例如图 4-1 所示。

图 4-1 寄居虚拟化架构图

(二)裸金属虚拟化架构

裸金属虚拟化架构是指直接在硬件上面安装虚拟化软件,再在其上安装操作系统和应用。该架构不再依赖于操作系统,主要依赖于虚拟层内核和服务器控制台的管理。其具有优越的稳定性,故常被应用于企业、银行等大型生产环境中。其架构图如图 4-2 所示。

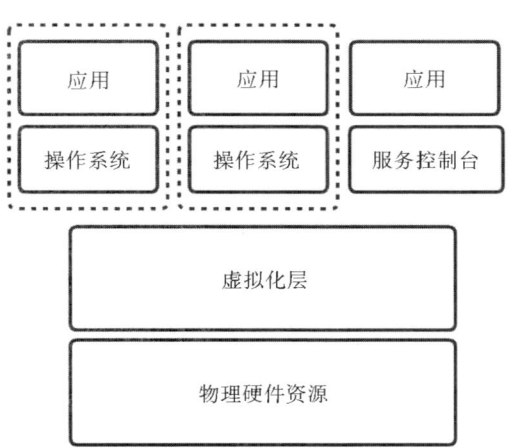

图 4-2 裸金属虚拟化架构图

(三)操作系统虚拟化架构

操作系统虚拟化架构在操作系统层面增加了虚拟服务器的功能。操作系统虚拟化架构把单个操作系统划分为多个容器,使用容器管理器来进行管理。

宿主操作系统负责在多个虚拟服务器(即容器)之间分配硬件资源,并且让这些服务器彼此独立。其架构图如图4-3所示。

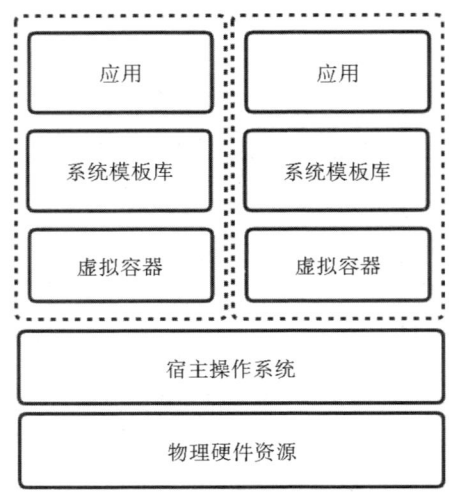

图4-3 操作系统虚拟化架构图

(四)混合虚拟化架构

混合虚拟化架构是指将一个虚拟硬件管理的内核级驱动器插入宿主操作系统内核。这个驱动器作为虚拟硬件管理器用来协调虚拟机和宿主操作系统之间的硬件访问。其架构图如图4-4所示。

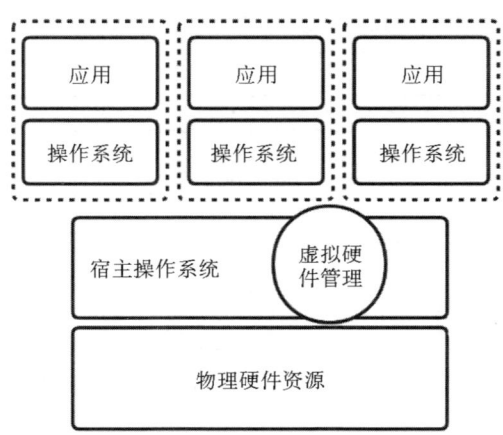

图4-4 混合虚拟化架构图

三、虚拟化的分类

虚拟化按照所虚拟的资源类别可分为:服务器虚拟化、存储虚拟化、网络虚拟化、桌面虚拟化以及应用虚拟化。

（一）服务器虚拟化

服务器虚拟化是指将服务器物理资源抽象成逻辑资源,让一台服务器变成多台相互隔离的虚拟服务器,实现将多种不同的服务整合到同一台物理服务器中的目标,从而提高资源的利用率,简化系统管理,实现服务器利旧、整合,节约硬件成本。

综合分析,服务器虚拟化的优势主要有以下几方面:一是降本。通过将利旧的服务器和最新采购的服务器进行有机整合,组成本地物理服务器集群,使其能够承载并创建更多的虚拟机服务器,减少机房实体服务器数量,有效节约服务器硬件成本。与此同时,服务器虚拟化在机房制冷和电力能源消耗上也起到了极大的环保节能作用,这使企业或其他运维单位有效降低了机房IT运维成本。二是增效。通过将基础架构资源池化,并打破单一物理机管理单一应用的传统做法,服务器虚拟化大幅提升了服务器资源的利用率。每台虚拟机就像一台独立的物理服务器,但实际上它在同一物理服务器内运行。在一台服务器上运行多个应用能够提高服务器资源利用率,并减少需要管理和维护的服务器数量。当应用需求增加时,管理员无须增加物理服务器,通过迅速创建更多的虚拟机即可满足不断变化的需求。三是灵活稳定。服务器虚拟化技术为服务器应用提供了负载均衡、动态迁移、故障自动隔离、系统自动重构等高稳定性的应用环境。利用服务器虚拟化技术可以简化服务器的部署、管理和维护工作,IT运维管理员可以在服务器之间移动正在运行的虚拟机,同时保持服务器持续可用。四是安全。服务器虚拟化技术通过将操作系统

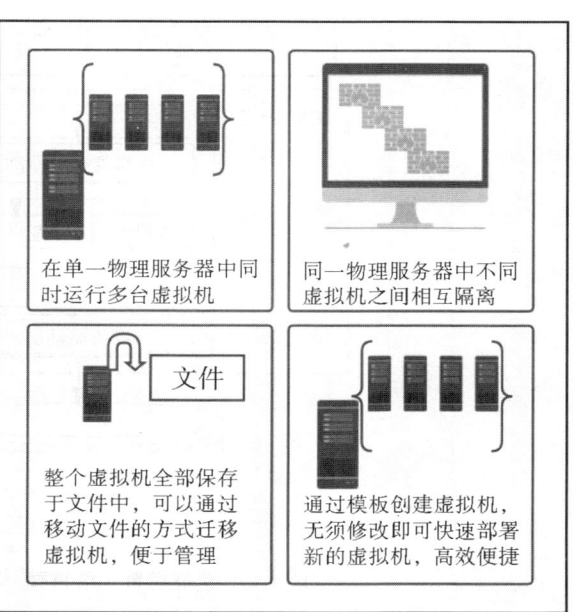

图4-5 服务器虚拟化图

和应用从服务器硬件设备隔离,病毒与其他安全威胁无法影响其他应用。它还支持快速复制和迁移指定的虚拟机服务器,拥有简单便捷的灾难恢复解决方案。

(二)存储虚拟化

存储虚拟化即在物理存储系统和服务器之间增加一个逻辑虚拟层,通过逻辑虚拟层来管理和控制所有存储系统并对服务器提供存储服务。服务器不直接与存储硬件打交道,存储硬件的增减、调换、分拆、合并对服务器层完全透明。运维管理员可以方便地调整存储资源,提高存储利用率。对终端用户而言,集中的存储设备具有更高的易用性。存储虚拟化的实现方式主要有以下三种:

1. 裸设备 + 逻辑卷

裸设备 + 逻辑卷的方式是最直接的存储控制方式。它是指直接在通用块层上划分成以 1G 为单元的存储块,通过管理这些单元存储块,实现卷的维护操作。采用裸设备 + 逻辑卷方式的存储虚拟化,输入/输出路径简单,读写效率高,性能好,但不支持快照、克隆等高级业务。其特征表现为:主机挂载在存储设备(如 SAN 或本地磁盘)上,通过块层创建物理卷后,再使用逻辑卷进行卷的划分管理。其结构图如图 4-6 所示。

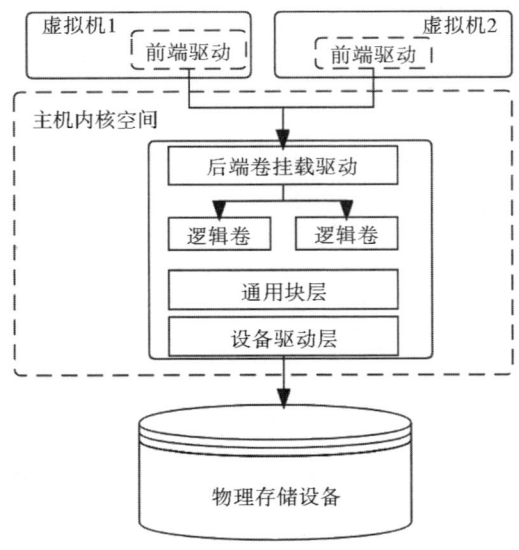

图 4-6 "裸设备 + 逻辑卷"模式结构图

2. 存储设备虚拟化

存储设备虚拟化是指通过存储设备的能力，实现卷的维护操作，并且存储设备还可以提供一些存储高级业务，例如精简配置、快照和链接克隆，但其效率相较于"裸设备＋逻辑卷"模式有所下降。其特征表现为：存储设备支持通过接口创建和管理存储单元；主机通过挂载存储设备划分的存储单元来开展业务。该存储虚拟化模式的优点是存储设备与主机无关，存储单元不占用主机资源，数据管理功能丰富。缺点是一般只能实现对本设备内部的磁盘虚拟化，不同厂商之间的数据管理功能不能彼此操作；如有多套存储设备，则需要配置多套数据管理软件，存储造价成本较高。其结构图如图 4-7 所示。

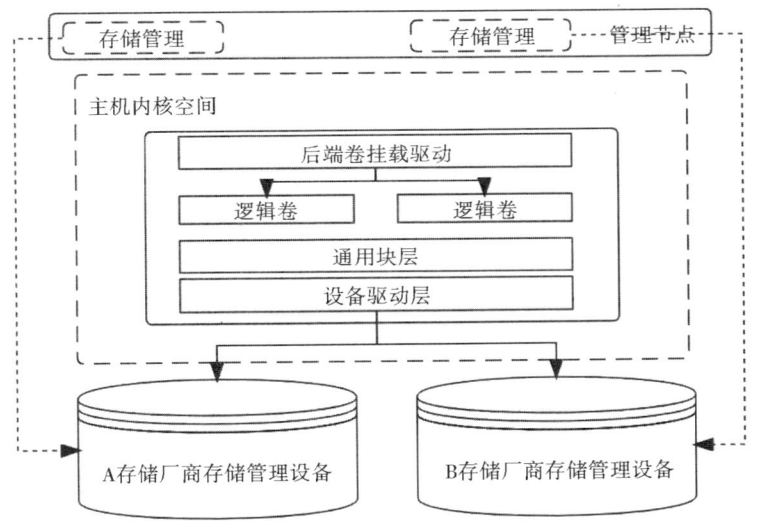

图 4-7 "存储设备虚拟化"模式结构图

3. 主机存储虚拟化＋文件系统

主机存储虚拟化＋文件系统是指主机通过文件系统管理虚拟机磁盘文件，并通过虚拟化层提供很多高级业务，业务能力不依赖硬件存储设备。其特征表现为：主机挂载在存储设备（如 SAN 或本地磁盘）上；主机在存储设备上创建文件系统；所有的虚拟机磁盘均以文件的形式存放在文件系统上。这是目前业界采用较多的存储虚拟化方式。该存储模式的优点为支持异构存储和异构服务器，高级功能丰富，且不依赖于硬件设备；缺点为输入/输出路径较长，性能存在损耗。其结构图如图 4-8 所示。

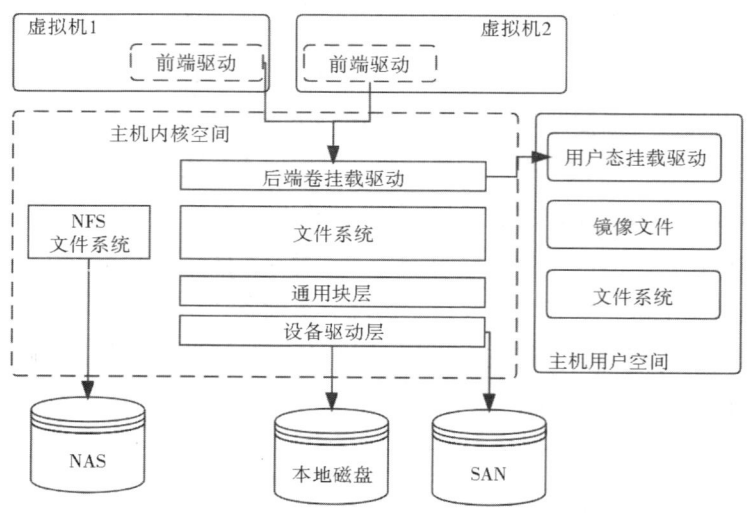

图 4-8 "主机存储虚拟化 + 文件系统"模式结构图

(三)网络虚拟化

1. 网络虚拟化的概念

网络虚拟化就是在一个物理网络上虚拟出多个相互隔离的逻辑网络,使不同用户使用独立的网络资源,从而提高网络资源利用率。网络虚拟化的目的主要是节省物理主机的网卡设备资源,提供应用的虚拟网络所需的 L2 至 K7 层的网络服务。网络虚拟化软件提供逻辑上的交换机和路由器(L2 层至 L3 层)、逻辑负载均衡器、逻辑防火墙(L4 层至 L7 层)等,且可以以任何形式进行组装,从而为虚拟机提供一个完整的 L2 至 L7 层的虚拟网络拓扑。

网络虚拟化后的设备组成了一个逻辑单元,在网络中表现为一个网元节点,其管理与配置简单,可跨设备链路聚合,极大地简化了网络架构,同时进一步增强了网络冗余可靠性。

2. 网络虚拟化的特点

(1) 与物理层解耦

网络虚拟化会接管所有的网络服务和应用虚拟网络必需的策略配置,通过简化这些服务、配置,将其映射到虚拟网络层,使用服务的应用只需与虚拟网络层进行对接。

(2) 网络服务抽象化

虚拟网络层可提供逻辑接口、逻辑交换机和路由器等,并确保这些网络设备及其服务的监控、服务质量和安全保障。同时,它还可以和任意安全策略自由组合成任意拓扑的虚拟网络。

(3)网络按需自动化

网络虚拟化利用 API 自动化部署功能可形成一个完整的、功能丰富的虚拟网络,自由部署在底层物理设施上,并且每个应用的虚拟网络和安全拓扑具备可移动性。

(4)多租户网络安全隔离

计算虚拟化使多种业务或不同租户资源共享同一个数据中心资源,虚拟网络则可以同时为多租户提供安全隔离网络,租户之间的网络在逻辑上彼此隔离,互不影响。

3.网络虚拟化的架构

(1)网卡虚拟化

网卡虚拟化又分为软件网卡虚拟化和硬件网卡虚拟化。其中,软件网卡虚拟化主要通过软件控制各个虚拟机共享同一块物理网卡,实现网络虚拟化功能。软件虚拟出来的网卡可以有单独的 MAC 地址、IP 地址,所有虚拟机的网卡通过虚拟交换机和物理网卡与物理交换机连接,虚拟交换机负责将虚拟机上的数据报文从物理网口转发出去。硬件网卡虚拟化则应用较广,主要用到的技术是单根 I/O 虚拟化(single root I/O virtualization,简称 SR-IOV),即 I/O 直通技术。通过硬件的辅助可以使虚拟机直接访问物理设备,而不需要通过虚拟机监视器(VMM)。该技术可以直接虚拟出 128 至 512 张网卡,可以使所有虚拟机都获得一个独立的网卡,直接使用 IO 资源。SR-IOV 能够实现网络传输绕过软件模拟层,直接分配到虚拟机,从而有效降低软件模拟层中的输入/输出开销。

(2)交换机虚拟化

交换机虚拟化是指利用开放虚拟化软件交换机实现虚拟主机与网络通信的网络虚拟化架构。其中,开放虚拟化软件交换 OVS(open vswitch)是一款基于软件定义并用于虚拟机 VM 环境中的开源虚拟以太网交换机。它使用开源 Apache2.0 许可协议,可与众多开源的虚拟化平台相整合(支持 xen、KVM 及 virtualbox 多种虚拟化技术),主要有传递虚拟机之间的流量,并实现虚拟机和外界网络的通信的作用。

4. 网络虚拟化常用技术分类

目前，比较常见的网络虚拟化应用包括虚拟局域网（VLAN）、虚拟专用网（VPN）、虚拟网络设备等。

（1）虚拟局域网

虚拟局域网（virtual local area network，简称 VLAN）是一种网络虚拟化方案，它是指在原有网络基础上通过 VLAN 标签划分出多个广播域。每一个 VLAN 相当于一个独立的局域网络，同一个 VLAN 中的计算机用户可以互联互通，而不同 VLAN 之间的计算机用户不能直接通信，只有通过配置路由器等技术手段才能实现不同 VLAN 之间的计算机互联互通。

（2）虚拟专用网

虚拟专用网（virtual private network，简称 VPN）是一种通过共享的公共网络建立私有的数据通道，将各个需要接入这张虚拟网的网络或终端设备通过通道连接起来，构成一个专用的、具有一定安全性和服务质量保证的网络。其核心是在原有协议基础上添加封装协议与加密算法；其网络虚拟化特征表现为用户不再需要拥有实际的专用长途数据线路，而是利用公网线路建立特定的私有网络。虚拟专用网的实现方式有采用专线和基于客户端设备的加密软件两种。其中：采用专线构建虚拟专网的费用成本较高，可扩展性不强；采用客户端设备加密软件的方式对使用人员和用户端设备要求较高。用户可以根据实际情况因地制宜地制定最符合自己需求的虚拟专用网络。

虚拟专用网络按照工作的层级可以分为二层虚拟专用网和三层虚拟专用网。二层虚拟专用网工作在协议栈的数据链路层。二层虚拟专用网主要包括的协议有点到点隧道协议（point-to-point tunneling protocol，简称 PPTP）、二层转发协议（layer 2 forwarding，简称 L2F）以及二层隧道协议（layer 2 tunneling protocol，简称 L2TP）。三层虚拟专用网工作在协议栈的网络层。以 IPSec 虚拟专用网技术为例，IPSec 报头与 IP 报头工作在同一层次，封装报文时或者是以 IPinIP 的方式进行封装，或者是 IPSec 报头与 IP 报头同时对数据载荷进行封装。GRE 虚拟专用网产生的时间比较早，实现的机制也比较简单。GRE 虚拟专用网可以实现任意一种网络协议在另一种网络协议上的封装。与 IPSec 相比，它只能提供有限的简单安全机制，安全性无法得到保证。

（3）虚拟网络设备

虚拟网络设备是指为实现网络虚拟化而创建的与实际物理网络设备保持功能一致的虚拟设备(虚拟网卡、虚拟网桥、虚拟网络接口等),它们都是通过软件定义实现,而非真正连接到硬件。例如,openstack 云计算虚拟化网络应用了多种虚拟网络设备,TUN/TAP 设备是 linux 内核中使用的虚拟网卡。物理网卡是从物理线路上收发数据包,而 TUN/TAP 设备是从用户态应用程序上收发以太网帧或 IP 包。用户态进程对/dev/net/tun 文件调用 open( )获取一个文件描述符,并调用 ioctl( )挂接到该设备上,接着通过读写该文件描述符从 TUN/TAP 设备收发数据包。收发的数据包由用户态进程构造好。TUN 和 TAP 设备的区别在于:TUN 设备收发的是 IP 包,而 TAP 设备收发的是以太网帧。又如,linux 操作系统提供了许多虚拟网络设备用于支持虚拟机和容器设备,linux bridge 是虚拟二层网络交换设备,它基于 MAC 地址对数据包在 bridge 的 port 间进行转发,从而实现不同虚拟机、容器以及主机之间的连接。物理网卡和 TAP 等虚拟网络设备都可以连接到 linux bridge 上。

(四)桌面虚拟化

桌面虚拟化是指将计算机的终端系统(也称作桌面)进行虚拟化,以达到桌面使用的安全性和灵活性。可以通过任何设备,在任何地点、任何时间通过网络访问指定的桌面系统。桌面虚拟化依赖于服务器虚拟化,它将原本运行在用户终端上的桌面和应用程序托管到服务器端运行,并由终端通过网络远程访问,而终端本身仅实现输入和界面显示功能。桌面虚拟化通过在数据中心的服务器上进行服务器虚拟化,生成大量独立的桌面操作系统(虚拟机或者虚拟桌面),同时按照专有的虚拟桌面协议发送给终端设备。用户终端通过以太网登录到虚拟主机上,只需要记住用户名和密码及网关信息,即可随时随地通过网络访问指定的桌面系统,从而实现单机多用户。该技术常用于培训服务中心、呼叫中心、银行办公、远程桌面办公等应用场景。

(五)应用虚拟化

应用虚拟化的技术原理基于应用服务器计算架构,采用类似虚拟终端的技术,把应用程序的人机交互逻辑(应用程序界面、键盘及鼠标的操作、音频输入/输出、读卡器、打印输出等)与计算逻辑隔离开来。在用户访问一个服务器虚拟化后的应用时,用户计算机只需要把人机交互逻辑传送到服务器端。服务器端为用户开设独立的会话空间,应用程序的计算逻辑在这个会话空间中运行。把变化后的人机交互逻辑传送到客户端，并且在客户端相应设备展示出来，从而使用户获得如同运行本地应用程序一样的访问感受。与重新部署物理服务器相比，应用虚拟化作为一种优化资源的方法，将应用程序和操作系统从物理硬件中抽象出来，可以更快、更高效地为用户提供应用程序服务。

四、几种常见的虚拟化技术

（一）KVM 虚拟化技术

KVM（kernel virtual machine）即内核虚拟机。它是集成到 linux 内核的系统虚拟化模块，作为一个常规的 linux 进程，由标准的 linux 自身调度程序进行调度管理，工作在 X86 架构且需支持硬件辅助虚拟化技术（Intel VT 和 AMD-V）。KVM 虚拟机最初是由一个以色列的创业公司 Qumranet 作为他们的 VDI 产品的虚拟机开发的。为简化开发，KVM 的开发人员并没有选择从底层开始新写一个 hypervisor，而是选择基于 linux kernel，通过加载新的模块使 linux kernel 变成一个 hypervisor。2006 年 10 月，在先后完成了基本功能、动态迁移以及主要性能的优化之后，Qumranet 正式对外宣布了 KVM 的诞生。同年 10 月，KVM 模块的源代码被正式接纳，进入 linux kernel，成为内核源代码的一部分。

KVM 由两部分组成，分别是 KVM 模块、用户空间 QEMU。KVM 模块是 KVM 虚拟机的核心部分。其主要功能是初始化 CPU 硬件，打开虚拟化模式，然后将虚拟客户机运行在虚拟机模式下，并对虚拟客户机的运行提供必要支持。为了软件的简洁和性能，KVM 仅支持硬件虚拟化。自然而然，打开并初始化系统硬件以支持虚拟机的运行，是 KVM 模块的职责所在。以 KVM 在 lntel 公司的 CPU 上运行为例，在被内核加载的时候，KVM 模块会先初始化内部的数据结构；做好准备之后，KVM 模块检测系统当前的 CPU，然后打开 CPU 控制寄存器 CR4 中的虚拟化模式开关，并通过执行 VMXON 指令将宿主操作系统（包括 KVM 模块本身）置于虚拟化模式中的根模式；最后，KVM 模块创建特殊设备文件 /dev/kvm 并等待来自用户空间的命令。接下来，虚拟机的创建和运行将是一个用户空间的应用程序（QEMU）和 KVM 模块相互配合的过程。QEMU 本身并不是 KVM 的一部分，其本身就是一个著名的开源虚拟机软件。与 KVM 不同，QEMU 虚拟机是纯软件实现，所以性能低下。其优点是在支持 QEMU 本身编译运行的平台上即可实现虚拟机功能。作为一个存在已久的虚拟机，QEMU 的代码中有整套的虚拟机实现，包括处理器虚拟化、内存虚拟化，以及 KVM 使用到的虚拟设备模拟(如网卡、显卡、存储控制器和硬盘等)。为简化开发和代码重用,KVM 在 QEMU 的基础上进行了修改。虚拟机运行期间,QEMU 会通过 KVM 模块提供的系统调用进入内核,由 KVM 模块负责将虚拟机置于处理器的特殊模式下运行。遇到虚拟机进行输入/输出操作时,KVM 模块会从上次的系统调用出口处返回 QEMU,由 QEMU 来负责解析和模拟这些设备。

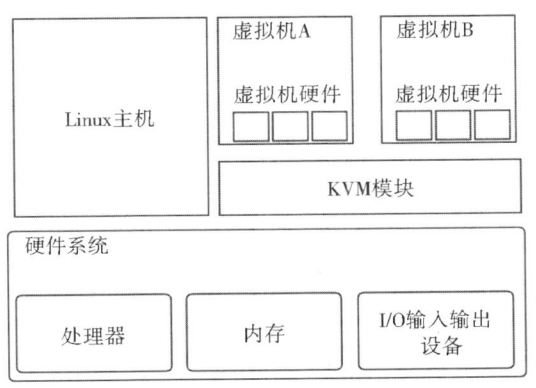

图 4-9　KVM 虚拟化技术架构图

(二) xen 虚拟化技术

xen 是第一类运行在裸机(即纯系统硬件)上的虚拟化管理程序(hypervisor)。它支持全虚拟化和半虚拟化,属于裸金属架构,通过在系统硬件与虚拟机之间插入一个虚拟化层,将系统硬件转换为一个逻辑计算资源池。xen 可将其中的资源动态地分配给任何操作系统或应用程序,保证虚拟机中运行的操作系统能够与虚拟资源交互,就好像它们是物理资源一样。

xen 支持 hypervisor 和虚拟机互相通信,其最大的优势在于半虚拟化。此外,未经修改的操作系统也可以直接在 xen 上运行,能让虚拟机有效运行而不需要仿真。因此虚拟机能感知到 hypervisor,不需要模拟虚拟硬件,从而实现设备的高性能。图 4-10 为 xen 虚拟化技术架构图。由图可知,xen 被设计成微内核的实现,其本身只负责管理处理器和内存资源。xen 上面运行的所有虚拟机中,0 号虚拟机是特殊虚拟机,其中运行的是经过修改的支持准虚拟化的 linux 操作系统,大部分的输入/输出设备都交由这个虚拟机直接控制,xen 本身并不直接控制它们。这样做可以使基于 xen 的系统最大限度地复用 linux 内核的驱动程序。简而言之,xen 虚拟化方案既能够复用大部分 linux 内核的成熟代码,又可以控制系统之间的隔离性和针对虚拟机进行更加有效的管理和调度。

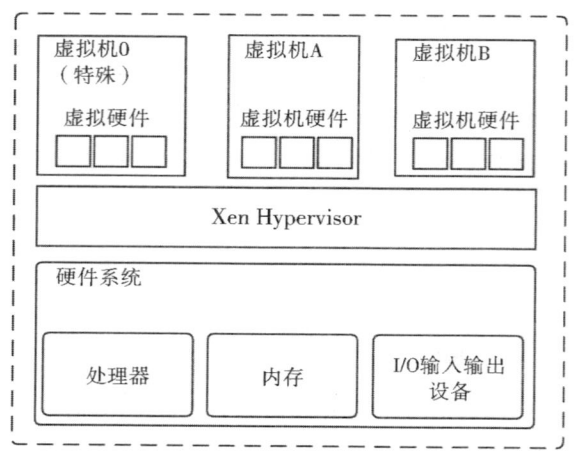

图 4-10 xen 虚拟化技术架构图

(三)VMware 虚拟化技术

VMware 是全球桌面到数据中心虚拟化解决方案的领军厂商。该公司创办于 1998 年,致力于虚拟化软件技术的研发。其研发的基于桌面版的 VMware workstation 和基于企业服务器版的 VMware ESXServe 一直占据着虚拟化软件市场的最大份额。

1. VMware workstation(桌面版虚拟化平台)

VMware workstation 是 VMware 公司销售的运行于台式机和工作站上的虚拟化软件,也是 VMware 公司第一个面市的产品(1999 年 5 月)。该产品最早采用 VMware 在业界知名的二进制翻译技术,在 x86 CPU 硬件虚拟化技术出现之前,为客户提供了纯粹的基于软件的全虚拟化解决方案。作为最初的拳头产品,VMware 公司投入了大量的资源对二进制进行翻译和优化,其二进制翻译技术带来的虚拟化性能甚至超过第一代的 CPU 硬件虚拟化产品——该产品与 KVM 虚拟化技术一样,需要在宿主操作系统之上运行。

2. VMware ESX server(企业服务器虚拟化平台)

VMware ESX server 是一种能直接在硬件上运行的企业级的虚拟平台,可实现一个虚拟机同时使用四个物理处理器。与 VMFS 一样,它能使多个 ESX 服务器分享块存储器。该公司还提供一个虚拟中心来控制和管理虚拟化的 IT 环境。例如:Vmotion 让用户可以移动虚拟机器;DRS 从物理处理器创造资源工具;HA 提供硬件故障自动恢复功能;综合备份可使 LAN-free 自动备份虚拟机器；Vmotion存储器可允许虚拟机磁盘自由移动；更新管理器自动更新修补程序和更新管理。

VMware还推出了基于软件定义的计算、存储和网络虚拟化或采用超融合基础架构体系构建的现代基础架构 VMware vSphere，可实现利用基于HTML5的vSphere Client为vSAN管理员提供统一直观的管理体验，为vSAN操作引入新功能和优化的工作流程。VMware vSphere将应用程序和操作系统从底层硬件分离出来，从而简化了IT操作。用户现有的应用程序可以看到专有资源，而服务器则可以作为资源池进行管理。因此，用户的业务将在简化的、但恢复能力极强的IT环境中运行。

（四）dcker 容器虚拟化技术

docker是解决运行环境和配置问题的软件容器，方便做持续集中并有助于整体发布的容器虚拟化技术。docker内部使用的是linux容器技术（LXC），属于操作系统轻量级的虚拟化。它通过定义一套容器构建（build）、分发（ship）和执行（run）的标准化体系，开创了容器云+端开放平台（docker hub + docker engine）的模式，极大地提高了开发部署效率。从生态圈的角度看，docker之所以发展如此迅速，主要是因为在云计算产业迅速发展的环境下，它能够给出一个标准化的解决方案，可作为虚拟化的补充甚至替代技术。

从虚拟化层面来看，传统虚拟化技术是对硬件资源的虚拟，容器技术则是对进程（操作系统内核）的虚拟，从而可提供更轻量级的虚拟化，实现进程和资源的隔离。（所有容器都必须使用同样的操作系统和内核。）

从架构来看，docker比虚拟化少了两层——取消了hypervisor层和guestOS层，使用docker engine进行调度和隔离，所有应用共用主机操作系统。因此在体量上，docker较虚拟机更轻量级，在性能上优于虚拟化层，接近裸机性能。从应用场景来看，docker和虚拟化则有各自擅长的领域，在软件开发、测试场景和生产运维场景中各有优劣。

第二节 将虚拟化技术应用于图书馆

随着现代计算机技术的发展,CPU、内存及固态硬盘等硬件设备性能得到极大的提高,CPU 从单核逐渐发展为多核。硬件、计算机基础设施设备为网络化与数字化图书馆的建设提供了更为广阔的发展空间。随着图书馆服务的不断增多,其网络化、自动化业务系统也不断增加,图书馆用于读者服务与馆际业务系统的服务器数量迅猛增加,尤其是物理机服务器数量成倍增长。传统单个服务器仅承载单一应用业务服务的管理模式已不能满足实际需求。其缺陷表现为:硬件单点故障增多;服务器资源利用率低;通用软件系统设施部署时间长;与此同时,在机房空间占用上也存在过多消耗,使图书馆机房空间紧张;其总功率的增大对空调的制冷效果性能要求提高,不符合节能、环保和绿色可持续发展的建设理念。因此,如何提高硬件基础设施利用率成为图书馆亟待解决的问题,虚拟化技术的发展能较好地解决图书馆服务器、存储、网络、终端桌面所面临的问题。

一、图书馆虚拟化管理的优势分析

(一)数据迁移简便易行

以往在没有虚拟机的时代,物理机之间的迁移依靠的是系统备份和还原技术。在需要迁移的物理主机上主动备份业务系统和数据,并拷贝至存储介质,然后将存储介质连接到目的主机,最后在目的主机上恢复系统和数据,整个过程既费时又费力。

随着虚拟机技术的发展,系统的迁移更加灵活、多样。其分类主要包含:物理机到虚拟机(physical-to-virtual,简称 P2V)、虚拟机到虚拟机(virtual-to-virtual,简称 V2V)、虚拟机到物理机(virtual-to-physical,简称 V2P)。

在数字图书馆虚拟化管理中,使用最多的是 V2V 模式。该模式下虚拟服务器可以在不同的物理服务器中来回迁移,整体迁移时间最少,将对迁移源主机造成的性能影响降到最低。

(二)隔离措施保障数据安全

数字图书馆虚拟化解决方案最基本的组件就是分区,所有的虚拟计算机都必须完全隔离,这样才能保证各虚拟机上的进程、dll 动态链接库及应用程序不会相互影响。相对于普通的物理机,由于虚拟化技术各自组件的不同和访问节点的更改,虚拟服务器遭受常规性攻击的概率减小,数据安全性更高。

(三)服务器利用率得到提升

在数字图书馆虚拟化管理中,高效的虚拟化建设架构能够使单个物理机服务器在硬件条件允许的情况下支持更多数量的虚拟服务器,这必然提高服务器的利用率。虽然所有的虚拟化技术对虚拟服务器的数量没有做出限制,但应当充分考虑性能损耗因素,在虚拟化服务器数量和性能损耗中找到平衡点。

(四)部署效率大大提高

图书馆设有机房服务器、电子阅览室终端、办公区电脑终端、服务区查询机等设备,数量庞大,系统故障频繁,管理费时费力。使用数字图书馆虚拟化管理的服务器虚拟化、桌面终端虚拟化等技术能够有效地提高设备部署效率,缩减人力资源成本。

(五)灾难恢复速度快

灾难恢复解决方案是一个常见的虚拟化服务器部署方案。它利用虚拟机在物理服务器之间进行无缝迁移的特征,构建灾难恢复站点,使用虚拟化管理工具创建、启动、停止和保存虚拟机镜像。为了方便创建虚拟机,有很多工具可以帮助分析物理服务器和从服务器创建 VMDK 或 VHD 文件。从物理系统创建的 VMDK 或 VHD 文件可以快速部署到恢复站点。数字图书馆虚拟化管理可以充分利用虚拟化、存储和云技术,实现灾难快速恢复,保障图书馆自动化业务的连续性。

二、图书馆虚拟化管理的缺陷分析

(一)硬件资源性能损耗

硬件资源的损耗影响着应用程序的性能,并最终影响终端用户的服务体验。如果数字图书馆虚拟化解决方案的处理损耗度按从 1% 到 50% 不等计算,那么虚拟化应用程序的运行效率相差甚远:有的可以达到甚至高于原始物理环境下的运行效率;有的则低到用户难以接受的程度。实践研究发现:虚拟化硬件在使用过程中会造成较大的性能损耗;而操作系统虚拟化性能损耗微乎其微,一般可以忽略不计。

(二)虚拟化工具的过分依赖

数字图书馆的虚拟化管理在很大程度上依赖虚拟化工具集。数字图书馆虚拟化采用的技术方案不同,其提供的虚拟化工具也不尽相同。

部分虚拟化解决方案几乎不包含管理工具,在使用过程中会受到各种限制。当维护人员需要从本地客户端拷贝文件到虚拟机中,如果虚拟化方案没有提供此类工具,工作人员只能考虑通过网络传输的方式解决此问题。

某些特定的虚拟化解决方案能够提供很多优秀的虚拟工具集供工作人员使用。如 VMware 虚拟化解决方案提供的 VMwaretools 工具集,能实现主机与虚拟机之间的文件共享,同时支持自由拖拽,鼠标也可以在虚拟机与主机之前自由移动(不用再按 ctrl + alt 组合键),且虚拟机屏幕能实现全屏化显示。

第三节 图书馆虚拟化技术应用案例

为促进读者对图书馆虚拟化技术应用的理解,本节将以虚拟化技术在江西省图书馆中的实际应用为例进行案例讲解。通过分析数字图书馆虚拟化管理的优劣,以江西省图书馆为例,介绍如何利用虚拟化技术部署和整合图书馆数字资源,实现数字图书馆的高效管理。

一、江西省图书馆虚拟化技术项目建设背景

随着自动化业务的发展和数据资源库服务安装需求的增加,江西省图书馆不论是硬件基础设施还是软件平台都得到了扩充。其中,服务器、存储等基础设备增量最大。服务器品牌多样,包含 HP、Lenovo、浪潮等,数量高达 43 台。存储设备有 Hp Invent 高性能磁盘阵列组和 EMC 光纤存储,存储容量高达 300 TB。

在采用虚拟化建设方案之前,江西省图书馆服务模式基本上是单台服务器对应单个操作系统。在该模式下,服务器资源配置固定化,功能损耗较大,管理维护复杂,且服务器后续扩容添加硬件设备也比较困难。由此,江西省图书馆数字图书馆服务器虚拟化建设方案应运而生。

二、江西省图书馆虚拟化技术建设内容

江西省图书馆虚拟化技术建设内容主要包含服务器虚拟化、网络虚拟化以

及云桌面虚拟化三个方面。

(一)服务器虚拟化技术应用

江西省图书馆服务器虚拟化建设方案采用的是 VMware vSphere 5 方案,是一款可以独立安装和运行在裸机上的系统。与以往见过的 VMware workstation 软件不同的是,它不再依存于宿主操作系统。在 ESXi 安装好以后,可以通过 vSphere Client 客户端工具远程连接控制,在 ESXi 服务器上创建多个 VM(虚拟机),再为这些虚拟机安装好 linux/windows server 系统,使之成为能提供各种网络应用服务的虚拟服务器。ESXi 也是从内核级支持硬件虚拟化,运行于其中的虚拟服务器在性能与稳定性上不亚于普通的硬件服务器,而且更易于管理维护。

江西省图书馆服务器虚拟化建设方案采用集群管理模式,根据江西省图书馆数据中心实际运作状况,主要依据自动化业务服务和虚拟数据中心实时性需求,将虚拟化方案划分为两个集群。

1. 集群一——自动化业务服务集群(具体设备配置如表 4-1 所示)。它包含以下服务:①图书馆自动化业务管理系统软件服务,如图书馆自动化管理系统、IFC 易瑞远程访问控制系统、OPAC 服务器、掌上赣图服务器等;②本地镜像电子资源服务,包含电子书、期刊、音频、视频等多媒体外购资源库;③本地特色自建资源库,如江西名人多媒体资源库、江西籍开国将军多媒体资源库等。

2. 集群二——虚拟数据中心集群(具体设备配置如表 4-2 所示)。它包含以下服务:①浪潮云海云数据中心操作系统;②图书馆业务自动化 ILAS 数据虚拟备份。

表 4-1 自动化业务服务集群配置

主机	硬件服务器	CPU	内存	硬盘
ESX01	Lenovo thinkserver RQ940	IntelXeonE7-4820v2 x 32	128G	SAS 300G x 2
ESX02	Lenovo thinkserver RQ940	IntelXeonE7-4820v2 x 32	128G	SAS 300G x 2
ESX03	Lenovo thinkserver RQ940	IntelXeonE7-4820v2 x 32	128G	SAS 300G x 2
ESX04	Lenovo thinkserver RQ940	IntelXeonE7-4820v2 x 32	128G	SAS 300G x 2
ESX05	Lenovo thinkserver RQ940	IntelXeonE7-4820v2 x 32	128G	SAS 300G x 2

表4-2 虚拟数据中心集群配置

主机	硬件服务器	CPU	内存	硬盘
ESX01	INSPUR NF8460M3	IntelXeonE7-4820v2 x 32	128G	SAS 300G x 1
ESX02	INSPUR NF8460M3	IntelXeonE7-4820v2 x 32	128G	SAS 300G x 1
ESX03	INSPUR NF8460M3	IntelXeonE7-4820v2 x 32	128G	SAS 300G x 1
ESX04	INSPUR NF8460M3	IntelXeonE7-4820v2 x 32	128G	SAS 300G x 1

（二）网络虚拟化技术应用

1. 虚拟局域网（VLAN）

VLAN是指管理员能够根据实际应用需求，把同一物理局域网内的不同用户，从逻辑上划分为不同的广播域。

局域网的特点就是里面的计算机之间是互联互通的。可见，从用户使用的角度看，模拟出来的逻辑网络与物理网络在体验上是完全一样的。

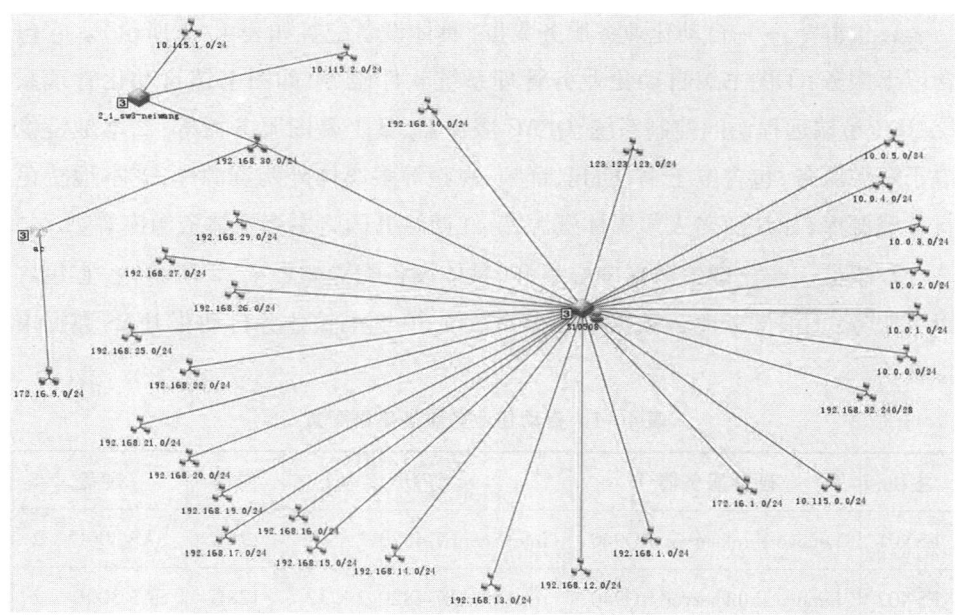

图4-11 江西省图书馆虚拟网网络拓扑图

江西省图书馆虚拟网网络拓扑图如图4-11所示。江西省图书馆在VLAN划分上，主要采用交换机的端口划分VLAN成员。被设定的端口都在同一个广播域中。如：一个24端口交换机的1~8端口被定义为虚拟网vlanA；同一交换机的9~16端口组成虚拟网vlanB；同一交换机的17~24端口组成虚拟网

vlanC。这样做允许各端口之间通信,并允许共享型网络升级。但是,这种划分模式将虚拟网限制在一台交换机上。第二代端口 VLAN 技术允许跨越多个交换机的多个不同端口划分 VLAN,不同交换机上的若干个端口可以组成一个虚拟网。以交换机端口划分网络成员,其配置过程简单明了。

2. 虚拟专用网(VPN)

虚拟专用网络(VPN)作为一项成熟的技术,广泛应用于各省级公共图书馆与地市级、县级公共图书馆之间的组网互联,其利用、组织已有的互联网出口,虚拟出一条"专线",将地市级图书馆分支机构和省图书馆连接起来,组成一个大的局域网。

(三)桌面虚拟化技术应用

江西省图书馆电子阅览室采用深信服 aDesk 桌面虚拟化方案。通过将用户桌面在数据中心集中化运行和管理,极大地降低了运行难度并提高了数据的安全性,同时实现了用户桌面在各种终端上的任意切换。

深信服 aDesk 桌面虚拟化方案由虚拟机管理软件(VMS)、虚拟桌面控制器(VDC)及瘦终端 aDesk 三大组件组成:

1. 虚拟机管理软件(VMS)

将服务器的 CPU、内存、磁盘、I/O 等硬件资源转换成可以动态管理的资源池,让一台服务器变成几台甚至上百台虚拟服务器(虚拟机),提升了服务器资源利用率,并营造具有负载均衡、动态迁移、故障自动隔离、系统自动重构的高可靠性服务器集群环境。

2. 虚拟桌面控制器(VDC)

虚拟桌面控制器提供桌面用户认证管理、桌面/应用资源访问控制、虚拟桌面创建及启动、桌面监控等功能,实现更低成本、更安全、更可靠地交付 Windows 桌面;需与 VMS 协同工作,并提供软件和硬件。

3. 瘦终端 aDesk

aDesk 瘦终端采用 ARM 架构和 A9 芯片,性能强劲,处理速度快,外形小巧,运行时无噪音,日常耗电量仅需 10 瓦,是一种经济环保型电脑。它允许随时随地连接深信服桌面云平台,具有很高的安全性和广泛的可扩展性。同时,通过虚拟桌面控制器进行中央管控,极大地简化 aDesk 瘦客户机管理工作。其技术规格参数如表 4-3 所示。

表 4-3 瘦终端 aDesk 技术规格参数

处理器	内存	操作系统	显示模式
ARM A9 dual-core 1.6 GHz	1G RAM	andriod	1980*1200 支持 1080P 高清
网络			标准以太网卡/内置无线网卡 aDesk-AIR 型号
输入/输出			USB*6、HDMI*1、VGA*1、串口*1、音频输入/输出接口
电源输入			交流 100—240 V,50/60 Hz,0.8 A
电源输出			直流 12 V,3 A
电源适配器	26 W	电能消耗	最大 20 W,平均 6 W

三、江西省图书馆虚拟化技术项目建设成效

(一)服务器虚拟化技术应用成效

江西省图书馆服务器虚拟化技术的使用带来显著效果,其主要体现在:

1. 服务器利用率显著提高

服务器虚拟化技术避免了服务器与操作系统一对一的传统模式,使每台物理服务器能够承载更多台虚拟机,促使服务器物理机数量减少,节约硬件成本。服务器虚拟化整合策略详见表 4-4。

2. 简化运行操作,缩短部署时间,减少空间

工作人员可在前期创建各种操作系统的虚拟机模板,通过 vSphere Client 提供的工具对虚拟机模板直接复制快速创建虚拟机,从而节省大量的服务器安装和配置时间。经实测,创建一台虚拟机并配置好网络环境所耗费的时间仅需要 2 分钟。此外,虚拟服务器相较于物理机的另一个显著优势就是减少了机房空间的占用量。

3. 增强系统的稳定性

通过 VMware HA 虚拟化软件的高可用性可设置虚拟服务器的热备功能,保证数据库服务器的高可用性;通过 VMware DRS 分布式资源调度监测虚拟服务器,根据资源消耗的实际使用情况可合理分配资源;通过 VMware Vmotion 动态迁移功能可以将正在运行的虚拟机从一台物理服务器移动至另一台物理服务器,而不影响终端用户。

4. 降低资源消耗

服务器虚拟化一定程度上减少了物理机服务器的使用量,人力(运行管理人员)、物力(机柜、网络布线、空调损耗)、财力(服务器成本、电费)等资源消耗下降。

表4-4 服务器虚拟化整合策略表

物理服务器	数字资源	虚拟机
Lenovo thinkserver RQ940	OPAC web 服务器	windows server 2008 R264 位
Lenovo thinkserver RQ940	掌上赣图移动图书馆	windows server 2003 32 位
Lenovo thinkserver RQ940	资源检索查询机	windows server 2008 R264 位
Lenovo thinkserver RQ940	读者自助打印系统	windows server 2008 R264 位
Lenovo thinkserver RQ940	IFC 易瑞远程访问系统	windows server 2008 R264 位

(二)网络虚拟化技术应用成效

江西省图书馆虚拟专用网采用 IPSec 和工作在第二层的点对点隧道协议(PPTP)实现远程接入,地市级、县级图书馆可以通过拨号模式访问江西省图书馆局域网资源。目前,江西省图书馆已经与国家图书馆建立了 VPN 专线,与11个地市级图书馆建立了 VPN 专线,双方可以互访资源。

(三)桌面虚拟化技术应用成效

1. 运行维护成本大幅降低

桌面虚拟化的应用极大地减少后期的运行维护成本:采用模板化的部署方式后,今后若新增一个新的桌面用户,可以在10分钟左右完成交付使用;故障的排查和修复时间更是大幅减少;原来只能管理100台终端的管理员,现在可以轻松管理上千台的虚拟桌面。保守估计,算上设备更替和运行维护的成本,5年的 IT 总成本可以节省40%以上。

2. 节能降噪,减少电费开销

传统 PC 每小时耗电量大概为190 W,而瘦终端的能耗只有10 W。以江西省图书馆电子阅览室64台的部署规模为例,按一天开机10小时、每年365个工作日、每度电按0.75元的工商业用电价格来计算,把64台 PC 终端换成瘦终端每年至少可节省3万元电费(详见表4-5)。

表4-5 传统 PC 与瘦终端年总电费

项目	能耗（瓦/台）	规模（台）	开机时间（小时/天）	工作日（天）	总能耗（千瓦时/年）	每千瓦时电费（元）	总电费（元/年）
传统 PC	190	64	10	365	44 384	0.75	33 288
瘦终端	10	64	10	365	2 336	0.75	1 752

3.信息资产安全得到保障

桌面虚拟化技术将所有的数据集中存储在数据中心,瘦终端等前端设备只接收图像,整个业务过程中数据不落地,确保数据安全。而集中化的部署方式也更有利于计算机技术部门对信息资产进行统一管理。

4.桌面随身行办公模式

在策略许可的情况下,用户可以实现在任意时间、任意地点,通过任意终端访问自己的个人虚拟桌面,真正做到桌面随身行。在任一终端上的桌面操作可以在另一个终端上继续进行,从而提升管理人员的工作效率。

虚拟化技术不愧为数字图书馆运维管理的杀手锏。江西省图书馆数字图书馆利用虚拟化技术整合图书馆各项业务,不仅提高了硬件基础设施的利用率,减少了服务器成本投入和能源消耗,最重要的是缩短了设备部署时间,降低了运维成本,实现了数字图书馆的高效管理。

第五章　大数据技术——图书馆最强数据大脑

从传统信息时代到大数据时代,最核心、最本质的变化就是数据化思维模式的转变。从辩证的角度分析,量变引发质变:信息时代传统数据的量变引起了数据化思维模式质的变革。大数据技术将成为图书馆最强数据大脑,为图书馆的发展带来翻天覆地的变化。

第一节　认识大数据技术

一、大数据的基本概念

对于大数据(big data),不同的研究机构给出了不同的定义。研究机构 Gartner 认为,大数据是需要新处理模式才能具有更强的决策力、洞察发现力和流程优化能力来适应海量、高增长率和多样化的信息资产。麦肯锡全球研究所则认为,它是一种规模大到在获取、存储、管理、分析方面大大超出传统数据库软件工具能力范围的数据集合。该研究所也是最早提出大数据时代到来的机构:"数据,已经渗透到当今每一个行业和业务职能领域,成为重要的生产因素。人们对海量数据的挖掘和运用,预示着新一波生产率的增长和消费者盈余浪潮的到来。"

大数据是指无法在一定时间范围内用传统软件工具进行分析、管理和处理的巨大数据集合。它通常被用于形容某一个行业或联合机构所创造的海量结构化与非结构化数据的集合,这些数据需要使用到区别于传统技术处理的方式或方法,并最终实现快速流转、预测洞察、决策分析等实用功能。简而言之,从各种类型数据中快速获得有价值信息的能力就是大数据技术。

二、大数据的特征

麦肯锡全球研究所认为,大数据具有海量的数据规模、快速的数据流转、多样的数据类型和价值密度低四大特征。国际商业机器公司(IBM)则将大数据的特征归纳为"五V",分别是volume(大量)、variety(多样)、velocity(高速)、value(低价值密度)、veracity(真实性)。第一个V代表数据的体量巨大;第二个V代表数据的种类多样,可以是文字、图片、音频、视频等各类数据;第三个V代表数据的快速流转特性。例如,我们日常用到的微信,几乎每分钟能产生1000万条信息,并且这些信息要在极短时间内一起发送出去,足见其流转速度之快。第四个V代表价值密度相对较低。随着物联网与互联网技术的广泛应用,信息感知无处不在,要想在海量的数据中获取自己想要的数据犹如浪里淘沙。如何结合业务逻辑并通过强大的机器算法去分析挖掘出海量数据的价值,是大数据时代最需要解决的问题。第五个V代表数据的质量,也即数据的准确性和可信赖度。

除此以外,笔者认为大数据还具有易变性和收益性。易变性是指数据在不同时期或不同阶段呈现出多变的现象。例如,通过网络爬虫获得某一类别资源的相关数据,一段时间后,发现这些数据信息或链接资源无法使用,究其原因就是数据发生了变化。收益性是指通过对海量数据的分析和挖掘,使其创造价值。例如出行旅游时,旅游者可以通过大数据智慧旅游平台上景点的客流量数据、"驴友们"曾经打卡确定的旅行路线,以及对景点的评价,自动规划出一条最便捷的旅行路线,同时还能根据往期机票价格预测最便宜的购票日期,这些都是大数据带来的智慧收益。

三、大数据技术的架构

大数据技术的架构分为数据采集、数据处理、数据存储、数据计算、数据服务、数据应用六层。其中:数据采集层主要负责收集各种异构系统的数据源;数据处理层中,由于数据种类多样,单位价值密度低,所以要对采集到的数据进行处理,如数据清洗、预处理格式或内容转换,使其剥离脏数据,成为可用的数据,最终为业务应用提供优质的底层数据;数据存储层主要负责对收集的大量数据进行存储(存储又可以分为永久存储和临时存储。永久存储是将数据保存于磁盘中,可保证断电或关机后数据不丢失。非临时存储是指将数据存放于内存中,读写速度快,但在关机或断电后数据将会丢失);数据计算层分为离线计算和在线计算两种,离线计算是指需要隔天或更长时间才能计算完成,在线计算则与之相反,对实时响应的要求非常高;数据服务层主要负责数据的应用程序接口API资源共享,方便为上层业务提供数据API服务;数据应用层是大数据技术和应用的最终目标,通常包括信息检索、预测评估、决策分析等与用户直接交互的上层相关业务功能。大数据技术架构图如图 5-1 所示。

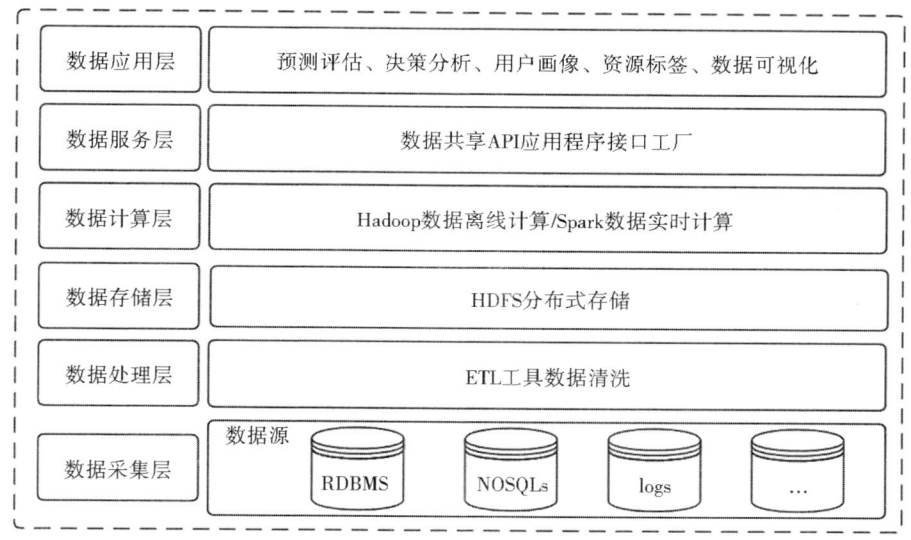

图 5-1 大数据技术架构图

四、大数据关键技术

(一)数据接入

数据接入是指将已有系统中的数据接入大数据平台,如实时数据接入、文件数据接入、消息记录数据接入、日志数据接入、文字数据接入、图片数据接入、视频数据接入。目前,大数据接入技术主要有 Kafka、ActiveMQ、ZeroMQ、Flume、Sqoop、Socket(Mina、Netty)、ftp/sftp 等。

(二)数据存储

大数据存储的数据主要有结构化数据、非结构化数据和半结构化数据。其中:结构化数据指的是数据以固定二维格式存在,其特点是数据以行为单位,一行数据表示一个实体的信息,每一行数据的属性是相同的,通常使用关系数据库表示和存储;非结构化数据是指数据没有一个预先定义好的数据组织模型,可能是文本的或非文本的,如文字型数据或声音文件、图像文件、视频文件型数据等,通常采用非关系型数据库表示和存储,并使用 NoSQL 进行查询;半结构化数据是介于结构化数据(如关系型数据库)和非结构化数据(如声音、图像文件等)之间的数据,它是结构化数据的一种特殊形式,虽然有结构,但它与关系型数据库的数据模型结构不同,不方便模式化,例如最典型的为 XML 或 JSON 等数据存储方式。针对各类型数据,可采用不同技术架构的大数据存储技术,常见的大数据存储技术有 Hdfs、Hbase、Hive、S3、Kudu、MongoDB、Neo4J、Redis、Alluxio(Tachyon)、Lucene、Solr、ElasticSearch 等。

(三)数据分析与挖掘

数据分析与挖掘主要包含数据离线分析、准实时分析、实时分析、图片识别、语音识别、机器学习等。大数据分析与挖掘技术主要包含 MapReduce、Hive、Pig、Spark、Flink、Impala、Kylin、Tez、Akka、Storm、S4、Mahout、MLlib 等。例如,可以利用 MapReduce 等技术结合机器学习和数据挖掘算法实现数据分析和处理。

(四)大数据共享与交换

大数据共享与交换内容包含数据接入、数据清洗、转换、脱敏、脱密、数据资产管理、数据导出等功能。目前主流的大数据共享交换技术有 Kafka、ActiveMQ、ZeroMQ、Dubbo、Socket(Mina、Netty)、ftp/sftp、RestFul、Web Service 等。

(五)大数据展现

大数据展现包括传统数字信息展示和可视化图表展示。其中,可视化图表展示又包含散点图、折线图、柱状图、地图、饼图、雷达图、K 线图、箱线图、热力图、关系图、矩形树图、平行坐标、桑基图、漏斗图、仪表盘等。目前,常见的大数据可视化技术有 Echarts、Tableau 等。

第二节 将大数据技术应用于图书馆

随着互联网和大数据技术的不断发展,各领域各行业对大数据技术支撑的需求呈指数级增长,越来越多的单位和企业逐渐转型于大数据,图书馆也不例外。将大数据技术应用于图书馆中可以充分挖掘图书和读者服务数据信息,使图书馆更好地为读者提供智慧服务。

一、大数据背景下图书馆的基本特征

大数据背景下的图书馆同样具有大数据的 5V 特点,即大量、多样、高速、低价值密度和真实性。与此同时,它还具备数据多变化、数据可视化、服务精准化和服务高效化等基本特征。

(一)数据多变化

图书馆中的大数据与其他领域或行业的大数据一样,是瞬息万变的。例

如,图书馆的流通数据,在工作时间,每时每刻都可能有读者在借书或还书,图书馆的流通借还数据一直处于变化中。又如,图书馆的馆藏书目数据,采编部门将新书录入中心馆藏系统后,馆藏书目的数据即发生了变化。因此,图书馆中的大数据存在数据多变的特征。

(二)数据可视化

第六次全国县级以上公共图书馆评估定级标准第一部分"服务效能"下的"服务管理与创新"中包含"服务数据显示度"这一评估指标,它是指图书馆应当以多种方式将服务数据向社会公示。该项指标的基本项要求是图书馆利用网站、手机移动客户端等渠道定期宣传发布服务数据;加分项要求是在图书馆馆舍入口处以及通过其他远程访问方式对图书馆服务数据实时揭示。这一评价指标的出现为大数据时代图书馆数据可视化奠定了基础,图书馆利用大数据和可视化技术实现了图书馆数据可视化创新服务,即以图、表的形式更直观地呈现给读者和图书馆馆员。

(三)服务精准化

大数据技术利用读者在图书馆自动化系统中的身份信息、检索记录、历史借阅信息、阅览区域、数字资源下载数据等内容,综合分析读者的特点,为每位读者形成读者画像标签,并进行个性化精准推荐服务,这属于大数据背景下图书馆服务精准化的特征。与此同时,大数据也能对读者行为进行分析,预测读者对知识服务的需求,从而调查读者所在地域对知识需求的共性和该地域的文化水平。

(四)服务高效化

大数据背景下图书馆还具有服务高效化特征。图书馆将与读者息息相关的资源与服务通过网页链接或 API 接口调用的方式呈现在互联网上,读者无须入馆即可获取需要的资源与服务。例如,图书馆外购数字资源因版权因素一般限定在图书馆局域网内部供读者访问。大数据背景下,通过馆外访问系统认证读者身份信息后,读者可快速在馆外获取图书馆内部资源。又如,疫情时期的图书馆线下讲座或展览服务以云直播互动的方式在互联网上呈现,读者轻松点击即可畅享图书馆各类资源与服务,有效提高了图书馆服务的效率。

二、图书馆应用大数据技术的价值

大数据技术是图书馆开启智慧服务大门的密码。它不仅有力整合了图书馆数据资产,提升图书馆读者服务效能,还能提高图书馆馆员的管理水平,使图书馆中的图书、读者、馆员三个角色产生重大转变,对图书馆高质量发展具有重要价值。

(一)有利于整合图书馆数据资产

大数据技术应用于图书馆的第一步便是进行图书馆数据资源的盘点,这有利于图书馆摸清"家底",实时了解图书馆数据资产。数据资产盘点完成的下一环节——数据整合是大数据技术的关键。利用大数据中台开发套件,将图书馆各异构数据资源系统关联起来,可有效避免数据孤岛的产生,形成规则统一、内容完整的图书馆数据资产。

(二)有利于提升图书馆读者服务效能

图书馆应用大数据技术的价值还体现在读者服务效能提升上。例如:读者到馆阅读电子书时开启读者"阅读记忆"服务功能,系统自动打开前一次到馆时的阅读页码记录;读者图书即将逾期时,系统自动发送图书到期提醒功能;大数据结合读者历史借阅记录和资源下载行为分析,挖掘出读者可能感兴趣的图书,并推荐给读者。这些都是图书馆大数据应用的典型智慧服务,极大地提升了图书馆读者服务效能。

(三)有利于提高图书馆馆员的管理水平

图书馆大数据的可视化展示使得图书馆馆员对图书馆运作情况了如指掌,图书馆馆员或决策层领导可以根据服务数据统计轻松地改变管理策略。例如,通过图书馆区域客流统计数据可以发现某一区域读者流量过低或过高,从而动态调节该区域的馆藏基础设施,以满足读者实际需求;又如,根据图书馆馆藏文献的利用率,决定某类文献的复本采选计划;再如,依据图书馆外购资源库的访问量,决定下年度该资源库是否存在购置的需求。基于大数据分析的图书馆服务数据极大地提高了图书馆馆员的管理水平。

图书馆引入大数据技术将有效促进图书馆数字资源的整合,实现数字资源共知、共建与共享,满足图书馆读者个性化需求。图书馆大数据将以海量数据为基础,以机器学习算法为支撑,成为真正了解读者的图书馆虚拟最强大脑。

第三节　图书馆大数据技术应用案例

印度图书馆学家阮冈纳赞说过,"图书馆是一个生长着的有机体"。信息技术是图书馆创新的源泉,图书馆的每一次创新发展都离不开技术的革新与参与。同样,大数据技术的出现使得"每个读者有其书""每本书有其读者""节省读者时间"得以实现。本节将以江西省图书馆大数据建设项目为实践案例讲解大数据技术在图书馆中的应用。

一、江西省图书馆智慧大数据中台建设项目案例

面对传统图书馆数据孤岛的现状和各业务系统的差异,打通图书馆数据壁垒,实现异构业务系统数据汇聚整合和高效管理成为图书馆亟待解决的问题。在国家十四五建设社会主义文化强国的规划中,位于江西南昌赣江之滨的江西省图书馆新馆于2020年9月27日正式开馆。江西省图书馆通过建设大数据中台,融合图书馆图书自动化管理系统、读者客流统计系统、OPAC检索系统等异构系统,实现数据汇聚,并从海量数据中分析和挖掘有价值的信息,最终实现图书馆大数据分析功能,改善读者服务工作,提升图书馆馆员管理能力。

(一)江西省图书馆大数据中台建设背景

江西省图书馆新馆建设工程作为2019年江西省本地文化领域建设的重点工程,其项目内容涵盖智慧阅读空间场馆建设、图书智能化应用系统、大数据技术应用等项目。其中,大数据技术应用项目是图书馆智慧服务转型发展的核心基础,也是项目建设的重点内容。江西省图书馆以新馆建设为契机,计划通过建立强大的图书馆大数据智慧服务平台,实现全馆业务系统数据汇聚、智能分析以及数据后期可持续利用,从而更好地服务广大读者,满足读者智能化、个性化的应用需求,同时将有价值的数据反向应用于各业务系统中,形成图书馆数据价值的闭环。因此,江西省图书馆大数据中台项目应运而生,它是基于分布式数据平台,结合图书馆实际业务场景量身定制的一整套数据智能解决方案,通过数据采集、数据清洗、数据存储和数据挖掘与分析实现从江西省图书馆海量的结构化、半结构化与非结构化数据中快速筛选出有价值的信息。

(二)江西省图书馆大数据中台建设技术架构

数据中台不是简单的一套软件系统或者标准化产品,更多的是一种强调资源整合、集中配置、能力沉淀、分步执行的运作机制,是一系列数据组件或模块的集合,为图书馆数据治理效率的提高、业务流程与组织架构的升级、管理与决策的精细化赋能。江西省图书馆大数据中台以全域大数据建设为核心,其技术架构主要分为数据采集层、计算存储层、数据引擎层、数据应用层。

1. 数据采集层

数据采集层主要包含图书馆常用业务系统数据源、网站及 App 埋点数据、IOT 物联网传感设备数据以及 API 应用程序接口数据。

2. 计算存储层

计算存储层是大数据平台的核心组件。它具备高性能和极其强大的数据处理能力,可以最大化地分析数据价值。数据计算和存储都将在计算存储引擎组件中完成。数据计算引擎可以对大数据离线计算、实时计算、数据仓库建设、数据图谱等多种应用提供有效支撑。

3. 数据引擎层

数据引擎层由数据开发套件、数据模型引擎套件和数据资产管理套件组成。传统的开源大数据计算存储引擎开发具有"三高一低"特性,即开发复杂度高、开发工程师技能要求高、开发成本高、开发效率低。这些因素严重影响了图书馆数据的开发周期与开发效率,数据开发套件可以有效地弥补此类缺陷,降低开发的复杂度和难度。数据开发平台包括离线开发套件和实时开发套件。离线开发套件是支撑数据离线开发的套件,通常计算前一天的数据,即 T+1 数据。实时开发套件是支持数据实时计算的开发套件。数据资产平台包括数据资产管理套件和数据质量管理套件。

数据模型引擎套件具有数据应用规划、数据分析引擎、标签引擎功能。其中:数据应用规划是支撑图书馆数据规划的工具,可以实现在线规划、成果可视化,使图书馆各业务部门对业务数据有清晰的认知。数据分析引擎可以实现海量数据秒级查询,满足大数据实时分析需求。未来的数据应用将是多个层次的,除了日常报表,数据分析师将会经常使用数据分析引擎产品分析业务,发现问题。标签引擎是实体画像工具,它能够实现为图书馆读者、图书等角色画像和打标签,支撑业务端对实体的圈选和使用。在传统的基于数据开发进行标签计算的基础上,标签引擎产品可以为图书馆技术运维人员提供实体标签的操作平台,方便技术运维人员使用标签、创建标签、优化标签。

数据资产管理套件使数据平台使用者能够清晰了解图书馆的数据资产情况,快速实现资产预览和管理功能。与此同时,图书馆可以使用数据质量管理套件快捷地设置各种数据质量检测公式,在设定条件下对数据质量进行全面的检测和监控,对数据质量问题进行及时处理。

4. 数据应用层

数据应用层是图书馆各业务场景应用系统进行数据展示落地的环节。它既可以按照 BI 报表页面、数据可视化大屏、数据应用及数据 API 的形式展现给图书馆管理人员,也可以按照数据应用的方向分类通过 App、微信公众号等方式展示。例如,利用打标签的方式将图书馆用户画像标签、图书类别标签展示出来。

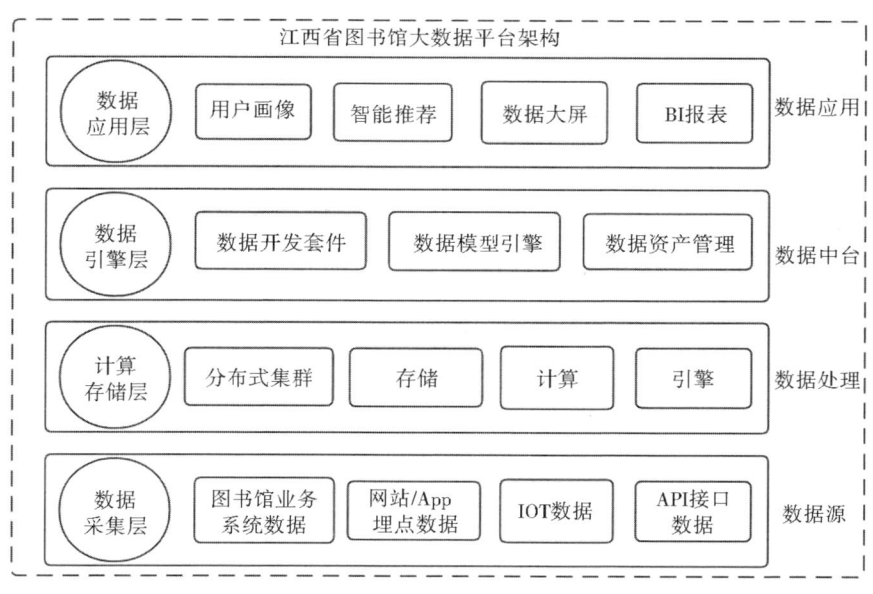

图 5-2　江西省图书馆大数据平台架构图

(三)江西省图书馆大数据中台建设路径

1. 数据资源的盘点

数据资源是图书馆数据化建设的基础。对图书馆数据资源进行盘点是掌握图书馆数据全貌,并进行数据资产化建设的必要环节。一般来说,图书馆数据资源按照以下几种分类方式进行数据资源盘点。

(1) 按照数据格式分类盘点

按照数据格式划分，江西省图书馆数据资源类型包含结构化数据、半结构化数据和非结构化数据。其中：结构化数据是指数据库中的表数据有清晰的模型定义和数据属性，主要包含江西省图书馆图书自动化管理系统 UILAS 数据、图书馆志愿者管理平台系统数据、场馆/活动预约系统数据等；半结构化数据是指有相对明确的含义，但结构不严谨，格式宽泛，其数据格式为 XML、JSON 等，多为元数据或日志数据，如图书馆自建特色资源库 XML 元数据、电子阅览室管理系统读者上网日志数据等；非结构化数据缺乏明确的数据格式，主要为文本、图片、HTML、报表、图像、音频和视频数据。

(2) 按照存储形式分类盘点

按照存储形式划分，主要分为存储在数据库中的数据、存储在文件中的数据、流式存储数据以及数据服务中的数据四类。其中：存储在数据库中的数据主要有 Oracle、SQL Server、MySQL 等；存储在文件中的数据一般以半结构化数据和非结构化数据为主；流式存储数据用于信息传递的数据流，其数据流量大，往往在流过之后就结束了数据生命周期；数据服务中的数据是指以 HTTP、SOAP、REST 等网络协议为呈现形式的数据服务，它们有请求格式和响应内容。例如，通过 HTTP 或 HTTPS 协议进行 API 接口调用的数据服务，提供参数并发起请求后，可以从服务器端获取内容响应。

(3) 按照数据内容描述盘点

江西省图书馆数据按照数据内容描述可划分为读者信息和书目信息的实体数据、读者借还图书的流通数据、读者访问图书馆外购资源库或查询图书信息的行为数据等。江西省图书馆部分相关业务系统及其数据描述见表 5-1。

表 5-1　江西省图书馆部分相关业务系统及其数据描述

业务系统名称	数据	类型	描述
江西省图书馆 UILAS 图书管理系统	Oracle	结构化数据	读者数据（读者身份信息、职业、年龄等）、馆藏书目数据（图书、期刊文献的种数和册数，被借阅次数，各年度的新增种数和册数）、读者流通数据（各时间频段的读者办证数，读者借还数据、总借还册次、借还排行榜、借还种类分布）

续表 5-1

业务系统名称	数据	类型	描述
RFID 图书防盗门禁读者流量统计系统	API	半结构化数据	入馆频次数据（包含当日实时入馆人次，不同时间段的入馆人次，基于不同维度的人流量统计数据，如读者身份、入馆频次）
电子阅览室上网管理系统	SQL Server	结构化数据	读者上网的日志记录数据（读者检索的关键词、查看的资源库名称）
OPAC 检索系统	API	半结构化数据	读者关键词检索数据、读者全文传递的主题内容数据
掌上赣图手机 App	SQL Server	结构化数据	读者下载的电子书记录、观看电子书的时长、观看到的页码，以及其他相关数据
图书馆电子资源优化分析系统	分布式数据库	结构化数据	图书馆电子资源分析数据（包含资源的总数、资源访问量、读者访问电子资源记录数据等）
场馆/活动预约系统	SQL Server	结构化数据	活动或讲座数据（活动总次数、讲座总次数、活动参与人次、活动类型等）、预约活动的读者数据（如预约活动成功数据、读者是否失约记录数据、读者参与活动的时长数据）、预约场馆数据（如封闭式研讨期间场地的读者预约信息、预约时长）
H3C 无线管控平台	API	半结构化数据	使用无线网络的读者数据、全馆无线网络在线用户实时数据、读者检索内容记录数据等（以上可作为图书馆区域无线用户热力图展示的数据源），读者使用无线网络总数（用于网络流量下载超标用户检测）
读者分布热力图分析系统	LOG/XML	半结构化数据	图书馆各楼层接入的客流统计摄像头数据，记录读者在馆内的行动轨迹
智慧学习中心系统	LOG/XML	半结构化数据	学习中心系统中的读者访问数据资源的数据日志记录
全省公共图书馆决策咨询服务协作平台	SQL Server	结构化数据	读者参考咨询、检索关键词等数据
通借通还、联合目录，全省书目检索平台	爬虫	结构化数据	通借通还系统中的读者数据、借阅数据记录，联合目录平台、全省书目检索平台中读者检索的关键词数据

续表 5－1

业务系统名称	数据	类型	描述
志愿者管理平台	SQL Server	结构化数据	江西省图书馆志愿者信息数据、志愿者以志愿者身份参加图书馆活动的次数等数据
OA 自动办公系统	SQL Server	结构化数据	OA 文档流数量、职工基本信息数据、处理公文数量等各类信息数据
无感借阅系统	SQL Server	半结构化数据	使用无感借阅人脸识别系统的读者数据信息、识别的方式类别（人脸识别、刷卡、刷证、扫条码、扫二维码及刷指纹）
智慧空间系统	IOT 数据	非结构化数据	读者在智慧座席屏幕 App 上的交互数据（如语音交互数据、关键词检索数据、电子书访问页面和页码数据）、智能语音设备的语音交互数据、IOT 传感器控制数据（智慧空间系统的室内外温度、湿度、PM2.5 数据）、智慧空间互动机器人交互数据（记录读者咨询的问题信息）

2．数据资源的采集方式

（1）数据源对接采集

江西省图书馆通过定义不同数据来源的数据源和指定去向的数据库集，形成一套抽象化的数据抽取插件（称为 reader）、数据写入插件（称为 writer），并基于此框架设计一套简化版的中间数据传输格式，从而达到在任意结构化、半结构化数据源之间传输数据的目的。江西省图书馆数据中台数据源类型及其支持方式见表 5－2。

表 5－2　江西省图书馆数据中台数据源类型及其支持方式

数据源类型	数据库类型	来源数据源是否支持	目标数据源是否支持	产品实现方式
关系型数据库	MySQL SQL Server PostgreSQL Oracle DRDS DB2	支持	支持	向导方式或脚本方式

续表 5－2

数据源类型	数据库类型	来源数据源是否支持	目标数据源是否支持	产品实现方式
大数据存储	MaxCompute Analytic DB OSS HDFS	仅 Analytic DB 不支持	支持	向导方式或脚本方式
非结构化存储	FTP	支持	支持	向导方式或脚本方式
NoSQL	LogHub OpenSearch	不支持	支持	脚本方式
性能测试	Stream	支持	支持	脚本方式

（2）API 接口调用采集

支持 API 应用程序接口调用作为数据源控件接入参数。例如，读者客流量统计信息通过 API 接口将读者出入馆的数据信息汇聚同步到大数据平台。

（3）埋点采集

用户行为埋点采集是对读者与图书馆业务系统发生交集时所产生信息的收集的方案。在具有交互功能的软件系统终端（如移动图书馆 App、微信公众号、OAPC 查询检索终端等）中增加信息抓取埋点接口，可以记录读者在这些终端上的行为。埋点系统模块及功能要点如表 5－3 所示。

表 5－3 埋点系统模块及功能要点

模块	功能要点
多终端应用采集	支持 web、WAP、android、IOS、H5、微信小程序多终端应用数据采集
自定义灵活埋点	埋点系统 SDK 中预置 14 种事件、26 种属性，可自动采集基础事件与属性，同时支持代码灵活埋点。开发人员可自定义符合自身业务的事件与属性，实现多事件数据采集
App 与 H5 打通	当 App 中集成 H5 页面时，可不中断地记录用户在 App 和 H5 之间的操作路径，记录用户全链路操作，分析用户路径转化，定位关键转化点及优化点
多 ID 标识用户	埋点系统 SDK 中采集 DTTID、user_id、device_id、user_nick、IP 等多种 ID 来标识用户，分别用于 UV 计算、个性化推荐中唯一用户识别、多终端用户关联等场景，进行用户标识与计算

续表 5-3

模块	功能要点
规范元数据管理	随着埋点应用及事件的日益增多,埋点数据的管理也日益重要。埋点系统支持预置事件、自定义事件、事件属性、用户属性的新增与管理,支持应用与事件埋点的开启与关闭,统一规范化管理元数据
多维数据校验	为保障数据埋点的准确性,埋点系统一方面提供终端发送量、数据接收量、数据缺失率的计算,掌握数据的发送与接收情况;另一方面,也支持 token 校验、字符格式校验等错误校验,帮助开发者及时发现问题,优化埋点
埋点实时调试	埋点系统 SDK 支持 debug 模式,开发者可在客户端埋点时打开 debug 模式,进行数据的实时发送,在产品端查询解析后的埋点日志,验证数据传输的链路畅通性以及埋点数据的正确性
多场景数据分析	支持流量分析、页面分析、事件分析、点击分析、漏斗转化、内容分析、行为路径分析、活动分析、用户分析等多类型分析,支持系统环境、来源渠道、内容类目、用户忠诚度、地理位置及时间、页面分类等多维度分析。全矩阵、全场景进行数据分析与可视化,助力业务运营,为业务创造价值

(4)爬虫采集

在互联网时代,在合法合规的前提下,江西省图书馆使用网络爬虫获得互联网上公开的开放型数据,基于网络爬虫再次加工,从而构建更精细的读者服务数据应用。

(5)IOT 数据采集

IOT(物联网)数据采集是指从 IOT 设备中获取的流式数据。随着物联网技术的不断发展,各类型 IOT 传感设备接入图书馆场馆空间中。例如,智慧阅读空间、创客空间、RFID 智能书架等区域中配备 IOT 设备统计这些空间的设备状态、温湿度检测、元数据、传感器数据、图书信息等。

3.数据资源存储

江西省图书馆采用 EasyManager Dtstack 全自动化全生命周期运维管家来部署大数据平台分布式存储服务器集群。该集群采用 Hadoop 分布式存储架构,共配置 12 台操作系统为 CentOS 的虚拟机服务器作为集群的节点服务器(如表 5-4)。其中:2 台虚拟机为 Master 主节点,负责总管分布式数据和分解任务的执行;7 台虚拟机为 Salve 数据节点,负责分布式数据存储以及任务的执行;剩余 3 台虚拟机节点用于配置 Elasticsearch 分布式搜索和分析引擎。该软件平台支持通过 Kubernetes 容器、物理机服务器及虚拟机服务器三种方式进行多集群部署,并能够提供集产品部署、扩缩节点、日志诊断、集群运维、监控告警等功能于一体的一站式服务,轻松实现大数据产品全流程部署与监控。江西省图书馆大数据资源平台如图5-3所示。

表5-4 12台虚拟机服务器

虚拟机	部署组件	主机名
虚拟机 IP1	Hadoop、DT 组件	Node01
虚拟机 IP2	Hadoop、DT 组件	Node02
虚拟机 IP3	Hadoop、DT 组件	Node03
虚拟机 IP4	Hadoop、DT 组件	Node04
虚拟机 IP5	Hadoop、DT 组件	Node05
虚拟机 IP6	Hadoop、DT 组件	Node06
虚拟机 IP7	Hadoop、DT 组件	Node07
虚拟机 IP8	Hadoop	Node08
虚拟机 IP9	Hadoop	Node09
虚拟机 IP10	DTBase、Hadoop	Es01
虚拟机 IP11	DTBase、Hadoop	Es02
虚拟机 IP12	DTBase、Hadoop	Es03

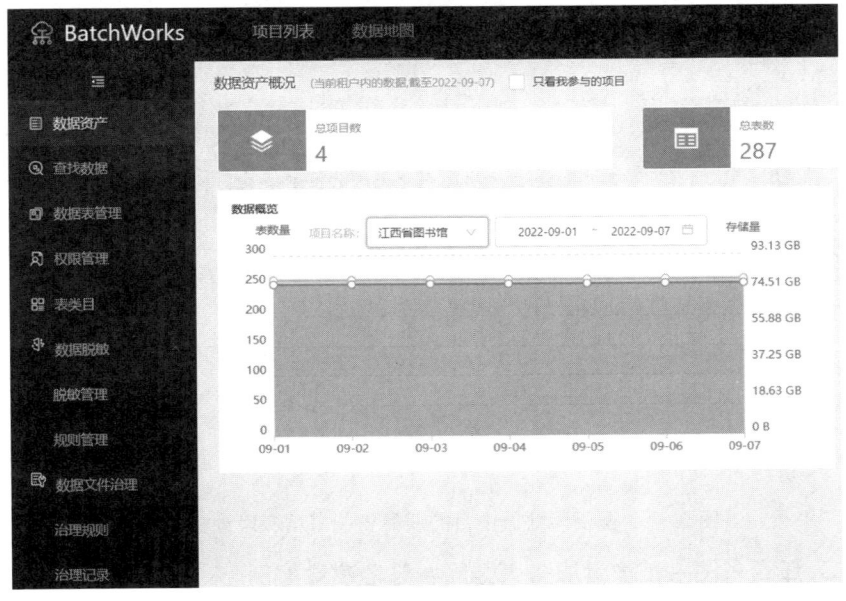

图5-3 江西省图书馆大数据资源平台

4.数据引擎分析与数据应用落地

大数据引擎分析包含分析与挖掘功能,是指通过分析手段、方法和技巧对准备好的数据进行探索、分析,并从中发现因果关系、内部联系和对图书馆自动化业务有价值的规律,从而为图书馆服务管理提供决策参考。江西省图书馆根据项目建设实际需求,通过搭建决策分析任务、图书标签任务、读者标签任务、智能推荐任务等实现相关任务应用的落地。江西省图书馆大数据平台数据处理按照层级又细分为原始数据层(ODS)、数仓明细层(DWD)、数仓汇总层(DWS)、应用数据层(ADS)。其中,原始数据层通过添加数据源接入图书馆UILAS图书馆管理系统数据、场馆预约系统数据、客流统计数据、电子阅览室读者访问数据等,创建分区表,保持数据的原貌,不做任何修改;数仓明细层利用SQL、mr、rdd、kettle、Python等工具对相关业务数据进行数据清洗、脱敏处理、维度退化、压缩并最终进行列式存储;数仓汇总层用于将符合要求的数据进行重构汇总;应用数据层则根据图书馆实际需要,按照条件组合列出符合要求的数据。例如,判定一定时期内读者借阅频次活跃度数据、判定一定时期内读者办证新增数据、分析最新上架的图书类别、分析不同年龄段读者的阅读偏好等。图5-4为基于数据中台的江西省图书馆决策分析平台。

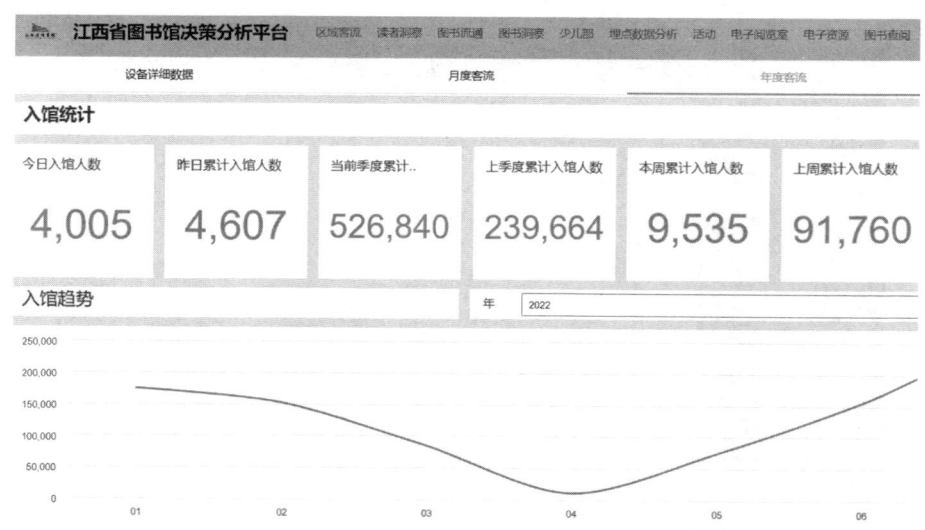

图5-4 基于大数据中台的江西省图书馆决策分析平台

二、江西省图书馆读者服务大数据智慧墙建设案例

随着5G、物联网、大数据和云计算等先进技术的快速发展,智慧墙系统作

为智慧图书馆的重要智慧场景已经在各大公共图书馆和高校图书馆中频繁亮相。许多公共图书馆在智慧墙系统项目建设上做了有益的尝试,但质量参差不齐:有的内容充实且具有超高动态科技感;有的则生搬硬套,只是简单的图像展示和数据堆叠。

笔者以智慧墙、可视化、图书馆、大数据为关键词,在知网专业检索工具中检索篇名中包含智慧墙或可视化,并且关键词包含图书馆和大数据的相关文献,共检索到 14 条结果。其中:马晓婷就大数据可视化分析系统的需求、能力、构建做了阐述,提出图书馆大数据可视化分析应当依据大数据结构来确定;张宸、吴廷照等人通过研究北美高校图书馆可视化系统,发现其主要应用于数字人文、服务数据挖掘和图书馆评估项目中,并以此对国内高校图书馆可视化应用提出建议和策略;郑良光对图书馆大数据智慧墙系统建设做了较为整体的研究,他从系统架构和技术路线两个维度阐述如何实现图书馆大数据信息统一发布管理,提升图书馆科技应用水平。通过研究不难发现,现有研究成果中,关于图书馆大数据智慧墙可视化系统建设实施路径的研究成果并不多,对整个智慧墙系统建设过程的研究欠缺。笔者在前人关于图书馆智慧墙系统建设研究的基础上,结合本人在图书馆新馆建设中大数据智慧墙系统建设的实践经验,提出建设流程,完善图书馆大数据智慧墙系统的建设路径,为其他正在建设智慧墙系统的图书馆提供参考借鉴。

(一)大数据智慧墙系统的概念及建设目的

图书馆在将智慧墙系统项目安排在议事日程之前,需要慎重考虑三个问题。一是为何建设智慧墙系统,也即建设智慧墙系统能够为图书馆带来什么优势,是否值得图书馆投资建设。二是智慧墙系统可以为读者展示怎样的内容,这些被展示的内容是否能为读者带来实用性和便利性,是否能激发读者潜在的兴趣。当前面两个问题被一一解决之后,后续的问题将变成是否具备建设智慧墙系统的先决条件,也即是否具备大数据平台。大数据平台是项目落地的必要非充分条件,没有大数据平台的数据支撑,所有展示页面都只是空壳。

1. 大数据智慧墙系统的概念

图书馆大数据智慧墙系统是智慧图书馆的产物。它是指通过实时或离线的方式获取图书馆各业务系统的服务数据,并按照预置的展示规则,将其转化为可视化动态图表,可以直观、有效地反映图书馆为读者提供各类服务的数据可视化系统。

智慧墙系统展示的内容应具有功能实用性、界面美观友好性、创新性和互动性。(1)功能实用性特征主要表现为读者能够快捷、便利地获取自身需要的信息。例如，通过展示场馆读者热力分布，读者可以清晰地看到不同区域不同时间段的读者流密集程度，从而在合适的时间、合适的地点阅览图书。(2)界面美观友好性是影响读者使用的重要因素。如果缺乏良好的视觉展示效果，数据内容做得再丰富，也很难吸引读者的注意力。(3)对创新性特征的理解是读者获取有价值信息的表达方式，如借阅书籍量可以定性等价转换为抽象的表述，从而激发读者的兴趣。(4)智慧墙系统展示的内容还应当具有一定的互动性。例如：设定登录读者证号的微信用户扫描二维码后，生成读者个人图书推荐、阅读分析报告等一对一服务，使图书馆读者服务向更加个性化的方向转变，有效提高读者深入阅读的积极性。

2. 大数据智慧墙系统建设的目的

从图书馆发展的角度看，建设大数据智慧墙系统能够激发读者的阅读兴趣，营造全民阅读的良好氛围，一定程度上能够提升图书馆的服务效能。

从读者受益的角度看，图书馆智慧墙系统建设的目的在于通过技术手段改善资源与服务对象这一对不可调和矛盾体之间的关系，在最大限度地满足读者需求的同时，充分构建一种具备创新激发力的智慧服务场景，有效吸引更多的读者参与其中。

从图书馆评估的角度看，建设大数据智慧墙系统能够更加便捷地在各种媒介(如网站、屏幕、微信、微博)上发布图书馆服务数据，有利于提高图书馆数据资源揭示的程度。例如，2017年发布的《第六次全国县级以上公共图书馆评估标准细则》之省级(副省级)公共图书馆评估标准细则第一部分"服务效能"下的"服务管理与创新"指标，明确提出图书馆应当具备服务数据显示度，指出图书馆要以多种方式将服务数据向社会公示。其中，基本分项包括：(1)定期宣传发布图书馆服务数据，3分；(2)利用图书馆网站定期发布服务数据，2分。加分项包括：(1)图书馆馆舍入口处服务数据实时显示，加5分；(2)手机等移动客户端实时发布服务数据，加5分。

(二)智慧墙系统建设中存在的问题及原因分析

目前，国内有部分公共图书馆和高校图书馆已经搭建了大数据智慧墙系统,但是这些系统存在许多问题。如:(1)智慧墙系统设计页面布局千篇一律,缺乏创新。智慧墙系统建设风靡一时,使得许多软件系统厂家争相介入。许多图书馆仅仅让厂家自由发挥,导致建设完成后的图书馆智慧系统千篇一律,均为模板化设计,缺乏本馆特色。(2)数据调用稳定性堪忧。智慧墙系统在建设完成后缺乏对系统数据的稳定性测试,导致后期数据崩溃,运维乏力。(3)前期规划采购的 LED 显示屏尺寸与后期实际的 LED 屏安装环境不符。许多图书馆往往以新馆建设为契机,利用资金完善相关的软硬件设备,然而在新馆建设过程中,新馆的场馆功能和场地面积往往会发生变化,这必然导致前期设计与后期实际的安装环境不一致。(4)智慧墙系统页面存在兼容性问题,如不能兼容各类主流浏览器。在不同分辨率的终端上也存在兼容性问题,这主要是因为前期页面布局设计代码未采用自适应设计方法,导致投放到不同分辨率的终端上的页面布局紊乱。诸如此类的问题导致已完成的智慧墙系统与预期规划的智慧墙系统存在较大差异。研究图书馆大数据智慧墙系统建设的实施路径将能够提高系统的建设效能,避免此类问题的出现,为还未建设智慧墙系统的图书馆提供参考借鉴。

(三)智慧墙系统建设的实施路径

图书馆大数据智慧墙系统建设的实施路径主要由以下几个环节组成:一是构建图书馆的大数据平台;二是确定智慧墙系统展示的服务数据内容需求;三是设计智慧墙系统的前端布局;四是实现智慧墙系统前端编码与后端数据调用;五是测试可视化系统展示页面数据的稳定性;六是确定和安装智慧墙系统终端屏幕;七是实现图书馆大数据智慧墙系统项目的投屏上线。

1.构建图书馆大数据平台

在建设智慧墙业务系统之前,需要建立基于图书馆的数据集成平台,该平台建立在多节点的分布式服务器集群上。它将图书馆各类业务系统(主要包括图书馆图书自动化管理系统、出入馆及读者客流统计系统、活动管理系统、电子阅览室管理系统、数字资源访问系统、无线网络管理系统等)中的数据采集到平台上,经过数据清洗、分析计算,存储在分布式集群中,最终形成图书馆各类业务系统的数据融合,并通过 API 接口的方式被智慧墙系统调用。

2.可视化展示的服务数据需求

数据是支撑图书馆智慧墙系统的基石,图书馆智慧墙系统数据按照类别划分,主要包含读者办证数据、读者流量数据、图书流通数据、资源利用数据、读者分析数据、空间利用数据、馆藏资源数据、分屏显示的各类服务信息数据以及多媒体视频数据,详见表5-5。

表5-5 图书馆大数据智慧墙系统可视化展示的数据

模块	指标	时间维度	数据来源
读者办证	今日新增读者证	今日,小时更新	大数据平台—图书自动化系统数据
	本月新增读者证	本月,每日更新	大数据平台—图书自动化系统数据
	办证总数	总数,每日更新	大数据平台—图书自动化系统数据
	办证渠道	总数,每日更新	大数据平台—图书自动化系统数据
读者流量	今日入馆实时人数	今日,实时更新	大数据平台—门禁系统数据
	本月累计入馆人数	本月,每日更新	大数据平台—门禁系统数据
	本年累计入馆人数	本年,每日更新	大数据平台—门禁系统数据
	读者入馆趋势	近一周,每日更新	大数据平台—门禁系统数据
	读者入馆趋势月度环比	本月,每日更新	大数据平台—门禁系统数据
图书流通	今日图书借出数量	今日,小时更新	大数据平台—图书自动化系统数据
	今日图书归还数量	今日,小时更新	大数据平台—图书自动化系统数据
	本月图书借还总数量	本月,每日更新	大数据平台—图书自动化系统数据
	本月通借通还图书数量	今日,小时更新	大数据平台—图书自动化系统数据
资源利用	图书馆借阅排行榜	本月,每日更新	大数据平台—图书自动化系统数据
	电子资源库访问排行榜	本月,每日更新	大数据平台—电子资源分析系统数据
	Wifi使用情况	今日,小时更新	大数据平台—无线网络管理系统数据
读者分析	读者画像—年龄	今日,小时更新	大数据平台—图书自动化系统数据
	读者画像—性别	今日,小时更新	大数据平台—图书自动化系统数据
	读者借阅排行榜	本月,每日更新	大数据平台—图书自动化系统数据
	读者活动积分排行榜	今日,实时更新	大数据平台—活动积分管理系统数据
	读者热搜关键词	今日,实时更新	大数据平台—热搜词数据
	微信公众号粉丝数量	今日,实时更新	大数据平台—微信数据
空间利用	阅览室剩余座位、机位	今日,实时更新	大数据平台—电子阅览室系统数据
	区域人流统计	今日,实时更新	大数据平台—客流量统计系统数据

3. 可视化界面风格设计

一个优秀的图书馆大数据智慧墙系统,不仅要有内在的数据支撑能力,外在的视觉效果也很重要。图书馆在智慧墙系统的建设上,一般都会有配套的建设资金,这些资金被用于智慧墙系统前端页面设计外包工作。图书馆可与设计公司沟通好数据可视化展示内容页面的布局,并根据实际工作重点要求,对展示页面的风格提出定制化需求。影响图书馆智慧墙系统可视化界面风格的因素主要有以下几个:

一是馆方提出的整体风格基调。图书馆可以要求智慧墙系统展示界面的风格与新馆建筑的设计风格和馆情特色相协调。例如:若图书馆建筑方方正正,给人一种简洁大方的感觉,则可以采用清晰化布局方式和亮色系;若图书馆建筑不规则且错落有致,则可以考虑采用不规则的布局方式和具有科技感的蓝白色调。

二是投屏的尺寸参数。在智慧墙系统界面设计工作开始之前,图书馆工作人员需要告知设计人员投屏的参数信息。设计图的投屏效果与待投屏硬件参数的分辨率、尺寸和颗粒度大小有直接的关系。

三是被展示数据内容的丰富度。智慧墙系统可视化展示效果一定程度上受到被展示数据内容的多少制约。数据内容越多,则页面排版布局越紧凑;数据内容少,则会使整体效果显得空洞突兀。因此,数据内容丰富的"度"也是影响智慧墙系统页面展示效果的关键因素。

四是可视化展示的方式。可视化展示方式指的是设计好的可视化系统投屏到大屏幕上是采用单屏幕展示,还是多屏幕轮询展示。当图书馆需要展示的数据内容较多时,可以考虑多屏轮询展示。该种模式下,不同类型的读者服务数据内容被设计在多个屏幕上,数据内容可以得到合理化布局。例如,读者在馆客流量热力统计3D建模图可以考虑在一块完整的屏幕上单独展示,它能够清晰地识别每个楼层中的阅览室区域读者人流的密集程度。但这一定程度上会影响其他数据内容的展示,正所谓鱼与熊掌不可兼得,把握好多屏轮询展示的时间间隔尤为重要。

五是设计师与工程师的专业水平。设计师与工程师拥有专业的技术水平是保障智慧服务系统可视化效果的必要条件。在可视化页面设计阶段,开发参与人员各有分工:UI设计师负责将3D立体、二维平面、动态化、实时化、交互式等多种可视化呈现方式整合并形成设计稿;建模工程师负责通过放大缩小、交互等技术方法处理大规模数据体系架构并进行3D建模;动画工程师则考虑表面材质、动画渲染方法等;交互设计师也会介入,主要负责用户交互行为模式的设计。

4.前端编码与后端数据调用

前端编码是指可视化页面前端设计师通过搭建数据可视化框架或类库把UI设计师设计好的PSD图片文件用网页代码编码实现,并在需要接入动态数据的地方暂时用静态数据显示,待后期由后端工程师替换动态数据。后端数据调用是指网页后端架构师负责把图书馆后端数据平台提供的实时动态数据接入前端页面,替换前端页面上的静态数据。在数据调用的过程中,终端设备向可视化服务组件发送数据请求接口调用,并通过大数据平台的任务调度接口管理方式或者第三方API应用程序接口工厂实现数据调用。最后利用数据可视化第三方机构提供的数据可视化插件,实现数据动态、实时显示。具体参见图5-5——后端数据调用示意图。

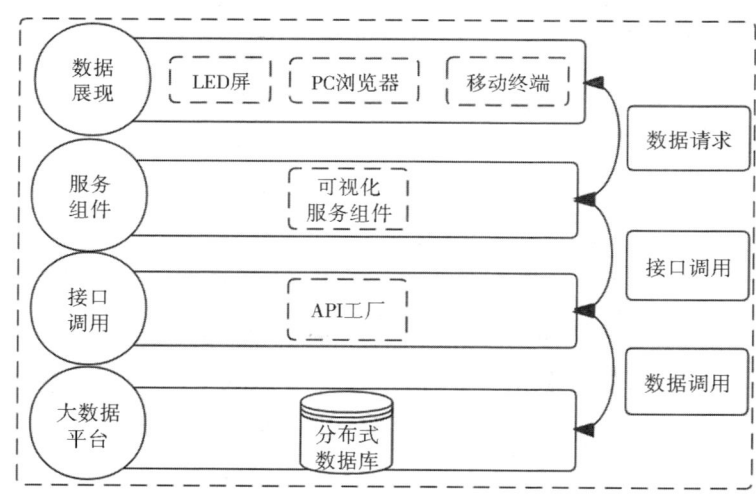

图5-5　后端数据调用示意图

5.可视化系统测试

在可视化系统前、后端代码编写完成后,需要进行系统测试。测试内容主要包含:(1)页面兼容性测试。通过不同内核的web浏览器打开可视化系统页面,查看是否存在页面中字体、颜色、对齐方式异常等问题。(2)前、后端数据调用完整性测试。页面中涉及动态数据的,需要测试数据调用的完整性。检测方法为校验大数据平台中的数据与可视化系统展示的数据是否一致。(3)数据调用的延时测试。可视化系统中显示的参数数据分为月度更新、日更新和实时更新,对每类数据都要进行延时时长的检测。对于月度更新的数据,其调用和读取后端数据的频次不高,延时显示的标准可以适当调低;对于诸如图书馆入馆人次等具有实时显示要求的数据,需要达到零延时的标准。(4)页面冗余代码优化测试。在页面编码完成后,可能会存在冗余代码(一段程序能够执行既定的任务,但是经过代码优化后不仅能够实现同样功能,而且执行效率有效提升和代码数量减少。那么被删除的代码就是程序的冗余代码),继续检查代码,优化合并不必要的冗余代码以提升系统运行效率。

6. 可视化屏幕的准备与安装

可视化系统展示的终端多样,如 PC 终端、移动终端、大屏幕终端。本书主要介绍可视化系统在显示屏终端上的展示。LED 显示屏的选择要结合图书馆实际需求、场地以及其他诸多因素来确定。

(1)可视化 LED 显示屏的选择

在品牌选择上,目前国内 LED 显示屏一线品牌主要有利亚德、三思、洲明、联建光电等。在参数选择上,主要是确定显示器的尺寸、分辨率和像素间距。可视化屏幕尺寸的大小主要由图书馆场馆指定区域的面积和整体效果来决定,可视化屏幕 LED 显示屏像素点的间距大小主要由图书馆经费状况和对显示的分辨率要求来决定。点间距越小,在单位面积内像素密度就越高;分辨率越高,画面表现力越丰富,色彩越绚丽,但成本也越高。目前室内环境主要采用 LED 点间距在 P2.5 以下的小间距 LED 显示屏,它主要包括 P2.0、P1.875、P1.575、P1.25 等 LED 显示屏系列。

图书馆应当结合本馆实际需求,在充分考虑场地、经费、清晰度要求等诸多因素后,制定适合本馆的屏幕选型方案。表 5-6 列出了江西省图书馆在新馆建设中根据场馆需求采购的 LED 显示屏参数信息,仅供参考。

表 5-6 江西省图书馆小间距 LED 屏参数信息

屏体安装位置	屏幕分辨率 宽×高	像素间距	屏幕尺寸(mm)	箱体排列 宽×高
二楼中庭 LED 屏	10240×5580	P1.875	19200×10463	32×31
大报告厅主屏	9280×2340	P1.875	17400×4387.5	29×13

续表 5-6

屏体安装位置	屏幕分辨率 宽×高	像素间距	屏幕尺寸(mm)	箱体排列 宽×高
大报告厅两侧屏	1792×1024	P1.875	3360×1920	14×8
大报告厅条屏	1792×1024	P1.875	20800×870	14×8
中报告厅	5760×1980	P1.875	10800×3712.5	18×11
小报告厅	4160×1980	P1.875	7800×3712.5	13×11
少儿大厅入口	1920×1080	P1.575	3024×1701	5×5
展厅一	3840×2160	P1.25	4800×2700	8×8
展厅二	1920×1080	P1.25	2400×1350	4×4
会议室	3360×1620	P1.25	4200×2025	7×6

(2) LED 显示屏的安装

LED 显示屏的固定可以考虑钢架镶嵌、壁挂和移动等多种方式,图书馆一般采用显示屏镶嵌的方式进行固定。目前,在小间距显示屏的安装上主要采用磁铁吸附的模式,这样的安装方式比采用箱体安装的成本要节省很多。小间距 LED 显示屏工程安装步骤主要有三个:一是要计算模组总功率,从而配置合适的 LED 开关电源(电源要以 80% 功率输出配置),总功耗 = 模组数量 × 单只模组功耗。二是要固定模组。模组的固定方式又分为玻璃胶直接固定和塑胶壳底部螺丝固定两种方式。尤其需要注意的是,若采用玻璃胶直接固定的方式,在安装前应将模组表面擦拭干净或适当打磨,确保接触面干净。三是连接电源。待所有模组安装完毕以后,可采用 0.75 mm 或是 18AWG 电线接通电源,电源与模组的距离应在 5 米以内。

7. 江西省图书馆大数据智慧墙系统的发布上线

图书馆大数据智慧墙系统的发布可以通过接入连接 HDMI 高清线的工作站实现。配备一台具有高配显卡的工作站,在工作站中用浏览器打开智慧墙系统的 URL 地址,再通过工作站的 HDMI 高清线路传输到 LED 显示屏的控制机上,即可实现智慧墙全屏实时可视化展示。图 5-6 为江西省图书馆智慧墙投屏效果图。

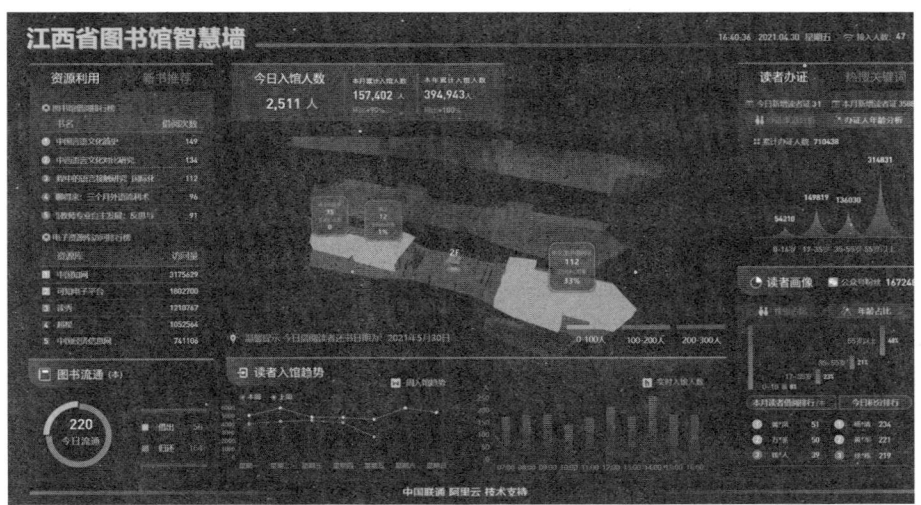

图5-6 江西省图书馆智慧墙投屏效果图

大数据技术是图书馆最强数据大脑,以大数据为基础,借助融合了信息数据可视化、人机交互、认知科学、数据挖掘、决策理论等研究领域的可视化分析技术可有效实现图书馆读者服务大数据可视化揭示。不论是高校图书馆还是公共图书馆,在建设图书馆大数据智慧墙系统项目时,都应当从本馆实际需求出发,按照图书馆大数据智慧墙系统建设路径,梳理图书馆服务数据的可视化对象,确保能够把读者服务数据真实、有效、精美地展示出来,实现从图书馆读者服务数据空间到图像空间的完美转变。

第六章 5G 网络技术：通往互联网世界的超速管道

第一节 什么是 5G 技术

人类历史的发展总是伴随着通信的发展。在古代，人们主要通过驿马邮递、飞鸽传信传递信息。到现代，电报的出现实现了实时通信，电磁波的发现以及无线电报的发明让人们摆脱了电线的约束，开启了无线通信的新时代。经过数十年演进，历经 1G、2G、3G、4G 的发展，移动通信深刻地改变了人们的交流与沟通方式，5G 将进一步实现由人与人通信向人与物、物与物通信的跨越，为推动全球经济发展和社会进步发挥更加重要的作用。

一、从 1G 到 5G

（一）无线移动化——1G

人们把无线通信转变而来的第一代移动通信称为 1G，这时的移动通信系统属于模拟通信系统。蜂窝组网，标志着从"无线"到"移动"的突变。蜂窝组网的关键技术是频率复用和移动切换。这种技术可以支持个人和个人之间移动状态下不间断的语音通信。

（二）移动数字化——2G

20 世纪 80 年代，全球移动通信系统（global system for mobile communication，简称 GSM）统一标准制定，推动了移动通信制式由模拟调制到数字调制的发展。数字化是第二代移动通信的主要特征，它将计算机及互联网的数字化思路应用到移动通信网络上。模拟信号一个时刻的值有很多可能，被误判的可能性大；而数字信号每个时刻的值要么是 0，要么是 1，抗干扰能力比模拟信号强，被错误接收的概率大幅降低。2G 系统的代表制式有 GSM 和窄带 CDMA。GSM 在频分多址的基础上增加了时分多址（time division multiple access，简称 TDMA）的复用方式。CDMA 系统在频分多址的基础上增加了码分多址（code division multiple access）的复用方式。

(三)数字宽带化——3G

在3G之前,各种移动通信制式主要遵循一个区域性的标准,或者某个国家的标准,不存在全球统一的标准。1998年12月,3GPP组织成立,负责推进全球3G标准化的工作。现在这个组织已经完成了多个版本的5G标准,开始着手研究6G标准,但名称还是3GPP。3GPP组织首先制定的全球3G标准是UMTS(universal mobile telecommunication system,通用移动通信系统)。它由一系列技术规范和接口协议构成,以WCDMA(wideband code division multiple access,宽带码分多址)技术构建无线接入网络,核心网在原有的GSM移动交换网络的基础上平滑演进。后来UMTS还把TD-SCDMA(time division-synchronous code division multiple access,时分同步码分多址)技术纳入自己的怀抱。考虑到北美CDMA制式的演进和发展,以及高通公司在CDMA上的专利情况,CDMA2000也被确定为3G制式之一。因此,3G制式主要有WCDMA(欧)、CDMA2000(美、韩)、TD-SCDMA(中国)三种。这三种制式共同的技术基础是宽带CDMA,即窄带原始信号通过宽带扩频序列进行扩频,从而把形成的宽频信号发送出去。

(四)网络全分组化——4G

4G无线侧技术合称为LTE。LTE(long term evolution,长期演进)关注的核心是无线空口的大带宽设计问题。OFDM(orthogonal frequency division multiplexing,正分复用技术)可以支持无线空口的大带宽设计,同时支持1.4 MHz、3 MHz、5 MHz、10 MHz、15 MHz、20 MHz各种带宽的灵活配置。这一点和以前的移动通信制式不一样:以前的移动通信制式,信道带宽只有一种;而LTE可以有多种,而且可以根据无线环境、业务需求动态配置。4G制式主要有TDD-LTE和FDD-LTE,分别支持TDD(时分双工)和FDD(频分双工)两种双工模式。其实二者除双工模式外,系统相似度达90%以上。

(五)三T融合化——5G

互联网技术(information techonology,简称IT)、通信技术(communication techonology,简称CT)、物联网(internet of things,简称IOT)起源于不同的技术,遵循不同的互通标准,成长于不同的应用场景。很长时间以来,这三者各自发展。随着业务需求的不断发展,移动网和互联网逐渐走到了一起,成为移动互联网。与此同时,将物联网融入现有移动网的呼声也与日俱增。移动互联网和物联网成为5G产业发展的主要动力。5G需要完成承接移动网、增强互联网、使能物联网的使命,实现 CT、IT、IOT 的深度融合。可以这么说,从网络组成的角度来说,5G = CT + IT + IOT。

移动网、互联网、物联网的融合发展,带来了规模庞大的终端接入需求、数据流量需求,以及日新月异的应用体验提升需求,进而推动 5G 技术的不断迭代更新。因此,5G 已不再是一个单一的无线接入技术,而是多种新型无线接入技术和现有无线接入技术(4G、5G)集成后的一种综合接入技术。

二、5G 的三大核心特征

4G 之前的各代移动通信一直关注的是速率问题,为用户提供更高的传输速率是网络演进和优化的目标。随着 5G 应用场景拓展到物联网领域,关注的性能指标更加多样,要求速度更快、容量更大、响应时间更短,5G 可提供高达每秒 1Gb 的数据传输速率、低至毫秒的时延、每平方千米百万级别的接入连接数。高速率、低时延和大连接成为 5G 最突出的三大特征。

(一)高速率

更高的速率永远是移动通信网络演进的目标,也是 5G 区别于 4G 的一个基本特点。每一代移动通信相比前一代都有 10 倍以上的数据传输速率的提高:2G 的数据传输速率仅为 9.6 kb/s;3G 时代提升到 2 Mb/s 以上;4G 最高速率可达 100 Mb/s,下载一部高清电影需要几分钟时间;而 5G 的下载速率可超过 1 Gb/s,也就是说,一部 1 Gb 大小的超高清电影最快 1 秒钟即可下载完成。数据传输速率的提高还将大幅提升用户体验,在更大带宽、更高速率的支持下,4K 甚至 8K 高清视频、3D 视频、VR/AR、全息视频等更高级的显示方式将走进日常生活并得到广泛应用。例如,无法到校上课的学生通过网络进行课程学习,受 4G 网速限制,尤其是在线用户数较多的情况下,存在一定的卡顿现象,直播上课的效果难以保障;而 5G 更高的速率可以使学生获得更好的学习体验,甚至已经有学校在探索通过 VR/AR 技术,让边远山区的孩子和城里的孩子在虚拟课堂同上一堂课。

(二)低时延

5G 之前的历代移动通信网络都是面向人通信的,对信息传输时延的需求并不高,一般 140 毫秒的听觉、视觉时延不会影响交流效果。然而,在无人驾驶、远程医疗手术、工业自动化控制等场景,这种时延是无法接受的。5G 无线传输时延可达毫秒级,可满足部分时延敏感业务的需求。例如:高速前进中的无人驾驶汽车,一旦需要制动,就要瞬间把信息传送到车上的制动系统,否则后果不堪设想;成百上千架无人机高空飞行,每一架无人机之间的距离和动作都要极其精确,哪怕一架无人机信息传输时延太久,都可能发生灾难性事故;远程手术中的手术刀,操作指令若不及时送达,将威胁生命安全。当前的 4G 网络无线传输时延在 10 毫秒以上,显然无法满足上述场景的要求。5G 通过大量技术配合,可以使无线传输时延降为 1~10 毫秒,可应用于具有超高低时延要求的场景,让电视直播中的主持人连线外地现场记者时不再延迟,让医生可以获得与现场手术相近的感觉。

(三)大连接

5G 的目标是实现万物互联。除传统的手机终端连接到 5D 网络外,来自各行各业的形态各异的物联网终端也将接入网络。联网设备数量将出现爆发式增长,5G 网络具备每平方千米百万级别的用户连接能力,以保证核心城市或工厂区域的联网终端可以同时接入网络。借助 5G 网络,海量物联网终端可进行实时联结,形成真正的万物互联;人们的工作生活将更加便利,城市管理将更加高效。比如,在城市基础设施加装传感器模块,可以实时感知人、车、物的各类信息,甚至每个家庭的水、电、煤气等日常消费,城市管理和规划部门就可以据此分析需要升级哪些城市功能,可以为城市管理提供精确的决策参考。同时,城市的应急响应能力也将大幅提高。比如,某地如果发生火灾,无须个人报警,传感器将第一时间感知并通知消防部门,消防部门将据此调配距离最近的消防车并为其找到用时最短的路线。

三、5G 的关键能力指标体系

2015 年,ITU 确定了 5G 的关键能力指标体系。根据 ITU 的定义,5G 共包含八大关键能力指标,除了传统的峰值速率、移动性、时延和频谱效率,ITU 还提出了用户体验速率、连接数密度、流量密度和能效四个关键能力指标,以适应多样化的 5G 场景及业务需求。其中:5G 用户体验速率可达 0.1 Gb/s~1 Gb/s,能够支持移动 VR 等极致业务体验;5G 峰值速率可达 10 Gb/s~20 Gb/s,流量密度可达 10 Mb/s·m^{-2},能够支持未来千倍以上移动业务流量增长;5G 连接数密度可达 100 万个每平方千米,能够有效支持海量的物联网设备;5G 无线传输时延可达毫秒量级,可满足车联网和工业控制的严苛要求;5G 能够支持 500 km/h 的移动速度,能够在高铁环境下实现良好的用户体验。此外,为保证对频谱和能源的有效利用,5G 的频谱将比 4G 提高 3～5 倍,能效将比 4G 提升 100 倍。

四、5G 网络安全架构

5G 继承了 4G 网络分层分域的安全架构。在安全分层方面,5G 与 4G 完全一样,分为传送层、归属层/服务层和应用层,各层相互隔离;在安全分域方面,5G 安全框架分为接入域安全、网络域安全、用户域安全、应用域安全、服务域安全、安全可视化和配置安全。总体来看,5G 提供了比 4G 更强的安全能力,针对服务化架构、隐私保护、认证授权等安全方面的需求,提供了标准化的解决方案和更强的安全保障机制。

同时,5G 比 4G 增加了服务域,并增强了安全特性,提供了比 4G 更强的安全能力,包括:

(一)**服务域安全**。针对 5G 全新的服务化架构,5G 服务域安全采用完善的注册、发现、授权安全机制及安全协议,有效解决了服务化架构带来的安全风险。

(二)**增强的用户隐私保护**。5G 网络使用加密方式发送用户身份标识(SUPI),以防范攻击者利用空中接口明文发送用户身份标识来非法追踪用户的位置和信息。

(三)**增强的完整性保护**。在 4G 空中接口用户数据加密保护的基础上,5G 网络进一步支持用户数据的完整性保护,以防范用户数据被篡改。

(四)**增强的网间漫游安全**。5G 网络提供了网络运营商网间信令的端到端保护,以防范以中间人攻击方式获取运营商网间的敏感数据。

(五)**统一认证框架**。4G 网络不同的接入技术采用互不相同的认证方式和流程,难以保障异构网络切换时认证流程的连续性。5G 网络采用统一认证框架(EAP),能够融合不同制式的多种接入认证方式。

五、5G 的三大场景

(一)**eMBB(enhanced mobile broadband,增强移动宽带)场景**

这个场景是承接移动网、增强互联网的场景。数据业务下载速率更高是移动制式孜孜不倦的追求。每一个新的移动制式推出,我们的第一个问题就是它的峰值速率是多少。大流量移动宽带业务,如高清视频业务,是 4G、5G 乃至 6G 的主要应用,主要的信息交互对象是人与人或人与视频源。在 5G 支持下,用户体验速率可提升至 1 Gb/s,峰值速度甚至达到 20 Gb/s,用户可以轻松实现在线观看 4K/8K 视频以及 VR/AR 视频。因此,用户数据业务流量还将爆发式增长,这会极大地释放远程智能视觉系统的需求,会出现层出不穷的新的行业应用。

(二)uRLLC(ultra-reliable low latency communications,高可靠低时延连接)场景

这个场景是物联网中的一个重要场景。如车联网、工业远程控制、远程医疗、无人驾驶等的特殊应用,对时延和可靠连接的要求比较严格。时延过长,将会导致严重的事故;可靠性低,将会造成财产损失。在这样的场景下,连接时延要达到 10 ms 以下,甚至是 1 ms 的级别。对很多远程应用来说,操作体验能达到零时延,才会有很强的即视感和现场感。

(三)mMTC(massive machine-type communications,海量机器类通信)场景

这个场景也是物联网中的一个重要场景,针对的是大规模物联网业务,如智慧城市、智慧楼宇、智能交通、智能家居、环境监测等场景。这类业务场景对数据速率要求较低,且对时延不敏感,但对连接规模要求比较高,属于小数据包业务,信令交互比例较大,海量连接可能导致信令风暴。在 5G 时代,每平方公里的物联网连接数将突破百万,连接需求将覆盖社会、工作和生活的方方面面。5G 的海量连接能力是渗透到各垂直行业的关键特性之一。

通俗来说,5G 的三个场景特征就是干活快、不拖沓、挤不爆;用专业术语讲就是超越光纤的传输速度(mobile beyond giga)、超越工业总线的实时能力(real-time world)以及全空间的连接(all-online everywhere)。

一个实际应用通常具备鲜明的场景特征,但并不是和其他场景泾渭分明。也就是说,一个应用通常对带宽、时延、连接数都有要求,只不过有一个为主而已。比如,自动驾驶类应用,是典型的低时延类业务,但也有一定的连接数需求和行车记录仪的带宽需求。智慧城市类应用,是一个典型的大连接类业务,但是有些平安城市类应用对高清视频监控有需求,也可以是一个大带宽类业务。有时候,智慧城市也需要应急响应能力,这要求时延低于一定的水平。虚拟现实(VR)类应用是典型的大带宽类业务,但交互式的 VR 游戏又要求低时延;在多人携带可穿戴设备的虚拟现实应用场景中,也需要满足一定的连接数要求。5G 的三个场景就是我们选取 5G 网络架构技术和无线技术的出发点和归宿。

5G 网络架构技术和无线技术,最终要满足三个场景的需求。三个场景的行业应用发展又会进一步促进 5G 网络架构技术和无线技术向前发展。

我国 5G 网络覆盖的广度和深度不断拓展,5G 应用不断走深向实。数据显示,截至 2022 年 7 月底,我国累计建成开通 5G 基站 196.8 万个,5G 移动电话用户达到 4.75 亿户,5G 应用案例超过 5 万个。目前,5G 基站单站址能耗已比 2019 年商用初期降低 20% 以上。其中,5G 个人应用在用户规模、新型终端、新型应用等方面取得积极进展,覆盖超高清视频、体育赛事、居住服务、购物等多个领域,虚拟数字人、5G 消息、5G 新通话等个人应用迅速发展,给消费者带来全新体验。此外,5G 融合应用已在工业、医疗、教育、交通等多个行业领域发挥赋能效应,覆盖国民经济 40 个大类。5G 已进入社会生活各个方面,在工业互联网、智慧城市、智慧乡村等领域的应用取得显著进展,正在不断探索上行超宽带、实时宽带加速和感知定位新场景。各行各业应紧抓 5G 发展历史机遇,着力提升 5G 产业链供应链现代化水平,全面推进 5G 商用部署和规模化应用,培育壮大经济发展新动能,让 5G 更好地赋能实体、服务社会、造福人民。

第二节　5G 技术在图书馆中的应用场景

一、5G 技术在图书馆中的应用场景实现设想

随着 5G 技术的普及,过去不可能实现或很难实现的智慧应用场景,在不久将成为可能,并且能够非常顺畅地实现。以下是 5G 最常用的应用场景在图书馆的实现设想。

(一)超高速多媒体应用

利用 5G 的增强型移动宽带(eMBB)技术,能够让图书馆向读者提供更好的免费上网体验,支持大规模人群和多设备同时在线,开展超清影视服务、直播等服务,适用于各类会议、讲座、展览等文化活动。

(二)智能楼宇空间服务

利用 5G 的海量低功耗连接(mMTC)技术,图书馆建筑中的所有设备设施(包括建筑运行本身)全部在线,接受 BIM 系统和图书馆业务管理系统的智能调度控制,包括空调、灯光、电梯、监控等各类子系统,可以提供安全预警、人流管理、人脸识别、空间预约、室内导航、绿色节能、消防安保、灾害防护等服务。

(三)低延时高可靠应用

主要采用了 5G 的低延时高可靠连接(uRLLC)技术。这项技术通常用于工业 4.0 和无人驾驶/无人机控制,图书馆可用于与增强现实场景有关的教育培训、主题会展、少儿服务等场景(需要大规模使用头盔或智能眼镜),以及定位/导航、智能查找/推送、创客服务、虚拟知识空间服务等,还能帮助实现自动盘点机器人更好协同并提高效率。当各类智能设备设施都能自动互联并彼此交互时,当所有移动设备都具备标准的 AR/VR 界面功能时,图书馆可以开展的创新是无穷的。

二、5G 技术在图书馆中的十个应用场景

5G 凭借极致的体验和更大的容量,将开启物联网时代,和大数据、云计算、人工智能等一道迎来信息通信技术的飞跃。图书馆是主要面向信息、数据、知识进行储存、组织、传播的机构,5G 这一新的技术和标准将为图书馆的信息组织、信息传播带来影响。结合图书馆的业务需求,以下列出了 5G 的十个应用场景。

(一)无感借阅

用户可以通过 5G 的高速网络在入馆时即时可靠地通过包含人脸识别技术在内的多重身份验证方式完成认证,同时接入网络,与图书馆中的智能书架系统、智能座位系统、门禁闸机系统及各种行为探测器进行连接,从而毫无障碍地在阅览室取书、阅览并完成借还操作。系统在后台自动办理相关验证和流通手续,用户通过终端就能自动收到确认信息或帮助信息。

(二)导览导航

用户进入图书馆后可利用终端 App 或图书馆提供的设备进行导览导航,通过 5G 超高移动带宽,结合 WiFi 及 iBeacon 室内精准定位技术(无须接入 WiFi 网络),可以享受到导览系统中定制的相关 AR 服务,包括通过视频、语音服务,甚至由虚拟形象提供图书馆导览服务,在馆内对应的区域收到相应的服务介绍、资源和活动推介,也可进行功能区域和座位的导航以及参考咨询。

(三)超清全景互动直播

超高清视频被业界认为将是 5G 网络最早实现的核心场景之一,在智慧图书馆应用中也可以得到广泛的应用。5G 网络良好的承载能力能够很好地解决

8K超高清视频以及VR视频的传输问题,图书馆可以将举办的各种活动、会议通过多点定位各类摄像头进行全景互动直播,也可以把馆内的主题空间通过全景拍摄实现远程现场实时展示,让读者通过VR装置体验沉浸式观看,并进行虚拟互动。

(四)智慧书房

主题空间作为图书馆公共文化服务,可以提供针对用户个人或小组的预约和个性化空间服务,按研究或交流需求配置相应主题的信息资源和设备,并提供个性化环境的管家服务。通过5G和物联网技术可实现空间中的相关设备和用户终端的网络组网,为用户资源索取、交互以及环境控制提供便捷的服务,为用户提供智能的"市民大书房"。

(五)智慧场馆

运用信息和通信技术感测、分析、整合图书馆运行的各个核心系统的各项关键信息,能够对包括图书馆业务、图书馆服务、场馆活动以及公共安全、环保在内的各种需求做出智能响应。具有高速率、低时延、大连接等特性的5G技术,能够将智能楼宇与图书馆各业务系统以及用户的智能终端互联互通,实现空间的智慧管理和智能设备的自动连接,为到馆的读者和用户创造更好的体验环境。

(六)云课堂

图书馆能在实体空间和虚拟空间同时举办讲座、会议、培训等活动,活动以VR方式进行直播互动,相关资料课件以AR方式呈现,授课过程自动转录换成Mooc并留存或授权发布,也能借鉴华为云与网易有道发布的智慧教育系统引入AI教室。高质量VR/AR业务对带宽、时延的要求逐渐提升,5G超宽带高速传输能力可以解决VR/AR渲染能力不足、互动体验不强和终端移动性差等痛点问题,提升用户的服务体验。

(七)精准推送

智慧图书馆的精准推送服务会通过大数据分析读者的阅读和活动行为,进行内容和服务的推送,同时也在进行阅读服务的创新,如听书和多媒体阅读,支持游戏化场景的阅读推广。随着技术的不断升级,更加多元化的阅读体验可能会提出更高的用户终端性能要求,依靠5G技术的高速传输能力,可以将系统放在云端服务器运行,然后将运行后的画面、音频和用户操作流压缩通过网络传递给用户,从而大大降低用户的设备门槛和成本。

(八)机器人服务

随着 AI 技术的发展,各类虚拟或实体智能机器人将会更多地出现在智慧图书馆的服务中,5G 技术中的高频和多天线技术可以支持图书馆内的精准定位和高宽带通信,毫秒级低时延技术将实现机器人之间和机器人与其他智能系统之间前所未有的互动和协调,在精确高效的控制下提供更完善的服务。图书馆的机器人服务包括自动参考咨询和盘点机器人,后者提供智能仓储、物流、盘点功能,具有信息自动采集和预测功能,并将相关数据同步至中央库。5G 的高速和稳定性能可满足盘点机器人的灵活移动性和差异化业务处理的高要求,提高整个盘点工作周期的服务质量。

(九)智能安防监控

智能安防包含多摄像头联网、应急自动响应、人流监测、风险预警、网络报警、联动控制等功能,是智慧图书馆智能楼宇功能的重要环节,而视频监控则是智能安防最重要的一个组成部分。5G 技术的高速传输速率和毫秒级低时延将有效提升现有监控视频的传输速度和反馈处理速递,将使智能安防实现远程实时控制和提前预警,做出更有效的安全防范措施,让安防监控范围进一步扩大,获取到更多维的监控数据。在 5G 技术和环境的支持下,智能巡检机器人也会越来越多地出现在智能安防体系中,承担馆区巡检工作。

(十)区域联盟服务协同

图书馆区域联盟服务协同涉及远程资源定位、资源联合采购、远程活动同步、互动直播、自助馆际互借、用户驱动出版、按需采订、联合保存等多方面的业务工作。5G 独立网络切片技术可以支持图书馆实现多用户和多业务的隔离和保护,大连接的特性满足多家图书馆对信息采集和大规模设备间通信的需求,可以实现远程问题定位以及跨地域、跨场馆的远程遥控和设备维护。

从以上应用设想和应用场景可以看出,5G 技术是智慧图书馆最重要的基础性技术。每一个应用场景的实现都是 5G + 人脸识别、5G + 物联网、5G + VR/AR 等的多技术融合应用的结果。

第三节　图书馆5G技术应用案例

江西省图书馆无感借还智慧流通服务系统依托无感借还通道实施,通道分为无感借书通道和无感还书通道。相较于传统借书流程,无感借阅智慧服务无须读者携带借书证或进行基于触摸屏的人机交互操作,读者通过无感通道即可快速完成图书借阅手续。用户可以借助5G高速网络在入馆时即时可靠地通过人脸识别技术身份验证方式完成认证,同时接入网络,从而毫无障碍地完成借还操作,系统在后台自动办理相关验证和流通手续,用户通过终端就能自动收到确认信息或帮助信息。

第七章 互联互通技术——图书馆馆际联通的桥梁

第一节 认识互联互通技术

图书馆互联互通技术是指利用专线链路和 VPN 链路搭建国家到基层的网络高速公路,将数字图书馆推广工程建设成果面向全国基层深度服务推广的应用技术。基层图书馆互联互通建设能够提高区域性数字图书馆服务能力,实现区域范围内读者用户信息互联、互通、互认,有效促进馆际间公共文化资源的共享与利用,更好地满足基层人民群众日益增长的文化需求。

第二节 图书馆互联互通技术应用案例

一、江西省数字图书馆互联互通专网接入方案概述

专网技术介绍。MSTP 是 Multi-Service Transport Platform 的缩写,它可以将传统的 SDH、以太网、ATM、POS、RPR 等多种技术有机融合,通过将多业务汇聚并高效适配的方式实现多种业务的综合传送。城域网具有覆盖范围广、投资大、业务种类多、竞争激烈、用户的发展难以预测的特性,基于 SDH 技术的 MSTP 所具有的多业务综合接入和传送的特点使其能够在城域网灵活、廉价地提供多种业务。

MSTP 技术源于 SDH,经过近几年的不断发展,已经囊括 PDH、SDH、POS、以太网、ATM、RPR、SHDSL、DDN 等技术。它既可通过多业务汇聚方式实现城域网业务的综合传送,又可以通过自身对多类型业务的适配性实现业务的接入和处理。它非常适应城域网多种技术相融合的发展趋势,是一套相对完善的城域网技术体系。

从城域数据业务网要求为客户提供全方位 SLA 服务的角度来看,MSTP 技

术具备受理各类高等级专线业务的能力,并在实际的网络应用中发挥作用。根据租用业务的 SLA 服务原则,运营商网络应该能够提供从最高等级到最低等级的业务,以满足不同类型客户对专线的需求。如果部分用户对运营网络的理解还不够透彻,以不信任机制来看待租用电路,那么 MSTP 技术在解决大客户专线需求方面还具有数据网所不具备的一些特性,如安全性、透明性和可管理性。MSTP 技术除了提供数据网已经解决的数据业务,还能提供信息透明、带宽透明、高安全性和可管理的高等级业务,更能满足客户的需求,从而提升网络的综合竞争力,避免 IP 网络同质化所造成的价格战。因此,从 IP 数据网的现状和用户对 IP 数据网的认知来看,将 MSTP 技术与 IP 数据网结合起来,将成为近几年内实现银行客户专线业务的理想解决方案。

一方面,MSTP 技术是基于 SDH 技术发展演变而来的,因而它天生具备 SDH 技术的众多优点,如组网、业务保护;另一方面,MSTP 对传统 SDH 技术进行了革新,大量采用 GFP(通用帧映射规程)、虚级联和 LCAS(动态链路调整)等新技术,同时容纳了 IP/以太网和 ATM 技术。利用 MSTP 技术组网可以提供一个多业务透明传送平台,在基于 SDH 的网络上实现数据业务、语音业务、图像业务的混合传送。

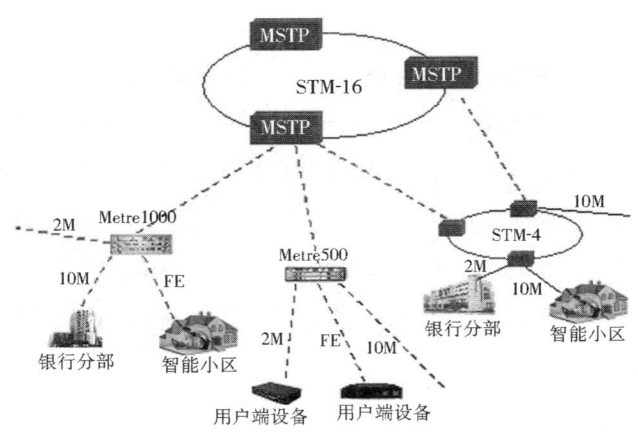

图 7-1 MSTP 组网图

MSTP 组网具有以下性能:

安全性高。采用物理传输通道隔离业务,因此 MSTP 组网安全性最高。

业务可靠性高。MSTP 组网具有 QOS 保证,尤其是在业务专网带宽需求方面。采用 MSTP 组网可以从物理传输层面和以太网二层层面,同时保证业务专网带宽需求。

专网扩容升级非常方便。MSTP 组网可以在不中断业务的情况下,实现带宽扩容。借助 SDH 传输网络可以实现最大范围内的业务覆盖。

综合多业务。MSTP 具备语音、以太网和 ATM 等多种业务接口。

成本低。由于 MSTP 提供以太网接口,可以和业务节点的本地以太网实现无缝低成本连接,从而降低建网成本。

MSTP 系统可以突破由传统以太网地址造成的网络用户数量的限制,实现有效用户区分和地址重用,区分不同用户的业务流,从而适应电信公网应用。

实现以太网多业务等级。业务具有严格的延时和抖动保障机制,其业务速率恒定,抖动和延迟也相当小。

实现以太网业务公平性接入。MSTP 系统克服传统以太网在网络发生阻塞时,不能保证业务公平接入的难题,实现端到端的流量控制。

二、MSTP 网络拓扑图

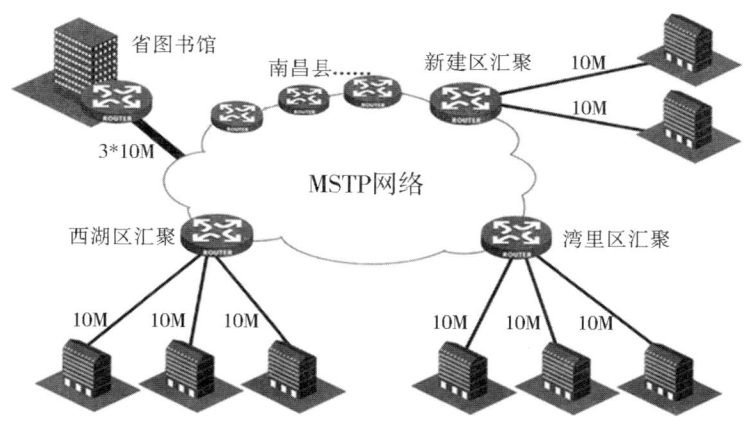

图 7-2 MSTP 网络拓扑图

三、MSTP 组网技术方案

星型 MSTP 网中,省图书馆为主要网络中心。

(一)省图书馆数据中心

省图书馆是整个网络的数据中心,网络的安全性和线路的冗余备份显得非常重要。在数据中心本地接入时,应充分考虑电路接入的安全性,为数据中心建 1G 超大容量的 SDH 光传输环网,承载各种速率传输电路。

数据中心配置的 1G SDH 光传输设备通过 STM-16 上联城域网骨干机房,

在数据中心和各骨干之间构成一个 1G 光传输环路,即使其中一条路由的光缆发生故障中断,传输设备也可以自动将电路切换到另一条光缆路由上,电路切换时间小于 50 ms。在数据中心机房配置的 1G SDH 光传输设备的主控板、时钟板等关键部件均提供 1+1 的冗余保护功能,即光传输设备的主控板、时钟板、线路板和支路板等部件均采用一主一备的工作方式。其中任何一块板卡出现故障时,光传输设备通过网管平台向网管人员发出警报信息,同时备用板卡立即接替出现故障的板卡的工作,保证承载的电路不中断。

采用 MSTP 接入。在省图书馆提供 FE 或 GE 端口进行汇聚,用户只需提供 FE 或 GE 端口与上联 SDH 设备互联。分支节点根据 VLAN ID 来划分,每个 VLAN ID 代表一个节点数据流,省图书馆根据 VLAN ID 来区分各支点的数据流。

各节点 MSTP 以太端口接入。省图书馆数据中心提供 100BASE-T 端口或 GE 端口与各路由器连接,各路由器建议使用同类接口互联。一块 100BASE-T 板卡支持 24 个节点(每节点可以是 N*2M),一块 GE 板卡支持 48 个节点(每节点可以是 N*2M),根据需求的节点数调整对接的板卡数。

(二)县图书馆分支节点

县图书馆分支节点利用 Cisco 2800 路由器。Cisco 2800 系列在 Cisco 2801 和 Cisco 2811 上提供了 2 个 10/100 端口,Cisco 2800 系列的接口可方便地与其他思科路由器互换,在网络升级时提供最高投资保护。Cisco 2800 支持 90 多种模块,包括大部分现有 WIC、VIC、网络模块和 AIM(注:Cisco 2801 路由器不支持网络模块)。

Cisco 2800 路由器有 2 个标准配置的 10/100M 以太网口,一个连接 MSTP 电路,另外一个连接县图书馆内部的以太网交换机。MSTP 电路通过传输网传输到核心局端,机房 SDH 设备根据 VLAN ID 识别出该端口从属的分支点,并通过 VLAN ID 标记将数据流量传输到省图书馆。

(三)QOS

QOS 的英文全称为"quality of service",中文名为"服务质量"。QOS 是网络的一种安全机制,是用来解决网络延迟和堵塞等问题的一种技术。网络管理员可以通过 QOS 为某类(语音、视频、互联网等)网络流量指定所需的带宽和优先级。当网络过载或堵塞时,QOS 能确保重要业务量不受延迟或丢弃,同时保证网络的高效运行。

（四）MSTP 方案特点

在网络性能方面，由于 MSTP 支持 CAR（committed access rate，承诺接入速率）功能，可以实现网络中重要而有效的带宽管理方式，通常在网络的边沿接口处，通过 CAR 的配置，对报文进行分类，控制 IP 流量以特定的速率进出网络，从而提供有保障的网络服务质量。

在维护成本方面，很显然，为了实现数据网络的功能，客户需要投入设备，更重要的是要投入大量的精力去维护多条接入线路，这给客户带来了不必要的麻烦。MSTP 技术支持基本的数据网络组网，可以完成基本的汇聚甚至是二层交换功能。使用该技术组网，简化了网络的层次，为客户的维护提供了方便。

在灵活性方面，MSTP 技术具有对数据网络技术的支持功能，网络的变更将会在传统的 SDH 层面和 MSTP 的数据技术层面完成。这个操作通过配置即可完成，具有很高的灵活性。

在网络安全性方面，MSTP 技术与传统的传输技术完美结合，对网络层有高保护性。对接入层的板卡，也可以实现保护。MSTP 技术支持 LPT（链路状态穿通）和 LCAS（链路容量调整方案）技术，可以为客户网络提供更完善的保护。

在网络拓展性方面，基于 MSTP 技术的传输组网，具有很高的拓展性。我们给客户接入端提供的是至少 155M 的光纤接入，汇聚点是 2.5G 的接入容量，应用了 LCAS（链路容量调整方案）技术，基本可以实现无损的平滑升级。升级容量也非常灵活，支持 2～155M，甚至 GE 的升级。这样的网络，可以满足客户长远的需求，客户无须为带宽升级带来的麻烦而担心。

（五）数据安全

通过防火墙安全隔离与信息交换系统设备实现数据交换，可防止因为接入导致行业业务专网信息泄露或应用遭到破坏。通过严格检查数据内容、格式，同时通过数据隔离摆渡实现数据安全传递，可以保证网络层攻击的终止，有力保护行业业务专网。

如果数据安全性要求非常高，数据安全部分应采用单向隔离传送设备。单向隔离传送设备包括上行系统和下行系统两个部分。上行系统负责对数据进行病毒和恶意代码检查并上传；下行系统完成半自动检查降级并向下推送。在系统与前置服务器、外部用户之间，连接通道只有单向隔离传送系统，只进行数据交互,不直接提供应用服务。通过部署单向隔离传送系统,可实现业务专网和外部的有效隔离以及受限数据的交换。

(六)安全管理平台

接入终端或服务器以及业务专网安全接入平台中的路由器、防火墙、交换机、可信接入网关、前置数据库或应用服务器、隔离交换设备通过 Syslog 或 SNMP 方式将设备状态和用户行为发送给管理监察代理软件。

对互联平台中的安全设备、可信接入网关、应用服务器、隔离设备的集中配置管理通过离线方式下发,单独配置管理。

第八章 虚拟现实技术——穿越时空的飞行器

虚拟现实(VR)作为元宇宙的初级核心载体,自诞生以来,就被国家高度关注,随着5G高速传输、物联网、人工智能、柔性显示、移动式高性能图形计算卡等技术的出现,虚拟现实技术应用已经成为我国的重点发展方向之一。虚拟现实技术拓展了人类的感知能力,改变了产品形态和服务模式。

第一节 认识虚拟现实技术

虚拟现实是由英文"virtual reality"一词翻译而成的,简称VR。它采用计算机模拟生成一个三维的、逼真的、能够给用户提供关于视觉、听觉、触觉等一体化感觉模拟的虚拟环境。用户可以借助外置装备,以自然的方式与虚拟环境进行交互,并相互影响,从而产生身临其境、获得等同于真实环境的感受和体验。

虚拟现实技术是一项综合集成技术,涉及计算机图形学、多媒体技术、传感器技术、人工智能、网络技术、模式识别、人机工程、电子学、数学、力学、声学、光学、机械和生理学等自然学科和技术学科,它用计算机生成逼真的三维视觉、听觉、嗅觉等感觉,使人作为参与者通过适当的装置与视觉、听觉和触觉等多种感觉通道自然地对虚拟世界进行体验和交互。

在虚拟现实的基础上,又出现了增强现实和混合现实的概念。其中,增强现实技术(augmented reality,简称AR)是将计算机生成的虚拟信息合成到用户感知的真实世界中的一种技术:利用实时的计算摄影机影像的位置及角度,通过全息投影,在镜片的显示屏幕中将虚拟世界与现实世界叠加,实现对真实世界的增加和强化。混合现实技术(mixed reality,简称MR)是指结合真实世界和虚拟世界创造新的环境和可视化三维世界,物理实体和数字对象共存并实时相互作用,是虚拟现实技术的进一步发展。从概念来看,AR和MR并没有明显的分界线,都是将虚拟的景物放入现实的场景中。在AR的视界中,出现的虚拟场景通常是一些二维平面信息。这些信息甚至可能和我们目前看到的事物无关,功能只是在不影响我们正常视线的情况下起到提示作用,所以这些信息会固定在那里:无论我们看哪个方向,该信息都会显示在视野中某个固定的位置上。而 MR 则是将虚拟场景和现实融合在一起,我们只有看向那个方向的时候,才会看到这些虚拟场景;看向其他方向时,会有其他的信息显示出来,而且这些信息和背景的融合性更强。简单说来,虚拟信息如果跟随视线移动就是 AR,如果相对于真实物品固定的就是 MR。

一、虚拟现实技术的特性

美国科学家 G. Burdea 和 Philippe Coiffet 于 1993 年在世界电子年会上发表的"Virtual Reality Systems and Applications"一文中提出"虚拟现实技术的三角形",简明地展示了虚拟现实三个最突出的特性:交互性(interaction)、沉浸感(immersion)和想象性(imagination)。

(一)交互性

交互性指用户与虚拟环境中各种对象之间相互作用的能力。在虚拟环境中,各种对象之间可以通过输入、输出设备,影响用户或者被用户影响。它是人机和谐的关键性要素,包含了用户对模拟环境中对象的可操作程度和从虚拟环境中得到反馈的自然程度。比如,当用户抓取虚拟环境中的物体时,手就有握东西的感觉,而且可感觉到物体的重量。

现阶段,虚拟现实的交互性一般通过以下 9 种方式来实现:眼球追踪、动作捕捉、肌电模拟、触觉反馈、手势跟踪、方向跟踪、语音交互、传感器和真实场景。

(二)沉浸感

用户在计算机生成的虚拟环境中,通过视觉、听觉、触觉等感官的模拟体验,置身于无限接近真实的客观世界中,产生身临其境的感觉。

(三)想象性

想象性是指用户在虚拟环境中,根据环境传递的信息,以及自身沉浸在系统中的行为,通过逻辑推断、联想等思维过程,去想象虚拟现实系统中并未直接呈现的画面和信息。用户通过沉浸其中获取新的知识,提高自身的感性和理性认识,从而产生新的联想。因此,虚拟现实可以激发人的创造性思维。

二、虚拟现实核心技术

虚拟现实技术的外在呈现,主要是靠全封闭的头戴型显示器、数据手套、3D

眼镜、运动传感器等硬件设备。下面我们从实时三维图形生成技术、系统集成技术、立体显示和传感器技术、动态环境建模技术介绍实际应用的虚拟现实核心技术。

(一)实时三维图形生成技术

相比较而言,实时三维图形生成技术并不是很难,只要有足够准确的模型、足够的时间,就可以生成不同光照条件下各种物体的精确图像。那么如何实现"实时"的三维效果呢?

例如,在飞行模拟系统中,进入不同的大气层,飞机的飞行速度或者状态会发生变化,图像也需要实时调整。如果要达到真实环境下的飞行状态,就要保证图形的刷新率不低于15帧/秒,最好高于30帧/秒。出于对图像质量的要求,再加上非常复杂的虚拟环境,实现起来就变得很困难。如何提高图形的刷新频率是未来虚拟现实技术研究的内容。

(二)系统集成技术

系统集成技术,我们可以将其定义为:根据应用的需求,将不同的系统有机地组合在一起,形成一个功能更强大、一体化的新型系统的过程和方法,包括信息的同步技术、模型的标定技术、数据转换技术、数据管理模型、识别和合成技术等。

虚拟现实系统中包含大量的感知信息和多种模块,比如检测模块、反馈模块、传感器模块、控制模块、建模模块等。只有将它们有机地组合在一起,才能构建起对应的虚拟现实环境,并让用户和虚拟环境产生交互。因此,系统集成技术对虚拟现实环境的构建至关重要。

(三)立体显示和传感器技术

要想让用户获得较好的沉浸感和交互感,必须依赖于立体显示和传感器技术。清晰度较高的立体图像显示会让用户获得感官的满足,具有方向感的立体声效果、真实的触觉反馈会提高用户对虚拟现实环境的沉浸感和真实感。

(四)动态环境建模技术

相较于前面的三种技术,动态环境建模技术更加重要。借助时序图、状态图和活动图,建立对应的虚拟环境,并根据应用的需要,实时获取实际地理环境的三维数据,利用获取的三维数据便可以建立相应的虚拟环境模型。

三、虚拟现实硬件设备

虚拟现实系统通过使用一些特殊的硬件设备,才能让用户通过视觉、听觉、触觉、嗅觉等多种感官感受到逼真的虚拟世界,并通过自然动作和虚拟世界进行交互。根据功能的不同,可以将虚拟现实系统的硬件设备分为输入、输出和配套设备三大类。

(一)输入设备

常见的输入设备有数据手套、人体运动捕捉设备、数据衣等。

1. 数据手套

数据手套是一种穿戴在用户手上,可以实时获取用户手掌、手指姿态的数字设备。它可以将手掌和手指伸屈时的各种姿势转换成数字信号传送给计算机,通过软件编程,可进行虚拟场景中物体的抓取、移动、旋转等动作。我们也可以利用它的多模式性,将它作为一种控制场景漫游的工具。

数据手套的出现为虚拟现实系统提供了一种全新的交互手段,目前的产品已经能够检测手指的弯曲,并利用磁定位传感器来精确地定位手在三维空间中的位置。这种结合手指弯曲度测试和空间定位测试的数据手套被称为"真实手套"。在虚拟现实系统中,应用程序会将用户的手部姿态信息与虚拟场景中的手部模型进行绑定。这样,这个虚拟的手部模型就能够受到用户的实时控制,并与用户的手的运动状态保持一致。用户的感觉就好像这个虚拟的手部模型就是自己真实的手,可以在虚拟世界中完成物体的抓取、移动、装配、操纵等控制。数据手套的出现使得用户可以通过自然的手势和虚拟世界交互,从而增加用户体验的真实感和自由度。数据手套具有体积小、重量轻、操作简单等特点,因此得到了广泛的应用。

2. 人体运动捕捉设备

人体运动捕捉是记录人体运动信息以供分析和回放的技术。捕捉的数据既可简单到记录躯体部件的空间位置,也可复杂到记录脸部和肌肉群的细致运动,目的是把真实的人体动作完全附加到虚拟场景中的一个虚拟角色上,让虚拟角色表现出真实人物的动作效果。运动捕捉系统是一种用于准确测量运动物体在三维空间运动状况的高技术设备。它基于计算机图形学原理,通过排布在空间中的数个视频捕捉设备将运动物体(跟踪器)的运动状况以图像的形式记录下来,然后使用计算机对该图像数据进行处理,从而得到不同时间计量单位上不同物体(跟踪器)的空间坐标。从应用角度来看,运动捕捉设备主要有表情捕捉和肢体捕捉两类;从实时性来看,运动捕捉设备可以分为实时捕捉和非实时捕捉两类。人体运动捕捉设备一般由传感器、信号捕捉设备、数据传输设备和数据处理设备四部分组成,根据传感器信号类型的不同,可以将运动捕捉设备分为机械式、声学式、电磁式和光学式四种类型。

3. 数据衣

数据衣(data suit)是一种轻量级、便携式的人体跟踪设备,可以实现对全身运动的识别。同数据手套的原理类似,该设备将大量传感器配置在紧身衣上,通过对四肢、腰部、各关节等人体部位进行检测,实现对用户运动轨迹的跟踪和记录。目前数据衣已大量应用于虚拟游戏、电影特效等商业领域。

4. 三维扫描仪

三维扫描仪又称为三维数字化仪或三维模型数字化仪,是一种先进的三维模型建立设备。它是当前使用的对实际物体三维建模的重要工具,能快速方便地将真实物体的立体参数信息转换为计算机能直接处理的数字信号,为实物数字化提供有效的手段。三维扫描仪可以显著降低手动建模的成本,特别适用于不规则的三维模型,因此在三维建模方面有着重要的价值,现已广泛应用于工业设计、文物保护、游戏开发等众多领域。

5. 眼动仪

眼动仪是一种记录眼球运动轨迹的新型跟踪设备。早在19世纪就有人通过考察人的眼球运动来研究人的心理活动,通过分析记录的眼动数据来探讨眼动与人的心理活动的关系。眼动仪的问世为心理学家利用眼动技术(eye movement technique)探索人在各种不同条件下的视觉信息加工机制,观察其与心理活动直接或间接的、奇妙而有趣的关系提供了新的有效工具。眼动技术先后经历了观察法、后像法、机械记录法、光学记录法、影像记录法等多种方法的演变。眼动技术就是通过对眼动轨迹的记录从中提取诸如注视点、注视时间和次数、眼跳距离、瞳孔大小等数据,从而研究个体的内在认知过程。

6. 其他手控输入设备

为了对传统的鼠标、键盘等交互设备进行改进,人们还设计了一些其他手控输入设备,如三维鼠标、力矩球。这些设备的交互方法与传统设备类似,但是在功能上有所增强。

(二)输出设备

头盔显示器

头盔显示系统是最为典型、也是目前应用最为广泛的虚拟现实显示系统。它是佩戴在用户头部,可以随着用户移动和转动,并且向用户眼睛显示图像信息的设备。头盔上配有三维定位跟踪设备,用于实时探测头部的位置和朝向,并反馈给计算机。计算机根据这些反馈数据实时生成反映当前视点位置和朝向的场景图像,并显示在头盔显示器的屏幕上。通常,头盔显示器具有左、右两个显示屏,它们分别置于人的双眼前面,用于向左、右眼分别显示具有视差的两幅图像,这样用户就能够感受到立体视觉效果。头盔显示器可以将用户与外界完全隔离,因而已成为沉浸式虚拟现实系统和增强式虚拟现实系统不可或缺的显示设备。

四、虚拟现实内容产出

(一) VR 视频

相比于其他内容,VR 视频拥有更为庞大的群众基础,也是相对来说门槛较低的 VR 体验方式。VR 视频按表现形式分为 3D 效果视频、360°全景视频、全景交互视频。其中:3D 效果视频是将现有视频转码处理生成 3D 效果,技术门槛低,内容生成快,目前是 VR 主要的模式,能达到影院 3D 电影效果;360°全景视频通过全景拍摄以及图像拼接生成,在 PC 上用户通过鼠标拖动画面可 360°任意观看画面,在移动设备上通过陀螺仪,画面根据用户视角的改变而改变,是目前 VR 视频的主要展现形式;全景交互视频是真正的 VR 视频,兼具沉浸感和交互性,但目前技术和拍摄手法尚不成熟,因此作品少且短小,未来将是最主要的形式。

(二) VR 游戏

VR 游戏,英文名"virtual reality game",可以理解为"VR + 游戏",是指可以通过虚拟现实技术将玩家置身于一个沉浸式的虚拟世界,从而提高用户体验的游戏。就游戏本身的发展来说,从最早的文字 MUD 游戏到 2D 游戏,再到 3D 游戏,随着画面和技术的进步,游戏的拟真度和带入感越来越强。但因为技术等方面的限制,目前仍无法让玩家在游戏时脱离置身事外的感受。虚拟现实技术的发展,为增强游戏的体验性带来了曙光,它不仅使游戏更逼真,也更能让玩家沉浸其中。只要打开计算机,戴上虚拟现实头盔,玩家就可以进入可交互的虚拟现实场景之中,不仅可以虚拟当前场景,也可以虚拟过去和未来。因此,尽管面临诸多技术难题,虚拟现实技术在竞争激烈的游戏市场上仍然得到了重视和应用,同时游戏对于虚拟现实技术的发展也起到了巨大的需求牵引作用,催生了专为游戏而生的虚拟现实设备。VR 游戏包括手机游戏、主机游戏和 PC 游戏三种。

(三) VR 直播

VR 直播是虚拟现实与直播的结合。与现在流行的直播平台不同的是,VR 直播对设备的要求较高,普通的手机摄像头和 PC 摄像头难以满足要求,需要采用 360°全景的拍摄设备,以捕捉超清晰、多角度的画面。每一帧画面都是一个 360°的全景,观看者还能选择任意角度,体验更逼真的沉浸感。相比影视,直播更有可能成为 VR 内容的突破口。(1)直播内容的制作门槛偏低,技术要求相对较低,有全景视频制作能力的团队都可以参与。使用 180°的全景视频就可以享受到现场 VIP 座的体验。(2)用户对直播的需求更显性。VR 内容具有较强的现场感和沉浸感,能够到现场的观众只是很少一部分,大量想去却无法去现场的观众将很容易被转化为 VR 直播的用户。(3)粉丝效应带动消费意愿。VR 直播以演唱会、体育赛事、综艺节目等内容形态为主。这些内容大多围绕明星,而明星有着强大的粉丝群,对应着强大的消费意愿。(4)不需要像影视那样考虑表达手法。直播的焦点——场上的明星,会自然吸引观众的注意力,而不需要像影视那样考虑如何引导观众。

第二节 图书馆应用虚拟现实技术的创新服务

图书馆对待 VR 的创新思维深度与广度决定了 VR 技术在图书馆的应用效果与发展前景。在越来越多的图书馆尝试图书馆 VR 服务实践和图书馆事业创新发展的背景下,VR 技术必将延伸图书馆的服务。面对挑战,图书馆管理人员应在 VR 技术应用环境下的图书馆资源管理与检索、空间导航与漫游、VR 阅读与导读、虚拟咨询与个性化等创新服务方面做出理论探索。

一、资源管理与检索服务

在应用 VR 技术的文献检索工作模式下,用户的一切操作都在系统的导引下实施,不但方便快捷,还大大降低了对用户专业知识的要求。相对于平面图形和文本的二维表现形式,虚拟现实技术在设备的结构和空间信息的表现方面具有明显优势。从图书馆资源的制作过程来看,VR 技术的人机交互性不但有利于读者深刻理解甚至参与图书馆文献资源的制作和丰富过程,还通过对图书馆的三维建模,把图书馆和每一份资源的三维位置详细准确地在三维环境中显示出来,在方便读者借阅、检索、查找的同时,提升了图书馆资源的管理与检索服务水平。VR 技术还将在基于资源管理与服务的智能对比、虚拟展览、智慧检索等方面有所突破与发展。

二、空间导航与漫游服务

利用 VR 技术进行空间导航与漫游服务是图书馆开展的较为成熟的一项服务。随着 VR 技术的发展,空间导航与漫游服务还可以延伸到图书馆对外宣传、校园导航、新生入馆教育等领域。如:上海交通大学的虚拟校园栏目,可以满足学生在校园的各种导航与指引需求;武汉大学图书馆 3D 漫游系统以真实场馆的 360°全景照片创建了虚拟场景,将图书馆的内外部进行了详细的导航与介绍。

三、VR 阅读与导读服务

早在 2008 年 6 月,一家名为 Zoomii 的网上书店正式上线,点击鼠标进去就好像走进了摆满图书的实体书店,用鼠标放大缩小、上下左右移动,相当于在书店中随便逛,还可以点击书封拿下来翻看,再决定是否购买。这是较早的虚拟导读服务。同年上线的国家图书馆"虚拟现实系统"以及各高校开展的 VR 阅读与导读,也主要聚焦于 VR 阅读与导读功能。图书馆还可以利用 VR 进行身临其境的阅读活动,如 VR 阅读体验交流、VR 读书会等,让读者在创新的阅读中增长知识。2016 年世界读书日(4 月 23 日)出现在北京图书订货会现场的国内第一部结合 VR 技术的科普读物《大开眼界·恐龙世界大冒险》,就将虚拟现实技术与传统的科教读物相结合,是一套趣味横生的科普绘本。读者戴上 VR 眼镜,就会进入一个真实的野生恐龙动物园,近距离观看恐龙的活动。这种导读,不但使读者更有阅读欲望,同时也不断增强读者的阅读能力。虚拟现实技术的导读系统让读者身临虚拟现场,对信息分类组织和服务内容一目了然,以最短时间、最大限度地满足自身的信息需求。

四、虚拟咨询与个性化服务

清华大学图书馆的智能机器人"小图"刷新了人们对传统图书馆咨询概念的认识,而 VR 技术在图书馆界的普及应用,将丰富图书馆咨询服务工作的形态。随着 VR 在图书馆咨询服务方面的创新发展,将出现基于读者个人大数据分析的个性化、推送式知识咨询服务,即通过对读者利用 VR 等设备的数据收集与分析,掌握读者的当前需求与潜在需求,进而经过智能系统为读者主动提供量身打造的知识咨询服务。随着人工智能和数据挖掘的发展,这在不远的未来将会实现。

五、建立 VR 创客资源库,延伸空间服务

图书馆创客空间是读者创新实践的活动空间。利用 VR 技术建立虚拟实验室、虚拟实训基地、虚拟人体等资源库,可以让创客空间由实体空间延伸到虚拟空间。虚拟实验室是一种基于 Web 技术、VR 虚拟现实技术构建的开放式网络化的虚拟实验教学系统,是现有各种教学实验室的数字化和虚拟化。虚拟实验由虚拟实验台、虚拟器材库和开放式实验室管理系统组成。虚拟实验室为开设各种虚拟实验课程提供了全新的教学环境。在虚拟实验室中,读者既可以在虚拟实验台上动手操作,又可自主设计实验,有利于培养操作能力、分析诊断能力、设计能力和创新意识。在虚拟实验室中,读者更易获得相关的知识、科学的指导和敏捷的反馈。虚拟实验室是未来实验室建设的发展方向。虚拟仿真实训系统是针对特定学科的真实课件内容进行 3D 数字内容的模拟开发,并借助 3D 虚拟环境或 3D 立体显示设备模拟该学科的训练环境、条件和流程,使读者能够获得和真实世界中一样或者相近的实训体验,达到替代或者部分替代实训效果的作用。虚拟人体是通过数字技术模拟真实的人体器官而合成的三维模型。这种模型不仅具有人体外形以及肝脏、心脏、肾脏等各个器官的外貌,而且具备各器官的新陈代谢机能,能较为真实地显示出人体的正常生理状态和出现的各种变化。

第九章 人脸识别技术——使图书馆读者服务更精准透明的技术

身份认证是人们在日常生活和工作中经常遇到的问题。在各类公共场合，人们经常需要以某种方式证明自己的身份。随着现代信息技术的不断发展，传统身份认证方法(如证件、磁卡等身份标识物体，网络用户名和密码等)已经不能满足网上银行、电子商务、公共服务等领域对身份认证的可靠度及便捷性要求。传统身份认证方法的易被伪造、易被冒充的特性给真实身份信息者带来了极大的困扰和潜在的威胁。为此，生物特征识别技术应运而生，指纹识别、视网膜识别、虹膜识别、人脸识别等生物特征识别技术高速发展，人体的生物特征信息得到了极大的开发以满足精准身份认证的需求。

互联网技术、大数据技术、人工智能算法处理技术、生物感应技术等高智能科技的到来，为人脸识别技术的大规模应用提供了成熟的技术基础。许多科技公司开始提供商业性的人脸识别云服务，基于智能人脸分析算法，面向企业或机构的业务服务平台提供人脸检测、人脸识别、属性识别和活体检测等一整套技术方案，人脸识别准确率超过96%。人脸识别最大的优点在于其非接触性、使用便捷，能够避免指纹等接触式识别产生的卫生安全隐患。人脸识别技术可应用于图书馆多项业务系统中，例如，移动端的资源认证服务、人脸门禁服务、安防监控、自助借还服务等各种线上线下实名身份验证，可使图书馆读者服务更精准透明，有效提升身份验证效率，提高图书馆读者服务效能。

第一节 认识人脸识别技术

一、人脸识别技术的基本概念

人脸识别技术是基于人脸面部特征信息进行身份信息识别的一种生物识别技术。它集人工智能算法、机器识别与学习、视频图像处理等多种专业技术为一体,是一种用于生物特征识别的技术。人脸识别技术通过将前端人脸摄像头抓取行走到指定区域的人脸照片转化为图像,利用人脸算法获取人脸特征值,并将其与人脸数据库中的特征值数据进行比对,从而实现人脸识别认证的过程。

二、人脸识别技术的特征

相较于其他生物识别技术,人脸识别技术具有独特的属性,主要体现在非接触性、非强制性、并发性、非侵入性和易变性特点。

(一)非接触性

人脸识别技术无须像指纹识别技术那样需要用户主动将手指按压接触指纹识别设备进行生物特征唯一性判别,仅需将读者的面部信息暴露于前端人脸采集设备识别区域范围之内即可,无须接触即可获取读者人脸信息。

(二)非强制性

非强制性是指人脸识别用户无须专门配合前端的人脸认证识别设备,人脸认证识别设备几乎可以在无意识的状态下获取用户人脸图像。用户仅需在使用人脸识别系统前将人脸信息注册到人脸数据库服务器中,后期即可在无意识状态下完成身份信息的无障碍验证。

(三)并发性

人脸识别技术还具有并发性特征。它是指人脸识别服务器可以同时接收多组前端采集设备发送抓取到的人脸数据,并进行数据处理、识别判断、返回识别结果的过程。在实际应用场景中,人脸识别技术可大大提高身份识别服务的运行效率。

(四)非侵入性

人脸识别技术比其他生物识别技术更受欢迎的原因之一是人脸识别本质上具有非侵入性特征——用户处于前端摄像头的人脸采集视野内即可自动被识别。相反,其他生物识别技术对用户要求更高。例如:指纹识别技术需要用户主动将手指按压在指纹识别传感器上;虹膜识别技术需要用户距离相机足够近才可准确识别;语音识别技术则要求用户说话时口齿清晰、音量足够大,否则不可以准确识别。

(五)易变性

人脸的外形并不稳定,使得人脸识别技术具有易变性。首先,随着年龄的增长,人的脸部会逐渐撑开,尤其是学生,其脸部特征变化最为明显;其次,人们可以通过脸部的变化做出多种表情,在不同的观察视角,人脸视觉图像差异很大;再次,人脸识别还受光照条件(例如白天和夜晚、室内和室外等)、人脸遮盖物(例如口罩、墨镜、头发、胡须等)等多方面因素的影响。

三、人脸识别系统的组成

人脸识别系统包括图像采集、人脸检测、图像预处理以及人脸识别(人脸特征提取与身份匹配确认)。系统输入一般是一张或者一系列含有未确定身份的人脸图像,以及人脸数据库中的若干已知身份的人脸图像或者相应的编码字符串(一般为按照 Base 64 编码规则将图片数据编码成一串计算机字符串)。系统输出则是一系列人脸相似度得分参数值,表明待识别的人脸的身份。一个完整的人脸识别系统流程主要包含人脸采集、人脸检测、人脸图像预处理、人脸信息特征提取、人脸图像匹配和人脸图像识别六个过程。

(一)人脸采集

人脸采集是指通过摄像头等相关设备或模块自动搜索、跟踪并拍摄人脸图像、视频流的过程。通过摄像头采集得到的人脸可以是不同的图像,如静态图像、动态图像、不同位置的人脸图像、不同表情的人脸图像等。当采集对象在前端采集设备的拍摄范围内时,采集设备会自动搜索人脸并拍摄抓取人脸图像。

(二)人脸检测

人脸检测是指分析人脸采集阶段获取到的图像,准确标定出人脸的位置、大小、五官区域等信息,并记录关于该人脸的直方图特征、颜色特征、模板特征、结构特征及 Haar 特征等有用的信息,为人脸图像预处理做好准备工作。

(三)人脸图像预处理

人脸图像预处理阶段是指基于人脸检测的结果,对图像进行预先处理并最终服务于特征提取的过程。由前端采集设备抓取的原始图像信息因易受外界光线、杂物等其他因素干扰而不得直接使用,必须在人脸图像处理的前期阶段及时进行参数校正修复后方可使用。对人脸图像进行预处理的技术包含灰度矫正、噪声过滤、光线补偿、灰度变换、直方图均衡化、归一化、几何校正、滤波以及锐化等方法。

(四)人脸信息特征提取

人脸识别系统可使用的特征通常分为视觉特征、像素统计特征、人脸图像变换系数特征、人脸图像代数特征等,人脸信息特征提取就是针对人脸表征,对人脸进行特征建模的过程。具体实现方式为:通过人脸图像预处理后的人脸图像,分析其包含的眉毛、眼睛、鼻子、嘴巴、下巴、耳朵、头发等器官的形状、特征以及器官之间的距离,对人脸进行特征建模。

(五)人脸图像匹配

人脸图像匹配阶段需要将第四步提取到的人脸信息特征参数信息与人脸数据库中保存的人脸特征模板进行搜索匹配,通过预先设定的阈值来判定人脸识别相似度,当相似度值优于设定的阈值,则把与当前人脸匹配的数据库人脸结果全部输出。

(六)人脸图像识别

人脸图像识别是将人脸图像匹配的人脸结果中相识度值最高的人脸数据判为当前人脸的身份信息。人脸图像识别是人脸识别流程的最后一个环节,通过该环节可以确定采集对象的身份信息。

四、人脸识别相关算法

人脸识别算法是一种建立生物特征人脸模型以供进一步分析人脸识别过程的方法,它是任何人脸识别系统和软件的基础组件。专家将这些算法分为两种核心方法:几何方法侧重于区分特征;光度统计方法用于从图像中提取值,然后将这些值与模板进行比较以消除差异。这些算法还可以分为两个更一般的类别:基于特征的模型和整体模型。前者侧重于面部标志并分析它们的空间参数和与其他特征的相关性,而整体方法将人脸视为一个整体。

(一)基于几何特征的人脸识别算法

基于几何特征的算法则是提取人脸特征点信息,通过匹配特征信息来进行识别,其代表算法有弹性图匹配法(EBGM)。该算法利用人脸的基准特征点构造拓扑图,使其符合人脸的几何特征,进而获取人脸关键点的特征值进行匹配。

(二)基于特征脸(PCA)的人脸识别算法

特征脸(PCA)是一种具有许多实际应用的通用统计方法。在人脸识别过程中使用时,PCA 旨在减少源数据的大小,同时保留相关的信息。它生成一组加权特征向量,这些特征向量依次构建特征脸——大量不同的人脸图像。特征脸的线性组合代表训练集中的每个图像。PCA 用于从训练图像集的协方差矩阵中接收这些特征向量。对每张图像,计算主要成分(从 5 到 200),其他组件编码面部和噪声之间的细微差异。识别过程包括将未知图像的主要成分与其他图像的成分进行比较。

(三) 基于人工神经网络的人脸识别算法

人工神经网络是图像识别中最流行和最成功的方法。人脸识别算法基于数学计算,神经网络同时执行大量数学运算。这些算法执行三个主要任务:一是检测图像、视频或实时流中的人脸;二是计算人脸的数学模型;三是将模型与训练集或数据库进行比较以识别或验证一个人。

(四) 基于主动近红外图像的多光源人脸识别技术

传统的人脸识别技术主要是基于可见光图像的人脸识别,已有较长的研究历史,但有着难以克服的缺陷,即在光照环境发生变化时,识别效果会不稳定,无法满足实际业务服务需求。解决光照问题的方案主要有三维图像和热成像人脸识别算法,但技术还不成熟,识别效果不尽如人意。最近迅速发展起来的一种解决方案是基于主动近红外图像的多光源人脸识别算法,它可以克服光线变化的影响,在精度、稳定性和速度维度的整体系统性能方面超过三维图像人脸识别算法,已经取得了卓越的识别性能。

第二节 将人脸识别技术应用于图书馆

图书馆是提供公共数字文化知识资源与服务的重要场所,它为读者提供了必要的文献阅览、图书借阅及资源下载等相关服务,然而图书馆所提供的绝大部分服务都离不开读者认证这一重要环节。例如:读者借书时,需要刷读者借阅卡或身份证,用于关联借书的是哪一位读者;读者参加图书馆举办的预约式活动,也需要读者认证;读者进入24小时图书馆需要刷卡认证。因此,忘记携带或丢失读者证,将对读者造成极大的困扰,同时也为图书馆的管理带来极大的不便。

随着人脸识别技术的不断发展,其非接触式便捷认证服务可有效缓解图书馆读者认证问题,将人脸识别技术应用于图书馆将为图书馆带来一种全新的身份认证体验方式,并且这种方式更加安全、稳定,能够有效提升图书馆读者服务和管理效率。

一、图书馆人脸识别应用场景

人脸识别技术在图书馆中可用于多个应用场景,其中最主要的几种应用场景如下:

(一)图书馆馆员刷脸考勤打卡应用场景

图书馆通过基于人脸识别的考勤打卡系统快速录入图书馆馆员人脸信息,馆员上下班仅需刷脸即可快速完成考勤打卡,极大地满足疫情期间非接触式防疫卫生要求,有效提升考勤打卡安全性、考勤打卡效率和馆员用户体验。

(二)图书馆馆员刷脸门禁应用场景

图书馆在门禁管理中同样可以引入人脸识别技术。例如,高校图书馆通过采集学生人脸信息,将人脸识别返回的数据与门禁闸机系统对接,若返回人脸信息比对成功,具备出入权限,则开启闸门;若比对失败,则提示无权进入。这大大提高了高校图书馆安全保卫工作效率。又如,公共图书馆通过引入刷脸门禁,图书馆管理人员可以在未携带钥匙的情况下刷脸开门,大大提高资源管理效率。

(三)图书馆读者身份识别应用场景

人脸识别技术可用于图书馆读者身份信息的识别。鉴于人脸识别技术具有识别面部唯一特征的特点,图书馆可将其用于读者自助服务办理中的身份验证环节,满足图书馆智能、安全和便捷的管理需求,方便读者通过"刷脸"通行、自助办证及图书流通等相关读者服务。

二、图书馆引入人脸识别技术的优势

大数据技术是图书馆开启智慧服务大门的密码。它不仅有力整合了图书馆数据资产,提升图书馆读者服务效能,还能提高图书馆管理人员的管理水平,使图书馆中的图书、读者、馆员三个角色产生重大转变,对图书馆高质量发展具有重要作用。

(一)有利于丰富读者基础数据资产

读者人脸采集数据是读者身份信息的基础数据,利用它可以更及时地统计、分析读者行为,获取更丰富和精确的读者行为数据。通过对数据可视化统计分析和综合评价,图书馆可以进一步提供满足读者需求的个性化服务。

(二)有利于提升图书馆读者服务效能

图书馆引入人脸识别技术的价值还体现在读者服务效能的提升上。例如,传统读者场馆或者活动预约管理方式,主要是人工手动登记信息,费时费力,且存在沟通不畅的问题。引入人脸识别技术后,读者通过预约系统进行图书馆场馆预约。预约成功后,读者即可在指定时间来到实体场馆,通过人脸识别认证的方式进入图书馆场馆,这极大提升了图书馆读者服务效能。

(三)有利于提高社会和经济效益

根据已应用人脸识别技术的图书馆的工作人员反馈:在引入人脸识别技术后,图书馆读者更愿意到访具备人脸识别技术的新馆,图书的流通量得到明显提高;在增加读者人流量的同时,图书流通和读者活动管理人员的数量反而减少了。总而言之,在工作效率提高的同时降低了图书馆人力运维管理成本,社会效益和经济效益均得到明显提升。

图书馆引入人脸识别技术将有效促进读者服务管理工作,实现资源、读者、服务三大角色的功能升级,人脸识别技术将为图书馆读者提供更加精准化、透明化、便捷化的服务。

三、图书馆引入人脸识别技术的风险

任何一种新兴事物都是双刃剑,图书馆引入人脸识别技术同样利弊共存:一方面,人脸识别技术提升了读者服务效能;另一方面,部署在本地的人脸识别系统对本地网络安全系数要求更高,一旦存在未知的网络安全风险,如0-day漏洞等网络安全威胁,图书馆人脸识别系统将面临极大的安全挑战。因此,图书馆应当定期更新本地服务器漏洞补丁,强化网络安全防护意识,定期对网络安全关键基础设施系统做好安全等级保护工作,确保人脸识别服务系统处于安全、稳定的环境中。

第三节　图书馆人脸识别技术应用案例

本节将以高校图书馆和公共图书馆中基于人脸识别技术的应用系统为案例分别进行讲解。其中:高校图书馆案例代表为中国计量大学图书馆的人脸识别门禁管理系统和基于人脸识别技术的自助借还机设备服务系统;公共图书馆案例代表为江西省图书馆基于人脸识别技术的无感借还通道智慧服务系统。

一、基于人脸识别技术的高校图书馆应用系统

早在2017年,中国计量大学图书馆开始着手研究基于人脸识别的图书馆

应用系统,通过利用百度 AI 开放平台提供的人脸识别云接口,并结合校园一卡通实现高校图书馆人脸识别门禁管理系统、结合嵌入摄像头的 RFID 自助借还机实现高校图书馆基于人脸识别的自助借还设备系统。

(一)高校图书馆人脸识别门禁管理系统

基于人脸识别技术的高校图书馆门禁系统将人脸识别技术与高校图书馆门禁系统相结合,并以人脸识别作为门禁系统身份识别的方式实现高效图书馆入口的准入管理。

1. 工作原理

图书馆人脸识别门禁管理系统的工作原理为:安装了摄像头装置的人脸识别终端设备采集学生脸部图像或视频流,并进行图像采集、定位、特征提取、特征比对,达到识别不同读者身份的目的。若识别到的人脸特征与人脸数据库中的人脸信息比对成功,读者身份识别即成功,各控制单元的入口由门禁控制器开启,读者进入图书馆;若比对失败,各控制单元的入口闸机不开启,读者不允许进入。

2. 实现路径

(1)搭建人脸数据库

搭建人脸数据库的目标是采集读者人脸图像,并建立图书馆读者人脸数据库,认证识别读者人脸图像。通过人脸数据库操作模块实现门禁系统管理员对人脸数据库的操作,其中包括批量或单条处理读者信息数据,包含数据导入、数据删除、数据修改、数据检索等功能。人脸数据库可以部署在本地门禁系统服务器上,也可以采集读者脸部图像后交由百度、蚂蚁、虹软等第三方人脸识别平台建库,实现高校图书馆多场景读者身份识别。

(2)人脸识别门禁管理系统设计与实现

人脸识别门禁管理系统主要包含门禁控制模块和人脸识别模块,其功能模块图如图 9-1 所示。其中,门禁控制模块主要功能是监控整个门禁系统的正常运行,可设置各个门禁控制器的通信参数,包括 IP 地址、网关、端口号。通过门禁控制模块可查看到成功通过各入口的读者相关信息,以及人脸识别验证成功或失败记录。如果有外接接口,还可以查看门禁控制器与外接接口的连接状态。这些功能可以确保整个门禁系统高效、稳定运行。

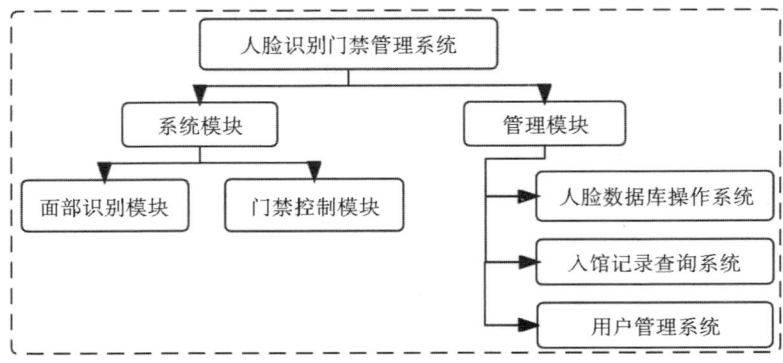

图 9-1 人脸识别门禁管理系统功能模块图

中国计量大学图书馆在门禁自动控制系统方面,选用无风扇工控机作为主机,USB 高清摄像头作为人脸采集设备,选用 RS232 串口继电器控制模块作为门禁开/关的控制器。人脸识别门禁管理系统数据流过程如下:学生经过入口闸机时被人脸采集设备抓拍到人脸,人脸图像经由高清摄像头采集并压缩成图片后被提交给主机控制器;主机控制器将人脸上传至百度 AI 接口,由百度 AI 接口判断识别,识别成功后返回人脸数据所对应的一卡通学生证号;主机控制器再将获得的读者证号发送到原有的读者门禁交互数据系统中,进一步比对读者证号获取对应学生的姓名、年级、班级等信息,并将此信息和通行时间写入原有门禁数据库通行记录表中,从而新增一次入馆通行记录;最后给电磁门吸控制板发送开门指令。其门禁数据流如图 9-2 所示。

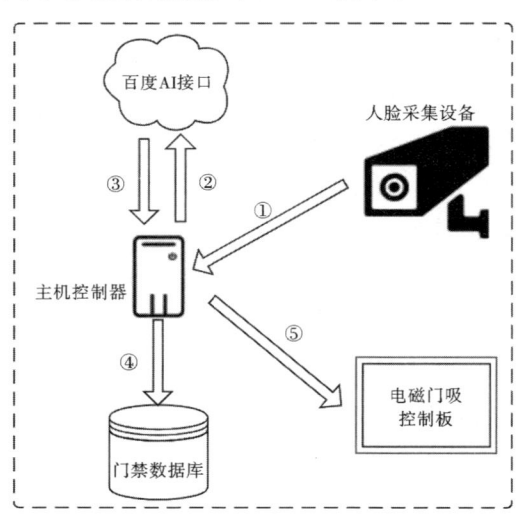

图 9-2 人脸识别门禁管理系统数据流图

(二)高校图书馆基于人脸识别技术的自助借书系统

人脸识别技术在图书馆的关键应用还体现在通过人脸识别技术实现图书自助借阅。中国计量大学图书馆基于人脸识别技术的自助借书系统同样是调用第三方百度 AI 开放平台的人脸识别接口程序。百度 AI 开放平台,是百度公司基于人工智能开放理念推出的包括算法层、感知层、认知层的多层次、多样化的技术应用平台。其人脸识别接口具有人脸检测、人脸对比、人脸查找、身份验证等功能,万级别人脸库首选识别率高达 99% 以上,同时提供了人脸库管理和分析的 Web 页面。

中国计量大学图书馆采用"协调并行"方式设计了能独立运行的人脸识别程序,替代原有的一卡通刷卡验证程序,且与原自助借阅程序并行运行。人脸识别程序与自助借阅程序间利用 socket 通信使两者协调工作。人脸识别图书自助借阅系统的工作流程如下:借阅系统终端设备同时运行自助借阅程序和人脸识别程序。当学生点击可视化界面中的"借书"字样后,系统触发读者信息查询模块,由人脸识别采集设备抓取学生人脸信息提交给百度 AI 人脸接口,并返回读者证号给图书馆借阅管理系统,查询读者借阅规则,判断其是否具备可借条件,并完成后续的借阅操作。

作为人工智能技术之一的人脸识别技术被广泛应用是大势所趋,高校图书馆将人脸识别技术应用于门禁和图书流通系统建设,开创了人脸识别技术在图书馆应用的新局面。随着人脸识别技术的不断成熟,其可靠性和准确性将不断提高,部署成本也会不断下降,这将有利于人脸识别技术被广泛用于图书馆智慧服务的建设,也必将打开智慧图书馆建设的新局面。

二、基于人脸识别技术的公共图书馆无感借阅通道系统

公共图书馆作为"传承文明,服务社会"的公共文化服务机构,其基本职能和愿景已不仅仅局限于保存文化、传播文化、促进实现文化大发展大繁荣,而是进一步以文献、信息、知识服务为基础服务,以读者为中心,结合现代科学技术,为图书馆读者打造集知识阅读、休闲娱乐、智慧体验于一体的智慧化综合服务场馆。人脸识别技术的发展为公共图书馆创新服务提供强有力的技术支撑,突破了传统公共图书馆服务瓶颈,为公共图书馆智慧化服务开辟了新的创新空间。

(一)江西省图书馆基于人脸识别技术的无感借还智慧服务建设背景

伴随着 5G、物联网、大数据、云计算等新兴技术的不断发展,我国在建设智

慧城市、智慧交通、智慧制造业等行业均取得显著的成效。图书馆作为公众获取知识、提升自我能力的重要场所，其智慧化建设需求也逐渐受到重视。例如，智慧图书馆为公众提供智慧便捷的公共服务被纳入《中华人民共和国国民经济和社会发展第十四个五年规划和2035年远景目标纲要》。又如，2021年8月19日，《文化和旅游部办公厅关于公布首批文化和旅游行业智库建设试点单位的通知》正式发布，国家图书馆被列入首批文化和旅游行业智库建设试点单位，其重点研究方向就包含智慧图书馆研究。基于人脸识别技术的公共图书馆无感通道借还服务是智慧图书馆建设中的一项创新性服务，是图书馆开展智慧服务的典型代表，研究该场景服务将能有效提高图书馆流通服务效率、智慧服务水平，增强读者用户体验，最大限度地体现图书馆智慧服务的价值。因此，江西省图书馆在2019年新馆智慧图书馆项目建设初期，以新馆建设为契机，将基于人脸识别技术的无感借还智慧流通服务纳入智慧图书馆项目建设内容，着力从智能图书馆向智慧图书馆发展转型。由于业界尚未有现成的经验可供参考借鉴，江西省图书馆在实施基于人脸识别技术的无感借还智慧服务过程中进行了探索与思考，并就位置选择、功能设计、外观设计、软件平台及终端设备部署、服务数据统计等方面均做了有益的尝试。

（二）江西省图书馆基于人脸识别技术的无感借还智慧服务定义

1. 无感借还服务基本概念

无感借还通道创新服务是图书馆人在智慧图书馆实践创新中将人脸识别技术与RFID无线射频识别技术、光幕技术、通道闸机控制等技术相结合的一项具备智能性的图书馆流通场景服务。该服务无须读者携带实体或电子身份证件，强调在无感体验下即可完成读者识别、图书识别及流通借还操作。

2. 无感借还服务基本特点

基于人脸识别技术的无感借还服务系统具有以下四个特点：

（1）图书流通的便捷性

无感借还通道智慧服务无须读者手动对图书进行流通操作，读者仅需携带图书通过无感借书或无感还书通道即可自动完成图书的借阅与归还，极大地提高了图书流通的便利性。相较于传统人工借阅服务或读者在自助借还机上进行图书借还操作，无感借还通道智慧服务耗费的流通时间更短，整体流通时间在4至5秒内，有效提高了图书流通效率。

(2)读者身份识别的精准性

无感借还通道智慧服务配备人脸识别系统。读者在完善人脸信息后,其人脸信息会与其图书馆本馆读者证账号关联,通过前端人脸识别设备和识别算法即可快速完成读者身份信息的确认。

(3)读者服务的透明性

无感借还通道智慧服务是对读者透明的一种场景服务。读者携带的图书可以拿在手上或者放进书包里,当其通过无感通道时,通道内部的 RFID 读写设备会自动检测出图书信息,并与读者身份信息关联起来,自动完成图书流通操作。读者作为无感借阅智慧服务的最终使用者,既不用担心自己因忘带身份证或读者证导致无法借书,也不必关心自己携带的图书是如何被借阅或归还的,整个服务流程完全对读者透明。

(4)服务数据的可统计性

除基本的智慧流通服务功能外,无感借还通道智慧服务还应具备较强的数据统计功能。它能够精确地统计从无感通道进馆和出馆的人数、成功借出与归还的图书数量,以及流通失败的日志数据等,方便图书馆馆员对无感通道服务进行数据查询与统计管理。

(三)江西省图书馆基于人脸识别技术的无感借还智慧服务实施路径

2019 年,江西省图书馆新馆建设初期,由于业界尚未有现成的经验可供参考借鉴,江西省图书馆在实施无感借阅服务过程中进行了探索与思考,并就其位置选择、外观设计、软件平台及终端设备采选、无感借还通道功能设计、服务数据统计等方面均做了有益的尝试。

1. 无感借还通道位置选择

江西省图书馆在无感借阅智慧服务建设规划初期对无感借还通道地点进行选址考量。经考察发现,一层出入口读者群体以少儿读者为主,所在区域面积较小,二层出入口为读者进出馆的主出入口,所在区域面积较大,故将无感借还通道位置设定在二层主出入口处。

江西省图书馆无感通道按照功能设计分为借书通道和还书通道,通道采用"四进四出"服务模式,即中间主入口处的四条通道为无感还书通道,读者从此通道入馆,其携带的图书将被自动归还。在无感还书通道两侧各设有两条无感借书通道,读者从此通道出馆,其携带的图书将被自动借阅。主出入口平面示意图如图 9-3 所示。

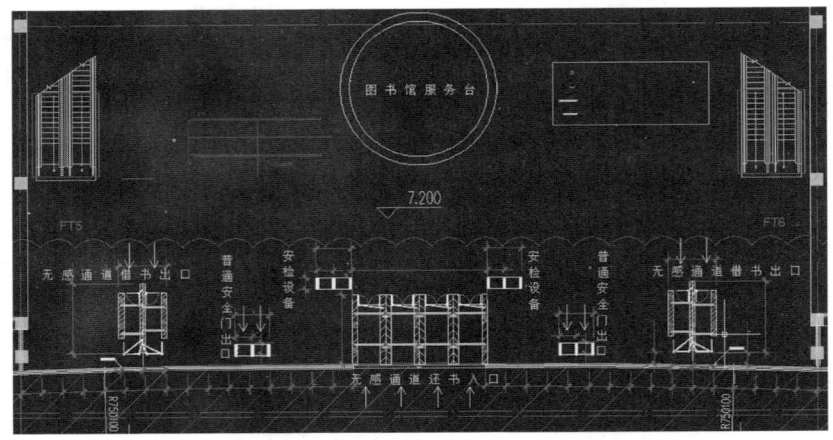

图 9-3　江西省图书馆新馆二层主出入口平面示意图

2. 外观设计

无感借还通道需兼顾功能与美观,其中,无感通道闸机类型的选择在无感通道的外观及其功能交互上起着至关重要的作用。目前,常见人行通道闸机的选择按照阻拦方式的不同分为三辊闸、摆闸和翼闸。结合江西省图书馆二层主入口大厅场馆实际环境,读者成功借阅图书后可径直从无感借阅通道离馆,无感通道出馆的摆闸门宽需与图书馆出馆的玻璃幕墙门宽保持一致,故需定制较大宽度的闸机。综合考虑功能和美观需求,江西省图书馆无感通道闸机采用支持最大宽度、外观可塑性强的圆柱摆闸,且以 10 mm 厚度的有机玻璃作为摆闸阻拦体。无感通道的整体材质采用白色木质环保材料制成,通道两侧均设有检修口,用于日后对通道内部 RFID 读写器、射频天线、工控机等设备检修维护,检修口装饰挡板材质采用乳白色亚克力板,通过磁吸方式固定和开启。其实际效果图见图 9-4 所示。

3. 软件平台及终端设备采选

江西省图书馆无感借还通道智慧服务系统的软硬件基础部署环境如表 9-1 所示。其中:无感通道闸机系统配合无感通道闸机工控管理机负责通道闸机的门禁开关管理;人脸识别系统部署终端包含服务器端、摄像头识别端和采集端三个模块。服务器端需部署人脸识别服务器和 ACS 图书业务管理交互系统服务器,分别用于完成读者人脸信息的储存、认证与管理和与本馆图书业务自动化管理 UILAS 系统对接,获取读者身份信息及借阅规则数据。

图9-4 江西省图书馆无感借阅通道效果图

表9-1 江西省图书馆无感通道软硬件基础部署环境

名称	设备类型	数量	备注
无感通道闸机系统	服务器	1	windows server 2012-64位
无感通道闸机工控管理机	工控机	8	用于通道闸机逻辑交互控制
人脸识别系统	服务器	1	操作系统 linux centos 7.0
人脸摄像头识别终端	摄像头	4	用于识别读者人脸信息
人脸采集终端	双屏机	1	用于服务台采集读者人脸信息
ACS图书自动化管理交互系统	服务器	1	windows server 2012-64位
无感通道中央监控数据统计系统	服务器	1	windows server 2012-64位
LED电子屏终端	电子屏	4	用于实时显示读者流通服务数据
RFID UHF超高频图书读写器	读写器	8	用于读写超高频图书标签信息

4. 无感借还通道功能设计

江西省图书馆无感借书通道需思考读者借书成功与失败两种情境：当读者借书成功时，系统允许其携带图书从该通道出口摆闸直接离馆；当读者借书失败时，系统语音播报读者借书失败原因，并打开侧门摆闸引导读者返回。

读者进入无感通道借书的完整流程为：已办理读者证的读者首先需要在人脸录入采集终端注册人脸，当读者进入无感借阅通道触到第一道光幕后，光幕状态被返回到人脸识别中间接口程序，由前端人脸识别设备发起人脸抓拍，并将抓取的读者照片与后端人脸库匹配验证。人脸识别率相似度大于等于80%的人脸才可认定为该读者，从而获取其读者证号。根据读者账号调用图书馆SIP2接口服务程序获取读者借阅信息，只有在同时满足人脸验证成功和图书馆流通规则的情况下才能正常完成图书借阅。如出现人脸识别失败、图书逾期未归还、超过最大可借数量等违反流通规则的情形，均会导致图书借阅失败。

无感还书通道则相对简单，读者可从无感还书通道入口快速入馆，无须进行人脸认证。待图书信息被识别且触动光幕后，图书即可被自动归还。

江西省图书馆无感通道借阅与归还程序的触发条件均利用到光幕技术，即在无感通道底部开孔，通道开孔的两侧分别安装红外发射管和红外接收管。当发射管和接收管之间没有障碍物时，红外发射管发出的光信号就能顺利到达红外接收管。红外接收管接收到光信号后，相应的内部电路输出低电平。而在有读者经过的情况下，红外发射管发出的光信号被遮挡，红外接收管接收不到调制信号，相应的内部电路输出为高电平。这样，通过对内部电路状态进行分析就可以判断出是否有读者进入无感通道。基于该功能业务逻辑，可分别绘制无感借书通道与无感还书通道功能设计流程图，如图9-5和图9-6所示。

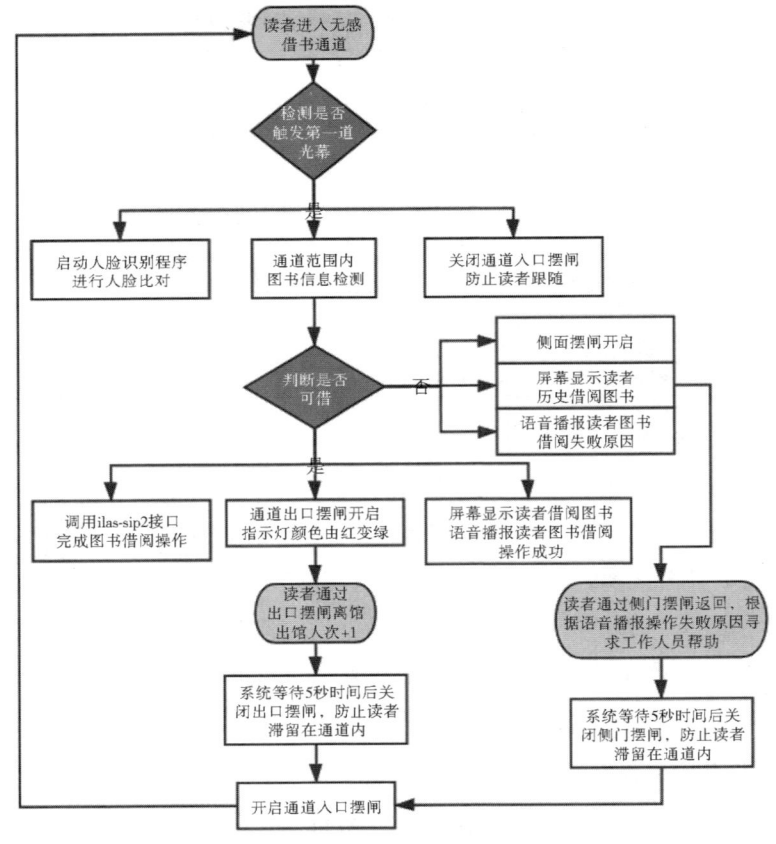

图9-5　江西省图书馆无感借书通道功能设计流程图

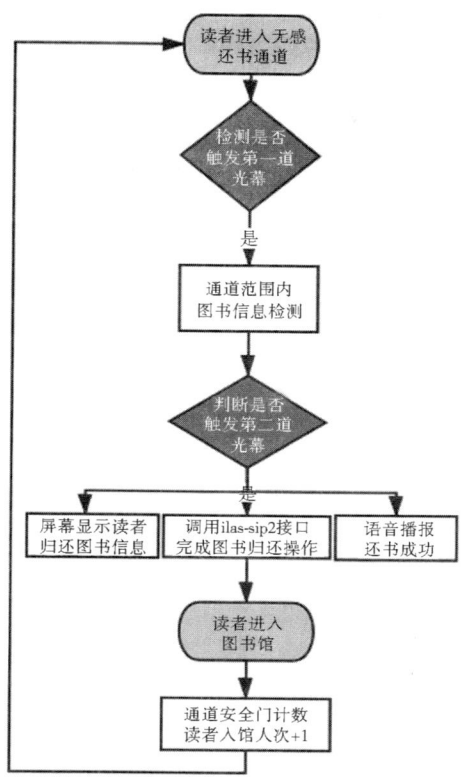

图9-6 江西省图书馆无感还书通道功能设计流程图

1. 服务数据统计

服务数据统计是图书馆上报读者服务工作年度报告及图书馆评估的一项重要工作内容。江西省图书馆通过部署无感通道中央监控数据统计系统实现无感通道设备在线状态监控及通道区域每日读者进出馆人流量、图书流通记录等数据的实时统计。该系统的前端网站部署采用 apache tomcat 搭建,通过在服务器后端安装心跳测试软件实时保持与无感通道工控设备的通信来监测通道在线状态,图书流通数据通过调用 ACS 中间件 SIP2 接口服务获取。

2. 通道"错借问题"及解决策略

本项目在测试期间发现:当两位读者携带图书从相邻无感借阅通道同时进入时,存在"图书错借"问题,左侧通道的读者的书被借到右侧通道的读者卡上。经过分析与测试发现,该问题的原因在于受相邻无感通道间放置的多个 RFID 超高频读写器天线辐射场信号的干扰。

江西省图书馆无感通道内部均配备 RFID 超高频读写器,每个读写器有四套射频信号天线,读写器天线产生的辐射场为图书标签提供射频能量,图书标签上的天线和线圈接收到电磁波能量后产生电流,并利用这部分电流发送储存在图书标签芯片中的数据。相邻通道之间的读写器及天线距离太近,导致射频信号干扰,出现"图书错借"问题。由于金属具备导电性能,会影响射频信号的电磁耦合与反射,从而降低 RFID 标签的识读率,因此,可利用金属屏蔽体屏蔽电磁信号,防止相邻电磁场彼此向外扩散干扰。江西省图书馆通过在相邻无感通道两侧中间增加铝箔片屏蔽对侧的天线辐射场信号,有效解决了"图书错借"问题。其俯视图如图 9-7 所示。

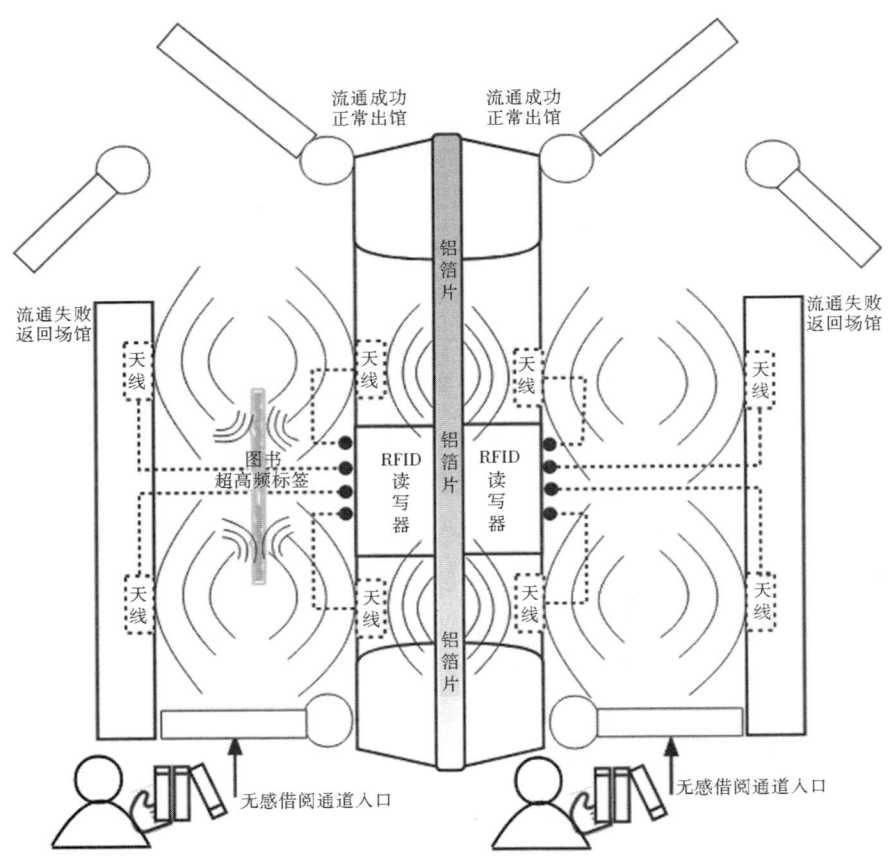

图 9-7　无感借阅通道增加铝箔片屏蔽相邻磁场信号俯视图

3. 取得成效

江西省图书馆在实施无感借阅通道系统前,其图书流通方式主要采用传统人工服务台及自助借还机等方式完成图书流通操作,流通效率和体验感欠佳。例如:当图书流通失败时,读者需咨询前台工作人员协助处理;当多名读者同时从图书防盗安全门出馆时,将难以判断携带异常图书的读者,需逐个筛查,费时费力,极易引发读者纠纷问题。

无感借还通道服务项目实施完成并投入运行后,江西省图书馆图书流通服务效率显著提高,读者服务体验显著改善。例如,在图书流通高峰时间段,读者排队时间人均可缩短90%以上(由原来的人均5分钟缩短至30秒),流通效率提升10倍。又如,当读者借阅失败时,无感通道系统从侧面打开闸机引导读者返回图书馆,并语音播报读者借阅失败原因,缓解人工服务台馆员的工作压力。与此同时,一人一闸的借阅规则有效减少读者借阅纠纷问题,极大改善了读者智慧化服务体验。基于人脸识别技术的无感借还通道服务既是公共图书馆开展智慧化建设的一项创新性服务,也是促进公共图书馆高质量发展的一项重要举措。它具备场景服务的智慧性、图书流通的便捷性和读者服务的透明性。图书馆在建设该服务时,一是要统筹总体建设目标;二是要对无感借阅服务地点选址进行科学评估;三是要统筹规划设计,保障数据安全和读者无感借阅体验;四是要创新无感借阅服务管理模式(例如,引入读者积分体系,完善人脸信息可赢取读者积分,兑换文创好礼);五是要加强宣传引导,提升无感借阅服务效能。

第十章 人工智能技术——图书馆的虚拟人工大脑

当前,新一轮科技革命和产业变革深入推进,以人工智能技术为代表的新兴技术蓬勃发展,以前所未有的速度和方式推动着经济社会发展,成为高质量发展的重要引擎,也影响着图书馆的服务业态发展。

第一节 认识人工智能技术

一、人工智能的概念和分类

人工智能(artificial intelligence,简称 AI)是一个较为宽泛的概念,概言之,是通过对人的意识和思维过程的模拟,利用机器学习和数据分析方法,赋予机器类人的能力。提及人工智能,人们通常会想到机器人。但人工智能与机器人是两个既有联系也有差别的概念:机器人只是人工智能的一种智能产品形态。

我们将人工智能按照类人能力延伸方向的不同划分为四个象限,如图 10-1 所示。

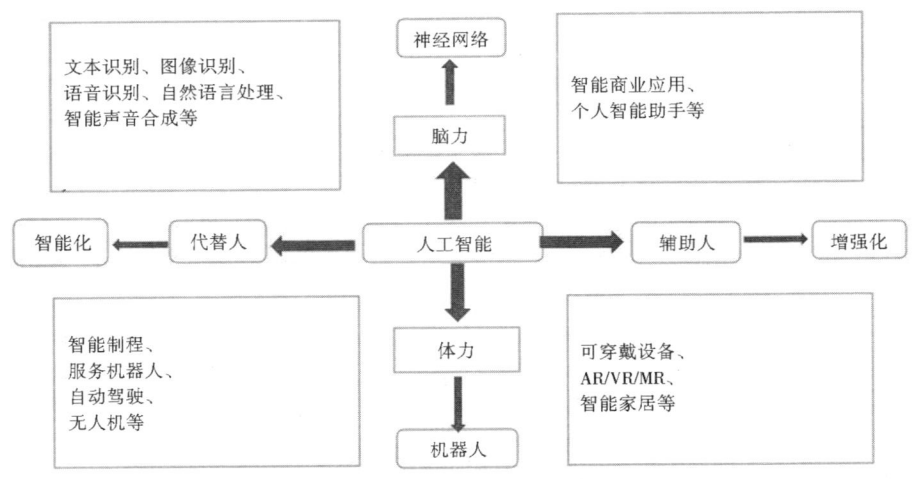

图 10-1 人工智能能力延伸方向分类图

智能的能力向水平和垂直两个轴进行延伸。向上代表人的脑力,对应的行业术语叫作"神经网络";向下代表人的体力,对应的行业术语叫作"机器人";向左可以代替人,对应的行业术语叫作"智能化";向右可以辅助人,对应的行业术语叫作"增强化"。由此,得到四个象限:在智能化和神经网络这个区域,AI的典型应用具体涉及文本识别、图像识别、语音识别、自然语言处理、智能声音合成等应用。在增强化和神经网络这个区域主要涉及智能商业应用、个人智能助手等应用。在智能化和机器人这个区域,主要涉及智能制造、服务机器人、自动驾驶和无人机等应用。在增强化和机器人这个区域,主要涉及可穿戴设备、AR/VR、智能家居等应用。由此可见,人工智能作为一门学科,是研究智能程序的科学;人工智能作为技术,具体指可体现出智能行为的硬件或软件。

从目前全世界的研发现状看,人工智能按能力可分为弱人工智能、强人工智能和超人工智能三类。

(一)**弱人工智能**。弱人工智能是指擅长单一方面的人工智能,如我们手机的语音助手、导航系统、智能翻译等。

(二)**强人工智能**。强人工智能是指类人类能力级别的人工智能,在各方面都能和人类比肩,能够进行思考、计划、解决问题、抽象思维、理解复杂理念、快速学习和从经验中学习等操作。

就这二者而言,弱人工智能指的是能够在行为上表现得类似人类的智能系统,但其实它们并没有意识;而强人工智能指的是那些真正具备思维能力和认知状态的系统。这种弱是根据人工智能无法复制人类大脑及其意识推断出来的结论。

(三)**超人工智能**。知名人工智能思想家尼克·博斯特罗姆把超人工智能定义为"在几乎所有领域都比最聪明的人类大脑要聪明很多,包括科学创新、通识和社交技能"。人工智能革命是从弱人工智能,通过强人工智能,最终到达超人工智能的过程。

二、人工智能的发展历程

1955年8月,在达特茅斯会议上,约翰·麦卡锡、马文·明斯基、克劳德·香农和纳撒尼尔·罗彻斯特四位学者联合提交了一份题为《关于举办达特茅斯人工智能夏季研讨会的提议》(A Proposal for the Dartmouth Summer Research Project on Artificial Intelligence)的会议提案,其中首次使用了"Artificial Intelligence"这个术语。从此,"人工智能"这个主题逐渐被社会关注。

人工智能自出现以来,经历了两次低谷、三次浪潮,现在正处于人工智能的第三次浪潮。人工智能研究始于20世纪50年代,经历了兴起阶段、低谷阶段、初步产业化阶段、低潮阶段,随着大数据、高性能计算、深度学习技术的发展,人工智能进入了新一轮的快速发展阶段。

第一阶段:兴起阶段(1950—1969年),以控制论、信息论和系统论作为理论基础,对人工智能开始探索。1950年,英国数学家图灵发表题为《计算的机器与智能》的论文,提出图灵测试、机器学习、遗传算法和强化学习,直接推动人工智能早期的发展;1955年,麦卡锡在达特茅斯学院会议上首次提出"人工智能";1957年,罗森布拉特发明第一款神经网络——perceptron,将人工智能推向第一个高峰。

第二阶段:低谷阶段(1970—1979年),被称为经典符号时期。此时,人工智能与认知心理学、认知科学紧密相连。1970年,计算力突破没能使机器完成大规模数据训练和复杂任务,人工智能进入一个低谷;1973年,莱特希尔针对英国人工智能研究状况的报告批评了人工智能在实现其"宏伟目标"上的完全失败,也影响了项目资金的流向。人工智能进入了6年左右的低谷。

第三阶段:初步产业化阶段(1980—1986年),人工智能成为产业。这一阶段的主要特点是通过建模特定领域专家解决某些问题的方法,进而让机器模拟专家实现解决特定领域问题的能力。在此阶段,一些人工智能技术的产品供应商已经出现了。

第四阶段:低潮阶段(1987—1996年)。人工智能进入低潮期,该领域技术成果较少,但是以神经网络、遗传算法为代表的技术得到关注。1987年,苹果和IBM生产的台式机性能超过Symbolics等厂商生产的通用型计算机,专家系统风光不再;1990年,人工智能计算机DARPA没能实现,政府投入缩减;1991年,日本人设定的"第五代工程"失败,人工智能研究再次遭遇经费危机。

第五阶段:快速发展阶段(1997年至今),大数据、云计算以及认知技术等的出现和发展,推动了深度学习技术在人工智能领域的普及,并推动语音识别、图像识别等技术快速发展并迅速产业化。1997年,IBM推出的深蓝(Deep Blue)超级计算机成功战胜人类国际象棋冠军卡其帕罗夫;2006年,杰弗里·辛顿提出"深度学习"神经网络,使人工智能性能取得突破性进展;2009年,洛桑联邦理工学院发起的"蓝脑计划"声称已经成功地模拟了部分鼠脑;2013年,深度学习算法在语音识别和图像识别领域取得突破性的成果,识别率分别超过99%和95%,进入感知智能时代;2014年,无监督学习算法取得突破,脸部识别准确率达到97.25%,科大讯飞图像识别准确率高达98.52%;2016年,谷歌AlphaGo 4∶1战胜人类围棋冠军李世石。

三、人工智能知识核心构成

区别于传统人工智能,现在的人工智能主要推动以下五个方面的发展:①从人工知识表达技术到大数据驱动知识学习技术,人工智能的实现方法正转变为从大数据中进行知识发现和学习,使得机器学习(machine learning)从表象深入综合推理;②从聚焦研究"个体智能"到聚焦研究基于互联网络的群体智能,形成群智能力的互联网服务创新(如共享经济)体系;③从只能处理类型单一的数据到能够综合视觉、听觉、文字等多种媒体的语义,迈向跨媒体认知、学习和推理的新高度;④从追求"智能机器"和高水平的人机与脑机交互技术,走向人机混合的增强智能;⑤从机器人到自主智能系统。

人工智能研究内容(如图10-2所示)不仅包括基础理论、发展支撑体系,还包括大数据智能、群体智能、跨媒体智能、混合增强智能和智能无人系统五大技术方向,以及创新应用。

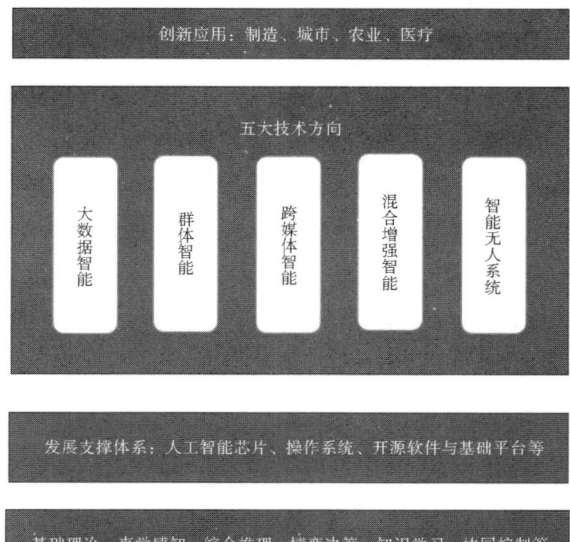

图10-2 人工智能研究内容

（一）大数据智能。大数据智能是指通过人工智能手段对大数据进行深入分析,以探究其隐含模式和规律的智能形态,发掘从大数据提取知识,进而从大数据得到决策的理论方法和支撑技术。大数据智能将建立可解释通用人工智能（artificial general intelligence,简称 AGI）模型,实现"大数据+人工智能"的方法论。

（二）群体智能。群体智能是指通过特定的组织结构吸引、汇聚和管理大规模自主参与者,令自主参与者以竞争和合作等多种自主协同方式共同应对挑战性任务。特别是在面对开放环境下的复杂系统任务时,群体智能涌现出来的智能超越个体智力。

（三）跨媒体智能。跨媒体智能综合利用视觉、语言、听觉等各种感知通道所记忆的信息,构建出实体世界的统一语义表达,完成识别、推理、设计、创作、预测等功能。跨媒体智能是各类智能系统与外界沟通的重要信息源和"使能器"。

（四）混合增强智能。混合增强智能是指将人的作用或人的认知模型引入人工智能系统,形成更强的智能形态。这种形态有两种基本实现形式：①人在回路的混合增强智能；②基于认知计算的混合增强智能。

（五）智能无人系统。智能无人系统是指在无人干预的前提下,利用先进智能技术实现自主操作与管理。智能无人系统以海、陆、空、自主无人运载操作平台,复杂的无人生产加工系统,无人化作战平台等为典型对象,是具备自主感知、理解、协同、任务规划与决策能力的复杂智能系统。

四、人工智能核心技术

（一）机器学习算法

机器学习是一门复杂的交叉学科,涉及较多的数学学科,如概率论、统计学、凸分析、算法复杂性理论等,专注于模拟或实现人类的学习行为,机器自动获取新的知识或技能,是机器智能化道路上迈出的重要一步。机器学习在 20 世纪 90 年代和 21 世纪初得到快速发展,出现了符号学习、神经网络学习、进化学习和基于行为主义的强化学习等百家争鸣的局面。机器学习是解决当前人工智能问题的主要技术,在整个人工智能技术框架中处于十分重要的基础与核心地位。在大数据的支撑下,机器通过各种算法对数据进行深层次的统计分析以进行"自学",获得了归纳推理和决策能力。

依据样本数据是否带有标签值,可以将机器学习算法分为有监督学习与无监督学习。而强化学习是一种于近期出现的特殊机器学习算法,通常被作为机器学习算法中的第三大类。有监督学习的样本数据带有标签值,它从训练样本中学习得到一个模型,然后使用该模型对新的样本进行预测推断,样本由输入值与标签值组成。现在很多领域如垃圾邮件分类、手写文字识别、人脸识别、语音识别等领域的人工智能算法大多是有监督学习。

深度学习是机器学习算法中有监督学习的一种,属于神经网络体系。之所以叫神经网络,是因为大部分应用领域中的机器学习算法都是模仿人类大脑结构的神经网络设计的。这些人工智能神经网络能够通过大量的数据发现其中的规律,逐渐迭代自身知识体系,学习并应用规则。深度学习通过建立、模拟人脑的信息处理神经结构来实现对外部输入的数据进行从低级到高级的特征提取,从而使机器理解学习数据。具有多个隐藏层的神经网络又被称为深度神经网络,深度学习在解决更复杂的问题上表现更优异。通过机器学习技术,计算机获得了如同人类一样的归纳推理和决策能力,深度学习技术则让计算机获得了更加强大的学习能力。目前,卷积神经网络是最有效的深层神经网络,其应用范围和应用领域越来越广,并且智能化程度越来越高,AlphaGo、SIRI 和脸书等人工智能系统都应用了卷积神经网络。目前在我国非常受关注的智能制造领域中,工业机器人是卷积神经网络应用的经典案例,通过深度学习训练的工业机器人能够更好地适应外部环境的变化。

机器学习距离大规模应用尚有差距。在某些复杂的类人神经分析算法的开发领域,针对某些特定的数据集,机器学习已经表现出强大的分类、推演和生成能力。对机器学习的进一步深入研究,势必推动人工智能技术的深化应用与发展。但在大部分领域,目前深度学习的自主学习能力还十分有限,尚不具备人类的学习能力。同时,机器学习的发展也面临着巨大的挑战,如泛化能力、速度、可理解性及数据利用能力等存在技术性难关。

(二)语音识别与自然语言处理技术

自然语言处理(NLP)是基于自然语言理解和自然语言生成的信息处理技术。这里的自然语言是指任何一种人类语言,如中文、英语、西班牙语,并不包括形式语言(如 Java、Fortran、C++等)。基于神经网络和深度学习的预训练语言模型为自然语言处理技术带来了突破性发展。基于自注意力机制的 Transformer 模型是预训练语言模型的基础。GPT、BERT、XLNet 等大规模预训练语言模型均基于Transformer模型进行堆叠和优化。GPT、BERT等预训练语言模型可以很好地解决不容易获得足够多的标注数据，难以满足深度学习模型训练对大规模标注数据的需求的问题。基于预训练语言模型的方法本质上是一种迁移学习方法，即通过在容易获取、无须人工标注的大规模文本数据基础上依靠强大算力进行预先训练，来获得通用的语言模型和表示形式，然后在目标自然语言处理任务上结合任务语料对预训练得到的模型进行微调，从而在各种下游自然语言处理任务中快速收敛以提高准确率。因此，预训练语言模型自面世以来就成为当前各类自然语言处理任务的核心技术。

面对语音识别，特别是语义分析和语义理解技术远未成熟的现状，新一代语音识别框架、口语化语音识别、个性化语音识别、智能对话、音视频融合以及语音合成等相关基础理论研究和技术研究的资源投入将进一步加大，并针对具体场景，在部分领域形成重大理论突破：从具体方向看，一是面向具有复杂噪声和多种口音的环境，实现语音语义、计算机视觉和知识逻辑工程技术的综合研发与应用，从而提高识别效果；二是针对医疗、教育、商贸和安全保障等专用词汇较多的专业领域，进行有针对性的技术优化；三是针对生产生活场景，实现创新技术的低功耗、低成本和高可靠性，使之能够与智能音箱、智能手表、智能手环和智能家电等产品更紧密结合并应用。

（三）计算机视觉技术

计算机视觉是指用计算机来模拟人的视觉系统，实现对所视物体识别、物体形状方位等信息的确认及其运动状态信息的判断等，是一种感知、理解所视环境，并根据获得环境信息实现控制自身运动的技术。计算机视觉技术的具体表现形式是图像分类、目标识别、目标检测、目标跟踪、行为分析、语义分割和实例分割等。其中，图像分类和目标检测是计算机视觉研究中的基本问题，也是图像分割、目标识别、目标跟踪等更高层视觉任务的基础。计算机视觉技术综合运用计算机模式识别、信号与图像处理、人工智能、光学、电子及机械一体化等多个领域的技术，是实现多场景下自动化、智能化的关键。计算机视觉基于识别、检测、测量和机械引导的功能，因精度高、成本低、连续性强被广泛应用。目前在工业检测与测量方面的应用已日渐成熟，在安防、金融、人脸识别、自动驾驶、虚拟现实领域等服务型、消费型的应用也日益成为热点。

（四）人工智能芯片

人工智能芯片是人工智能技术变革的物质基础。人工智能芯片（也称人工智能加速器)指专门用于处理人工智能应用中的大量计算任务(其人工智能计算任务由中央处理器负责)的模块,通常针对人工智能算法做了特殊加速设计。人工智能芯片按承担的任务可分为训练芯片(构建神经网络模型)和推理芯片(应用神经网络模型);按部署位置可分为云端(如数据中心)芯片和终端(如手机、安防摄像头、汽车等)芯片;按技术实现方式可分为图形处理器(GPU)、现场可编程门阵列(FPGA)、针对具体应用开发的专用集成电路(ASIC)神经形态芯片等。人工智能芯片目前采取两种发展路径:一是延续传统冯·诺依曼结构,加速硬件计算能力,实现方式包括通用的 GPU、半定制化的 FPCA 和定制化的 ASIC;另一种是颠覆冯·诺依曼结构,直接模拟人脑神经结构,典型代表为神经形态芯片。GPU、FPGA、ASIC 和神经形态芯片各具优势,在不同阶段、不同应用场景间发挥不同的作用。

近年来,人工智能技术不断取得关键性突破,计算机视觉、智能语音等人工智能技术发展趋于成熟,多技术融合、集成化创新加速发展。神经拟态、模拟内存、多核、硅光子等多项技术推动人工智能芯片不断突破性能上限。4D 理解、背景替换和全息瞬移等计算机视觉技术取得突破,推动了计算机视觉更深入的发展。自然语言处理模型在效率、长文本序列处理等方面的性能不断优化,大参数依赖性更加显著。知识图谱自动构建相关研究取得长足进展,在信息抽取、知识融合和知识加工等技术领域取得技术突破。声纹识别技术具有较高的稳定性和安全性,逐渐从理论研究走向实际应用。

第二节 人工智能技术行业融合应用

在融合应用方面,人工智能与传统行业融合持续深化,落地广度逐步拓展。人工智能与制造业融合发展已取得一定成效,在质量检测、设备健康管理、计划排程等领域融合发展已较为成熟。疫情防控加速推动人工智能医疗落地应用,多国倡议利用人工智能等新兴技术对抗疫情,人工智能医疗的商业化进程显著提速。智慧交通呈现出快速发展的趋势,行业整体进入高速发展阶段。人工智能和大数据应用推动道路交通管理科学化、精细化发展。

一、AR/VR

人工智能技术可生成相应的虚拟场景,用户借助特殊的输入/输出设备,与虚拟世界进行自然交互。

二、智能机器人

智能机器人是能认知所在环境和外界刺激，自主思考对应动作，进而做出反应的各类机器装置。

三、智能无人设备

智能无人设备具有环境感知、信息交互、知识学习、规划决策、行为执行等功能，可以在无人驾驶条件下，重复执行载荷运输任务。

四、智能可穿戴设备

智能可穿戴设备是可被用户直接穿戴的一种便携式智能硬件，在智能软件、互联网等技术支持下具有数据交互功能。

五、智能制造

智能制造是具有信息自感知、自决策、自执行等功能的先进制造过程、系统与模式的总称。人工智能技术深度赋能于智能制造各环节。

六、智能医疗

人工智能技术可以赋能于诊断、治疗、康复、药品研发、基因检测、卫生管理等各个医疗环节，以提高诊断效率和准确率以及健康管理水平，降低药物研发周期。

七、智能教育

人工智能技术可赋能于教学、考试、管理的教育全流程，提供教学辅助、考试测评、内容管控等服务，进而提高学习效率和教学质量。

第三节 图书馆人工智能技术应用场景与案例

一、人工智能技术图书馆应用场景

2017年发布的《新媒体联盟地平线报告：2017年图书馆版》对未来5年内AI的图书馆应用做出了预测：AI将会利用先进技术开发出接近人脑功能的机器。通过获取不同性质、类别和关系的数据集建立强大的知识库，智能机器人将模拟人的感官、思维和决策行为。另外，AI与神经网络相结合后，将使用自然语言处理技术和语音识别技术，创建更为真实自然的人机交互系统。

（一）个性化知识服务

人工智能应用于图书馆知识服务，能够通过智能化地采集读者的个人信息和行为信息，掌握读者的个性化需求和偏好，同时能够深度整合和挖掘文献信息，形成知识产品，从而有效提高知识服务的智能化和个性化水平，推动图情领域的创新和发展。人工智能技术在知识服务中的应用体现在知识生产、用户分析和智能服务三个方面：人工智能的深度学习、自然语言处理、知识图谱、神经网络等技术，能够实现智能化的知识生产；情境感知和智能穿戴技术的发展，有助于图书馆进一步搜集用户信息，分析用户的偏好和需求；应用人机交互技术和智能机器人提供知识服务，能够替代馆员进行简单、重复的劳动，提高服务效率。

在算法、算力和数据三驾马车的驱动下，新一代人工智能正在崛起，深刻影响着国际产业竞争格局，全球人工智能进入战略布局加快、产业应用加速发展落地阶段。人工智能技术对全球经济社会发展的影响和重要性进一步凸显。全球围绕人工智能领域的布局和抢位日趋激烈，我国人工智能产业技术和应用持续深化，美国人工智能战略进入推动实施阶段，欧盟力争通过制定行业标准、监管规则等引领全球人工智能发展方向。随着产业发展的不断深化，人工智能技术应用的安全伦理和风险防控成为全球关注的重点。

（二）人工智能辅助或部分替代图书馆馆员功能

流通借阅、常规咨询、书库管理等简单性、重复性任务可以交由智能服务机器人完成；大数据智能分析可优化馆员工作（采购、组织、服务）流程，提高工作效率与质量。

二、人工智能技术图书馆应用案例

2021年，广东省立中山图书馆上线图书采分编智能作业系统——"采编图灵"（一期），结合人工智能技术、工业机器人技术、物联网技术，重组采分编工作流程，实现传统人工作业向自动化、智能化操作的转型升级，为相关技术在图书馆领域的应用提供新方案，成为首个由国内图书馆引领的全球图书馆行业科技创新。该系统采用全数字化技术，通过核心控制系统，全面实现对所有自动控制器、工业机器人、图像捕捉、信息采集等设备的统一调度与协作，可实时追踪、监控及反馈全系统任意图书的信息及位置状态、当前作业工序、系统各模组运行情况和控制器的数据交互情况。该系统采用基于神经网络的图像识别技术，优化提升图书信息识别、精准作业等操作。该系统通过图像识别模型,对采集到的图像进行计算,可以精准捕获图书三维数据及坐标位置,完成一系列自动翻页等操作。此外,该系统还可以准确识别书名、复本数、价格、ISBN 号等信息,实现图书自动验收;有效判断图书封面、题名页、封底等的文字区域和空白区域,实现条形码、馆藏印、防盗码等"无遮挡"粘贴和喷印。同时,该系统采用多轴工业机器人技术实现复杂作业,是业界首次引入多轴工业机器人的科技应用创新。系统新装载了两台四轴、一台六轴工业机器人,套皮及折页图书的封边等复杂加工工序,均可在机器人的协助下完成。系统的"图书自动交接、连续翻页及实时图像处理模组"还开创了全球图书馆行业的先河,在业界第一次实现了批量图书连续信息采集识别的全自动无人化,实现图书任意内页的图像信息实时采集、标定、识别及计算,为数字图书馆提供基础数据支撑。"采编图灵"是目前国内外图书馆行业先进的智能化图书处理系统,同时也将是面向未来设计的图书馆行业数据处理中心。它上线的迭代系统,既是对上一代系统的优化升级,也为后续顺利实施智能无纸化图书分类编目(二期)、典藏加工和分拣系统(三期)打下良好的基础,真正实现图书采分编全流程智能作业,为业界探索和建设"智慧图书馆"提供应用场景和经验。

第十一章　网络安全态势感知技术——图书馆的安全侦察兵

随着近年来勒索病毒、网络木马、0-day 漏洞事件的大范围爆发，计算机系统感染后需要支付昂贵的比特币赎金方能解除限制，这对企事业单位不仅造成了重大经济损失，而且严重影响其日常业务服务系统的正常运转。为保证企事业单位的数据资产与各业务系统的安全，亟须加强网络安全信息侦测，将病毒和威胁扼杀于摇篮中。网络安全态势感知技术是图书馆网络信息安全的侦察兵，具有实时持续监控全网的能力，及时发现各种攻击威胁与异常，有效实现全网流量数据信息的聚类分析与快速判断，通过建立风险预警机制对攻击威胁进行预测，并联动相关杀毒软件做好杀毒防御工作。

第一节　认识网络安全态势感知技术

一、网络安全态势感知技术的基本概念

"网络安全态势感知技术"这一术语最早收录于2018年全国科学技术名词审定委员会公布的《计算机科学技术名词》中。它泛指在大规模网络环境中，对能够引起网络态势发生变化的安全要素进行获取、理解、显示并据此预测未来的网络安全发展趋势。从狭义的角度定义，网络安全态势感知技术是指将防病毒软件、防火墙、入侵监控系统、安全审计系统等多种数据信息系统集成在一起，对当前的网络服务现状进行综合评价分析，并预测网络安全未来可能的发展趋势的一门现代网络信息安全技术。

二、网络安全态势感知技术的组成

网络安全态势感知技术主要包含数据采集模块、特征提取模块、态势评估模块和安全预警模块。

（一）数据采集

数据采集的第一步是通过网络数据资产配置将使用单位的各类型数据资

产接入态势感知平台对其资产进行统一管理,并基于融合不同来源、不同类型的数据基础对资产进行画像分析。数据采集模块能够对当前使用单位的整个数据资产及网络访问流量状态进行数据提取,包括安全访问日志、漏洞数据库、恶意代码库、入侵监控、用户行为、资产监控等多种数据的综合采集与整理。

（二）特征提取

特征提取是在大量收集全网数据之后的一个重要环节,通过对采集到的数据提取出有用的数据信息,并进行相应的预处理,可为后续的态势评估和安全预警做好基础准备工作。例如,通过特征提取可以发现存在系统漏洞、应用漏洞、弱口令、配置缺陷等脆弱性特征因素。

（三）态势评估

态势评估是指从时间、空间、协议等多维度对发生的事件进行关联识别,并将关联事件的信息数据进行融合处理。简而言之,就是结合数据资料,从系统层、应用层和网络层对威胁情报进行综合分析,检测当前事件是否属于威胁事件,并进行危险评估,判定其危险等级。

（四）安全预警

经过上述三个环节,态势感知系统将提取出大量的网络安全状态数据,并根据预先制定的标准对当前网络状态及未来网络状态进行评估和预测,并给出相应的分析报告及安全状态预警处理结果。安全预警模块还可提供对预警事件的详细研判,定位存在问题的数据资产,追溯时间发生的原因。

二、传统网络安全防护缺陷与网络安全态势感知防护的特点

（一）传统网络安全防护及其缺陷

传统网络安全防护是指通过架设网络安全关键基础设施设备（一般涵盖基本的防火墙、入侵检测、防病毒、上网行为审计、堡垒机系统、数据库审计系统、网站防火墙系统,以及符合最新攻击特征的安全防护关键基础设施,如抗拒绝服务系统,高级持续性威胁防御系统）,实现用户机构的网络信息安全保护。这些专业的安全防护设施基本形成了用户单位的基础防护屏障,能够从漏扫描、病毒查杀、日志审计、边界防护等多个不同的维度满足用户的安全防护需求。

传统边界防护思路,对于不同安全等级资源的保护,基本采用分区分域——在不同域之间形成网络边界,在网络边界部署防火墙、IPS、防毒墙、WAF等,对来自边界外部的各种攻击进行防范,以此构建网络安全防护体系,这种传统方式

可称为边界安全理念。在边界安全理念中,网络位置决定了信任程度。在安全区域边界外的用户默认是不可信的(不安全的),没有较多访问权限,边界外用户想要接入边界内的网络需要通过防火墙、VPN等安全机制。安全区域内的用户默认都是安全可信的,在进行业务操作时不再做过多的行为监测与操作审计,因此存在过度信任(认为是安全的,给予的权限过大)的问题。同时,由于边界安全设备部署在网络边界上,缺少来自终端侧、资源侧的安全数据,且相互之间缺乏联动,对威胁的安全分析是不够全面的。因此,内部威胁检测和防护能力不足、安全分析覆盖不全面成为边界安全理念固有的软肋。

然而,网络攻击者与机构网络安全运维人员之间的对抗是永无止境的,当出现一种新型防护技术时,也必然产生相应的新型攻击技术。许多网络黑客会在发起攻击之前,尝试绕过目标网络的安全检测,从而衍生出新型攻击手段,例如,0-day漏洞威胁、多态高级逃避技术、多阶段攻击、APT攻击,这些新的攻击方式,成为新一代网络威胁。它们是传统安全机制无法有效检测和防御的,因此往往会造成更大的破坏。

传统安全防护的困局在于过去以分区分域、边界防护为原则的"护城河"式安全建设框架在一定程度上能够满足网络安全的基本要求,但随着云计算、5G、边缘计算等新技术的普及,业务多样化、应用对外开放及商业生态协作等趋势的发展,远程和移动云桌面办公成为常态。网络"边界"逐步模糊化带来的新风险,更高级的内外部威胁的出现,都进一步暴露了传统边界安全、静态访问控制的短板。网络安全事件分散在各异构网络安全防护系统中,潜在的网络安全威胁隐藏于机构内网数据流量中,难以被察觉。这些都进一步加剧了机构网络信息安全的风险。

(二)网络安全态势感知技术的特点

2022年3月,国际研究机构Gartner对外发布第一份关于中国网络安全态势感知解决方案的描述报告。报告指出,中国的态势感知平台依托集成化SIEM的部署以获得对当前安全状态的更情境化的视图,并列举了其作为满足等保2.0环境下安全等级为3级及以上安全运营要求的应用场景。报告认为,态势感知解决方案是现代SOC的集中式"一体化"技术和"智慧大脑",可帮助安全和风险管理(SRM)领导者和SOC团队全面了解威胁、风险和漏洞,包括监控漏洞,检测网络攻击和威胁,分析行为和异常情况,应对网络安全事件。

综合分析,网络安全态势感知平台的特点主要体现在其网络安全资产整合、数据实时汇聚、多维度监测分析、风险预警以及联动响应处置上。网络安全态势感知平台将特定网络空间资产及其运行的业务系统作为保护对象,整合分散的安全防护、检测和响应技术,持续收集目标对象的资产数据、运行数据、脆弱性数据、内外部安全情报数据及各类情境数据,进行多层次安全分析,从多个维度持续监测、评估和预测网络安全状况,有效识别各类风险,即时预警、告警与分享情报,进行编排化协同响应,达成对目标网络安全的防护,并进行有效性验证。简而言之,网络安全态势感知系统能够实现特定网络空间内态势数据的采集、分析、决策、行动和验证的闭环。

三、网络安全态势感知技术厂商及其选型建议

国际权威研究机构 IDC 于 2021 年 11 月发布了《IDC MarketScape:中国态势感知解决方案市场 2021,厂商评估》报告,该报告较为全面地盘点了当前我国国内主流的网络安全态势感知供应厂商,并设定了态势感知供应厂商高质量标准要求必须满足的三个条件:一是需要提供完备的威胁数据分析和情报获取信息;二是自动化编排网络安全资产与情报威胁;三是能够快速响应并协同处理威胁事件的处置与溯源。经过层层筛选,符合高质量标准的厂商多达 21 家(例如,奇安信、安恒、深信服、启明星辰、绿盟、华为、华三、天融信)。但任何一种网络安全态势感知系统的解决方案均包含共同的核心内容,即通过对数据的收集与整理对当前的网络和将来可能发生的威胁做出判断和预警,并给出详细分析报告,帮助使用单位做好网络安全防范措施。与传统的网络安全设施相比,网络安全态势感知系统基于大量的数据收集、分析论证,因此其判断的处理结果更准确、更有效[①]。

面对如此多的网络安全态势感知技术厂商,结合国际权威研究机构 IDC 的报告分析总结出的选型建议可以归纳为以下几点:

(一)以行业实际业务需求为导向

作为企业或其他用户机构主动网络安全防护体系的"智慧大脑",态势感知平台不应成为业务发展的阻碍。该平台需要充分了解和适配不同行业用户的具体业务场景案例,需要针对其安全需求和业务特点进行策略调整和定制化开

---

① 资料来自 https://www.idc.com/getdoc.jsp?containerId=CHC47542121&pageType=PRINTFRIENDLY。

发。例如政府和行业监管部门关注的监管态势感知平台、广大企业关注的运营态势感知平台、工业企业关注的工业互联网态势感知平台等，均具备自身独特的需求和关注功能点，从而更精准地发挥安全防护作用。

（二）以威胁情报价值和产品技术优势为主体

威胁情报将在威胁判定和溯源方面发挥越来越重要的作用，甚至能够帮助用户提前感知同行业的相关威胁，实现恶意威胁的主动防御。因此，将优质的威胁情报融入态势感知平台，提高平台威胁判定的准确性和对新型威胁的及时感知能力。当前，广大网络安全技术厂商在平台建设、大数据分析、网络流量检测、终端安全防护、响应与编排自动化等方面各具优势，用户在产品选型过程中应全面评估各安全厂商的技术优势和产品特点，选择适合的产品组合打造高质量态势感知防护体系。

（三）以半人工过渡到自动化处理方式为趋势

随着用户机构规模的快速扩大和IT资产的不断增多，网络安全态势感知平台获取和管理的数据量与日俱增，用户单位的运维人员需要面对繁杂的告警和安全事件。自动化或半自动化的分析和处置能力能够将安全运维人员从简单重复的工作流程中解放出来，腾出更多的精力处置突发的、复杂的网络安全事件，提升工作效能。

（四）以产品易用为加分点

产品的易用性虽然不是态势感知平台的核心价值，但对广大用户机构而言，简洁的功能和界面设计能够帮助网络安全运维人员快速发现和处理威胁事件，并通过专业技术支持渠道解决复杂问题，实现对安全事件的全生命周期管理，最大限度地实现态势感知平台的价值。如何帮助运维人员一目了然地查看机构网络安全状态的关键基础设施信息，并快速找到所需信息和功能模块？这对产品的功能逻辑和界面设计提出了更高的要求。

第二节 将网络安全态势感知技术应用于图书馆

随着图书馆自动化业务系统的迅速发展,其数据规模越来越庞大,多层面的网络安全威胁和安全风险也在不断增加,网络病毒、Dos/DDos 攻击等构成的威胁和损失不可估量,网络攻击行为向着分布化、规模化、复杂化等趋势发展。图书馆仅仅凭借防火墙、入侵检测、防病毒软件和访问控制策略等单一的网络安全防护技术已不能满足新时期图书馆网络安全事件侦测与保护的需求,迫切需要新的技术,以及时发现网络中的异常事件,实现图书馆网络安全攻击事前预测、事中防御、事后溯源的三级网络安全防护标准,降低图书馆网络安全风险,提高图书馆网络安全防护能力。

一、图书馆网络安全态势感知技术的应用需求

网络安全态势感知技术能够综合多维度安全因素,从宏观上实时动态反映用户机构网络安全状况,并对网络安全的发展趋势进行预测和预警。与此同时,大数据技术特有的海量存储、并行计算、高效查询等特点也为网络安全态势感知技术的突破创造了机遇。借助大数据分析技术,网络安全态势感知平台对成千上万的网络行为、攻击等信息进行自动分析处理与深度挖掘,对网络的安全状态进行分析评价,感知网络中的异常事件与整体安全态势。

网络安全态势感知技术作为网络安全监测基础设施上层的监测平台和分析系统,同样适用于图书馆网络安全信息的侦测与防护:通过从网络安全态势分析的角度,结合整体网络安全解决方案,采集图书馆自动化控制业务信息系统的各项安全指标;结合安全事件关联分析、异常流量分类、安全态势评估和预测技术,进行图书馆终端用户行为识别及异常监测。网络安全态势感知系统可对图书馆内网自动化业务系统的网络流量、IT 资产、控制设备等进行网络安全态势监测分析,并对网络非法入侵进行告警,对安全设备、网络设备、系统设备进行配置核查。将网络安全态势感知技术应用于图书馆中,将有效保护图书馆各项业务信息系统的安全运行,对图书馆网络安全保障具有重要的意义。

二、图书馆网络安全态势感知技术应用方案

图书馆作为公共文化知识服务的场所,在为读者提供网络数字化服务的同

时,也存在网络信息安全隐患。网络安全态势感知应用平台将能快速洞察图书馆内、外网的网络安全威胁,有效降低图书馆网络信息安全风险。

(一)图书馆网络安全态势感知技术系统简介

图书馆网络安全态势感知系统是指将图书馆现有数据资产与网络信息基础设施系统融入安全态势感知系统,进行统一监测,为图书馆用户构建出一套集实时监测、快速预警、可视化响应、联动处置功能于一体的大数据智能安全分析平台。它可以结合本地部署的访问控制和杀毒软件,形成网络安全威胁快速联动处置的闭环。

(二)图书馆网络安全态势感知系统架构

图书馆网络安全态势感知系统按照层级可分为数据采集层、数据预处理层、数据存储层、安全分析层和展示应用层。其系统层级架构图如图11-1所示。

图11-1 图书馆网络安全态势感知系统层级架构图

数据采集层主要对网络设备、安全设备、主机/服务器、数据库、安全探针、中间件、图书馆应用和服务等多源异构数据进行采集,为安全态势感知平台分析提供数据支撑。数据预处理层主要实现数据清洗、过滤、标准化等预处理操作,使其满足统一数据要求。数据存储层用于对已清洗好的标准数据进行保存。安全分析层用于资产风险梳理和安全态势感知,首先需要对网络的资产分布以及存在的安全风险进行全面梳理,知道当前重点保护的核心资产,然后利用威胁建模分析安全威胁,进行持续监测,不仅需要关注外部安全威胁,还需要关注内部横向威胁与异常行为。展示应用层是直接与用户交互的层级,它可实现整体安全态势全方位展示,使运维人员了解当前网络安全威胁事件及其发生的原因,通过攻击溯源取证了解攻击者是如何突破安全防护进入单位内部系统的。

(三)图书馆网络安全态势感知技术系统之数据功能模块组成

图书馆网络安全态势感知技术系统的数据功能模块负责数据的采集、标准化、聚合、过滤、代理监控、数据转发等工作,是上层安全态势感知平台的数据提供者,主要包含数据采集功能、数据管理功能、数据感知与回溯功能。

1. 数据采集

采集管理是指通过各种采集协议或接口,以分布式部署采集代理方式,在运维管理的网络各节点上(应用服务器主机、防病毒服务器、入侵检测系统、漏洞扫描系统、身份认证服务器和防火墙等)获取安全数据信息,通过网络安全探测系统对端口扫描攻击、拒绝服务攻击、蠕虫、木马、缓冲溢出、web 攻击、访问控制攻击、SQL 注入攻击、P2P 和 IM 攻击、流媒体、网络游戏以及其他违规行为进行探测,最后通过内部消息通道上传到综合态势感知平台进行集中处理。

2. 数据管理

数据管理包括数据标准化、信息补全、数据存储、查询分析、过滤合并等功能。数据标准化是指通过范化规则,从采集的信息与格式不统一的原始数据中,提取所有可以提取的信息,转换成统一标准的数据格式,并映射成平台统一数据库,以方便后续各类分析模型进行统一的审计分析。信息补全是指针对原始数据在记录的时候无法全面记录必要的相关信息,需要从用户、安全对象等维度进行缺失内容的补全,以便为后续分析提供更加完整、准确的数据。数据存储是数据信息持久化的过程,通过分布式结构化和非结构化两种存储体系来存储不同类型的数据,既方便存储体系的扩展,也有利于后续深入的数据挖掘和分析。查询分析功能是网络运维人员关注的重点,平台提供多种形式的数据分析与展示,以达到数据的可视化展示,包括数据列表、统计图表、数据仪表盘等;此外,还能够进行各种维度的查询、备份、维护,并生成审计报表。过滤合并是按照数据的可信度和重要程度以及资产的重要程度,通过过滤合并规则对数据进行过滤或者合并,降低数据噪音,形成关键资产数据库,为后续分析提供更加准确的数据。

3. 数据感知与回溯

数据感知是根据感知目标制定的规则,目的是通过一定的规则挖掘出隐藏在海量数据信息中的威胁信息,使得安全透明和可视化。数据感知策略分为实时策略和事后策略:实时策略针对实时数据,可以实时发现数据中隐藏的风险和问题,其针对的事件所归属的时间窗口较短;事后策略则针对已经经过持久化存储的任意长时间窗口海量事件的事后分析,可以更有效和全面地分析和挖掘数据中隐藏的风险和问题。

数据感知通过不同类型数据集合间相似性的比较,挖掘大规模数据间的关联关系,从而发现网络中潜在的威胁操作,并通过追溯机制,发现产生威胁的源头,方便网络管理人员采取相应安全措施解除安全威胁。

第三节 图书馆网络安全态势感知技术应用案例

为提高图书馆网络安全防护水平,应对互联网和内网出现的各类安全风险,保障图书馆读者服务的正常开展,本节以《中华人民共和国网络安全法》等法律法规为政策依据,阐述了智慧图书馆网络安全态势感知平台建设思路,并利用探针安全组件采集全网数据,引入深信服态势感知系统模块对数据进行预处理与分析,为上层业务提供资产脆弱性感知、失陷感知、快速处置、攻击溯源与可视化展示等数据服务,完成智慧图书馆网络安全感知平台部署,实现对全网流量的威胁感知和监测预警,从而更好地辅助图书馆网络安全运维人员做出决策。态势感知平台的引入,极大地提高了图书馆网络安全管理的效率与能力,为智慧图书馆网络信息化服务提供了有效保障。

一、图书馆网络安全态势感知技术的应用背景

伴随着智慧时代"互联网+医疗""互联网+金融""互联网+教育""互联网+文化旅游"等"互联网+"行业业务转型的到来,成千上万的网络攻击也接踵而至。国家互联网应急中心《网络安全信息与动态周报》显示:2021年8月23日至8月29日期间,境内计算机恶意程序传播次数高达6185.2万次;境内感染计算机恶意程序主机数量有53.4万个;境内被篡改网站总数为2275个;境内被植入后门网站总数1085个,其中政府网站数量有4个。从DDOS攻击到SQL注入漏洞,从虚拟货币挖矿木马到勒索病毒,网络安全防护显得越发重要。

图书馆是丰富人民群众精神文化生活、传承中华优秀传统文化、弘扬社会主义核心价值观、增强文化自信、促进中国特色社会主义文化繁荣发展、提高全民族文明素质的重要场所。图书馆网络信息安全是图书馆正常开展读者图书借还服务、基于网络的资源获取服务以及线上线下各类文化服务活动的前提保障。因此,需要建立集网络安全风险预测、风险定位、风险处置于一体的智慧图书馆网络安全态势感知平台,协助图书馆网络安全运维人员做出决策,提高智慧图书馆网络安全防护水平。

二、图书馆应用网络安全态势感知技术的政策依据与现状分析

公共图书馆作为"传承文明,服务社会"的公共文化服务机构,其基本职能已不仅仅局限于保存文化、传播文化、促进实现文化大发展大繁荣,而是进一步以文献、信息、知识服务为基础服务,以读者为中心,结合现代科学技术,为图书馆读者打造集知识阅读、休闲娱乐、智慧体验于一体的智慧化综合服务场馆。人脸识别技术的发展为公共图书馆创新服务提供强有力的技术支撑,突破了传统公共图书馆服务瓶颈,为公共图书馆智慧化服务开辟了新的创新空间。

(一)政策依据

2016年4月19日,习近平总书记在网络安全和信息化工作座谈会上提出要"全天候全方位感知网络安全态势"。2016年11月7日,中华人民共和国第十二届全国人民代表大会常务委员会第二十四次会议通过《中华人民共和国网络安全法》。其中,第三章第二十九条规定:"有关行业组织建立健全本行业的网络安全保护规范和协作机制,加强对网络安全风险的分析评估。"又如,第五章提出将监测预警与应急处置工作制度化、法制化,为深化网络安全防护体系,实现"全天候全方位感知网络安全态势"提供了法律依据和保障。2017年11

月4日,中华人民共和国第十二届全国人民代表大会常务委员会第三十次会议通过《中华人民共和国公共图书馆法》。其中,第二章第十三条规定:"国家建立覆盖城乡、便捷实用的公共图书馆服务网络。"第四章第四十条规定:"国家构建标准统一、互联互通的公共图书馆数字服务网络,支持数字阅读产品开发和数字资源保存技术研究,推动公共图书馆利用数字化、网络化技术向社会公众提供便捷服务。"这体现了我国公共图书馆坚持网络化建设的发展方向。2021年6月10日,中华人民共和国第十三届全国人民代表大会常务委员会第二十九次会议通过《中华人民共和国数据安全法》,自2021年9月1日起施行。其中,第四章第二十七条规定:"利用互联网等信息网络开展数据处理活动,应当在网络安全等级保护制度的基础上,履行上述数据安全保护义务。"因此,图书馆作为实施网络建设服务的运营主体,应当严格遵守相关法律法规的要求,加强网络安全监测预警与应急处置工作,保障网络和服务数据安全,提高网络安全防护水平。

(二)现状分析

笔者通过问卷调查及文献调研的方式对公共图书馆网络安全防护进行调查分析。调查发现,我国许多公共图书馆存在网络安全防护防御手段单一、风险感知滞后、缺乏联动部署机制、缺乏可视化展示等诸多问题。一是传统攻防手段单一。传统防御主要通过在内部局域网络与外部互联网之间架设防火墙等安全设备,潜意识地认为局域网内网是安全的,只要防住互联网外网攻击就能保证网络正常,殊不知内网中一旦有主机被感染,将会横向扩展攻击,导致整个内部网络主机沦陷,对内网业务造成严重损失。二是风险感知滞后。传统防御主要在已知静态特征数据库中检测命中后发现的网络攻击问题。当出现0-day漏洞、APT攻击,动态特征病毒等新型网络威胁攻击时,传统防御手段将无力应对。一旦新型威胁或变种病毒突破外围防御,网络内部缺乏有效检测和响应能力,难以快速定位。三是风险处置不及时,缺乏联动部署机制。传统形式下,各类网络安全设备单独存在于服务器系统中,各自有自身的安全防护策略,如行为管理工具、入侵检测工具、终端防护工具,当出现网络攻击时,需要网络安全运维人员逐个登录排查,操作烦琐,费时费力,缺乏联动响应机制,无法形成合力。四是缺乏运行状况的可视化展示。传统网络安全设备,在数据操作上仅支持通过命令行或简单的web页面操作,在运行效果展示上缺乏友好的交互界面,或者没有可视化展示的界面。

三、图书馆网络安全态势感知平台的建设思路

（一）网络安全态势感知平台介绍

网络安全态势感知平台是一种以大数据为核心，从整体网络视角出发考虑的能够实现网络安全攻击事前预测、事中防御、事后溯源的网络安全防护平台。它通过潜伏威胁探针来采集全网节点的流量数据，利用大数据平台进行数据预处理和分析建模，结合机器学习检测已知与未知的安全威胁，并最终利用数据可视化技术产生报表数据，在友好的 web 交互界面上呈现给网络安全运维人员，并由其做出安全防护快速处置操作。

（二）平台建设需求分析

建设网络安全态势感知平台的目的是强化图书馆现有网络信息安全防护监测能力，实现对全局网络安全风险的实时监测预警、快速响应处置、攻击宿主定位溯源的闭环管理工作。具体建设需求主要包含以下几方面：一是失陷主机感知。主机失陷是黑客踏入内网的第一步，及时发现失陷主机可尽早遏制黑客后续行动，防止其在被攻陷的内网主机中植入木马、后门等恶意程序，从而横向发起恶意攻击。二是内部资产脆弱性感知，即自动检测内部网络中服务器、主机、数据库存在的弱密码或者其他相关漏洞。三是横向威胁感知。基于可视化的方式展示内网主机攻击其他内网主机的情况，用于可视内网横向攻击、横向异常访问的整体情况，识别内网可疑跳板机。四是外联威胁感知。基于实时可视化的形式展示当前遭受到来自互联网的攻击情况，攻击来源区域，实时反映当前网络攻击态势。五是快速响应处置。任何网络信息安全保障体系中检测和发现的问题都要处置。利用联动阻断与联动查杀，可实现威胁快速响应处置，形成网络安全管理闭环。六是网络安全数据可视化展示。利用探针技术自主识别全局网络中各数据资产节点，并通过可视化技术实现图书馆全网安全态势的可视化展示。

（三）平台建设总体架构

网络安全态势感知平台的构建需要经过数据采集、数据预处理、数据存储、数据分析、数据服务五个环节。其中：数据采集层主要用于获取与网络安全威胁相关的海量异构数据，采集覆盖面既要考虑边界网络数据，又要兼顾内部网络数据，主要包含网络协议流量数据、安全设备日志监测数据、内部网络中主机与服务器等资产的漏洞数据、数据库及日志审计数据等；数据预处理层主要负

责采集到的数据的清洗、变换、集成与融合,使数据符合态势感知标准化要求,为下一步数据存储做准备;数据存储层主要采用大数据分布式存储结构,利用缓存加速等相关技术实现数据的快速访问,多副本管理解决数据节点故障引发的数据丢失问题;数据分析层对分类存储的网络安全流量数据进行大数据分析,利用关联聚类、机器学习、MapReduce 大数据计算、数据挖掘等技术提取网络安全特征与指标,从而发现网络安全的风险与威胁;数据服务层是与用户交互的业务服务层,主要包含资源脆弱感知、资产失陷感知、潜在威胁感知、攻击追踪溯源、快速联合处置、可视化数据展示等服务。网络安全态势感知平台总体架构图如图 11-2 所示。

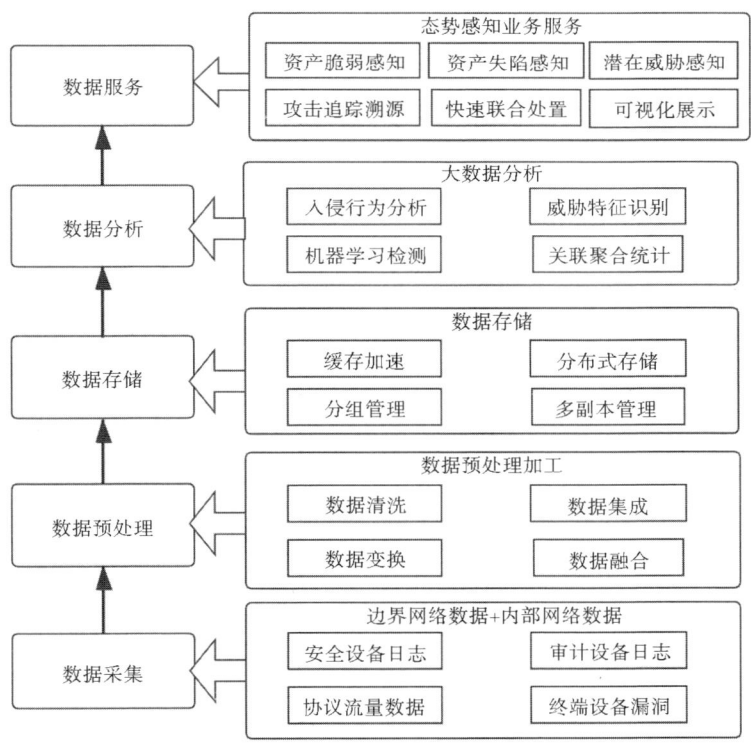

图 11-2 网络安全态势感知总体架构图

四、图书馆网络安全态势感知平台实施

网络安全态势感知平台实施部署的步骤主要包含:数据采集系统部署、数据预处理与存储、安全感知系统部署、安全服务云部署、智能联动处置部署、数据可视化部署等环节。

(一)数据采集系统部署

数据采集不仅需要考量互联网边界数据与内部网络数据,同时还需关注数据采集设备的时间同步问题,若各采集设备的时间不一致,则其导出的数据无法关联聚合,影响后续数据分析的准确性。鉴于以上指标考量,可考虑采用深信服 STA 潜伏威胁探针数据采集传感器与时间同步系统服务器作为数据采集端的部署设备。其中,STA 潜伏威胁探针用于设备资产嗅探,以及各类协议的流量数据采集、漏洞检测与异常流量分析。时间同步服务器内置高精度卫星接收模块,通过接收模块获取 UTC 标准时间,并以网络方式为探针采集设备提供标准时间信号服务。由图 11-3 中的 P 图书馆网络安全态势感知平台部署网络拓扑图可知:探针、时间同步系统、网络安全态势感知平台的部署模式不改变原有网络拓扑结构,均采用旁路部署模式;通过镜像核心交换机端口流量数据可以实现对互联网边界、图书馆自动化核心业务区、内网各楼层接入区、外网 DMZ 区全网流量数据的采集与分析,提取异常流量数据并将数据上报给态势感知平台。表 11-1 列出了基于旁路部署的采集点及其采集功能。

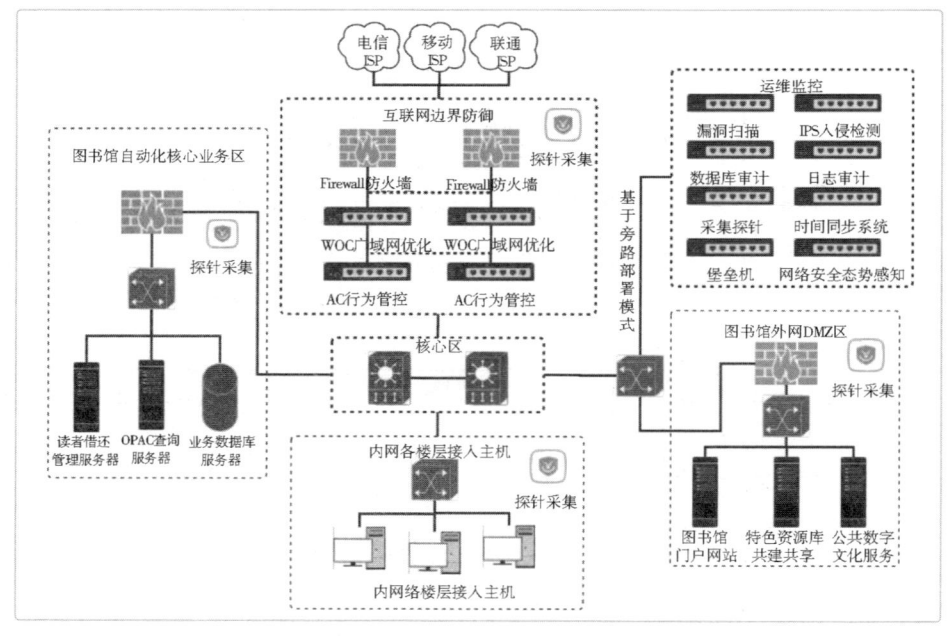

图 11-3　P 图书馆网络安全态势感知平台部署网络拓扑图

表 11-1 旁路部署数据采集

采集点	检测内容	功能
服务器—互联网	服务器开放端口及外连情况	检测服务器是否失陷
服务器—终端用户	终端用户对服务器的攻击行为	控制终端用户
服务器—服务器	服务器之间是否存在横向攻击	检测内网横向攻击行为
终端用户—互联网	判断是否存在 C&C 通信和恶意下载	检测终端主机是否失陷
DMZ 区	外部网络对 DMZ 区的攻击	检测 DMZ 区的网络攻击

确定好采集点后需要为交换机配置端口镜像流量,本次平台搭建用到的交换机设备是华为交换机。详细配置步骤代码如图 11-4 所示。

(1)通过执行命令 system-view 进入系统视图。

(2)批量配置镜像流量观察口:observe-port 1 interface-range XGigabitEthernet1/5/0/12 to XGigabitEthernet1/5/0/17。

(3)进入需要镜像流量的交换机端口号:interface GigabitEthernet1/0/1。

(4)执行镜像端口流量数据:port-mirroring to observe-port 1 both。

(5)查看当前端口镜像流量配置是否成功:display port-mirroring。

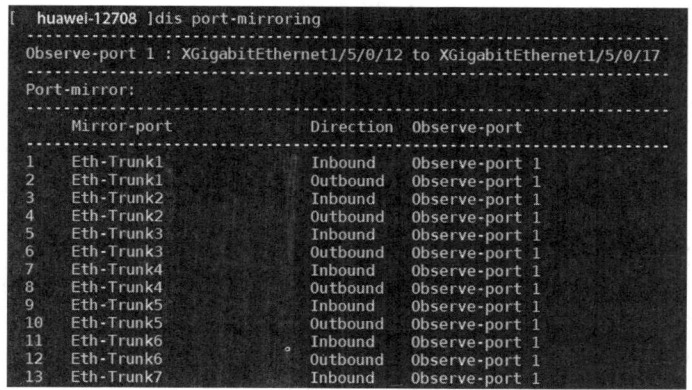

图 11-4 端口镜像流量配置步骤代码图

(二)数据预处理与存储

本次平台搭建采用深信服态势感知 SIP 平台作为核心部署组件,通过笔记本网口直连该系统设备的 ETH0 管理端口实施网络态势感知系统初始化配置。数据预处理环节包含数据清洗、数据关联聚类、数据融合,并最终按照网络安全态势感知的标准数据规范格式处理。经过采集层初步采集与预处理后筛选出的有价值数据,被存储在态势感知大数据平台上。该平台采用 Hadoop 大数据分布式集群框架技术实现,具备 TB 级海量数据存储能力,且支持后期存储扩容。平台结合强大的 Elastic-service 搜索引擎,能够实现数据的存储管理与快速查询定位。

(三)数据态势分析

网络安全态势感知 SIP 平台采用多种大数据分析引擎对异常流量数据进行检测分析,常见的分析引擎包含 NETFLOW、HTTPFLOW、DNSFLOW、SMB-FLOW、SMTPFLOW 等,利用训练 AI 智能聚类算法完成机器学习,实现内网穿透精准检测,并通过还原攻击者 IP 地址、攻击方法、攻击目标 IP、攻击地区实现数据态势分析。

(四)数据服务

1. 资产脆弱性及失陷感知

资产脆弱性是指服务器、工作站等资产存在的漏洞缺陷,这些漏洞缺陷是资产自身存在的。外来的攻击威胁一般利用资产的某个易于攻陷的漏洞缺陷作为跳板进入,因此,资产脆弱性的识别与处理显得尤为重要,能够有效预防威胁并将其扼杀在源头。常见的脆弱性功能检测主要包含漏洞、弱口令、web 明文传输和配置策略风险、访问控制策略风险等。进入态势感知系统,配置图书馆 IP 资产范围,以确保资产安全事件感知的精准性,并配置 IP 分配模式为静态 IP,开启自动识别资产与显示资产感知终端。如图 11-5 所示,在定义本馆内网 IP 范围的基础上,需将 IP 资产范围的设备与资产组部门进行 IP 属性对应,即将资产组与 IP 范围进行匹配并指定资产组类别,如服务器、工作站、终端设备、自动识别设备,便于其在平台模块的资产中正确显示。

图 11-5　P 图书馆态势感知平台联动部署行为管理控制设备图

资产失陷感知是指服务器、工作站及终端设备被黑客利用脆弱性缺陷成功入侵后被态势感知系统识别。若放任资产失陷，黑客将会把木马、后门等程序植入已攻陷的资产中，企图对目标主机发起 DDOS 攻击等恶意行为。因此，及时感知失陷主机并做出快速处置将有效遏制黑客的后续攻击行为，可将网络安全资产损失减少到最低。深信服态势感知平台系统内建的监测算法结合了大数据分析引擎提供的联动分析机制和 DGA 域名判别，融合了 fast-flux 僵尸网络识别、孤立森林（isolation Forest）异常数据检测算法、主机网络流量模型、协议模型学习等多个监测模型，能够对病毒行为、异常外联行为、黑客常用攻击行为等特征进行分析，有效检测失陷主机。

2. 入侵防御处置

网络安全态势感知系统本身没有防御功能，因此需要联动其他网络安全设备实施协同治理，形成安全闭环，抵御网络安全威胁。常见的网络安全设备主要包含防火墙设备、行为控制管理设备、终端防护设备。网络安全态势感知系统与这些网络安全设备防御联动，能够实现网络安全运维人员的快速处置。例如，将防火墙与态势感知平台配置关联能实现威胁一键封堵，将行为管理控制平台与态势感知平台配置关联能实现终端设备的病毒处置提醒与快速联网冻结控制，将终端防护设备与态势感知平台配置关联能实现失陷资产病毒一键查杀。鉴于篇幅有限，笔者以 AC 行为管理控制平台与态势感知平台联动部署为例讲解实施步骤，在实施部署前需要保证开放行为管理平台设备的 1775 端口用作 UDP 协议传输，开放态势感知平台的 HTTPS 协议传输端口 9998，用于联动行为管理系统上网提醒与用户冻结命令的下发。设置步骤如下：

（1）上网行为管理端设置。通过共享密钥机制实现行为管理平台与态势感知平台认证。密钥信息包含认证账号与密码。配置需要保证行为管理平台与态势感知平台使用的账号与密码一致，方可成功完成认证，并且需要同步 AC 上网用户信息到感知平台。

（2）态势感知系统端设置。在"设备管理"中新增 AC 设备，配置完成后可实现 AC 行为管理设备接入态势感知平台。

（3）联动处置。行为管理联动处置主要包含上网提醒与上网冻结。通过点击态势感知平台导航栏"更多"菜单"联动响应"页面下的"联动 AC"选项，可以新增需要联动 AC 处置的服务器或终端资产设备。其中，上网提醒功能是指态势感知新增策略下发给已失陷的目标 IP,一旦其打开浏览器访问站点,就可以提示该用户主机已感染病毒,需及时处理。上网冻结功能即冻结用户账号,短时间内不允许连接外网,防止风险扩散。

3. 攻击追踪溯源

态势感知系统通过数据分析引擎技术检测发现网络中存在失陷主机、安全威胁,识别业务潜在安全风险和其他未知漏洞风险后,会将其与主机自身存在的易被攻击的脆弱性数据进行深度关联分析,并以时间线方式回溯主机被攻击失陷的完整过程。溯源数据主要包括攻击来源 IP 及地区、攻击手段、攻击目标 IP、失陷时间点等。通过可视化的方式将失陷主机内外网的攻击行为、异常访问行为、风险访问行为进行关联展示。同时,态势感知平台存储的安全检测日志、审计日志、元数据、攻击报文等均会按照《中华人民共和国网络安全法》的要求保存不少于六个月,可为后续网络安全调查溯源取证提供数据保障。

(五)攻防验证效果

在网络安全态势感知系统上线运行一段时间后,P 图书馆立即组织联合网络安全供应厂商共同实施攻防演练,演练结果如下:通过防火墙检测设备共监测到网络攻击告警 166000 次。其中:web 漏洞攻击 88277 次,信息泄漏攻击 31320 次,SQL 注入攻击 17494 次,目录遍历攻击 15478 次,系统命令注入攻击 3940 次。活跃攻击源主要来自广东、江西、江苏、韩国、美国。同时,发现多种脆弱性风险:弱密码风险、web 明文传输风险、跨站脚本、IIS、文件上传、SQL 注入等漏洞问题。在网络安全态势感知系统中还发现外网区有一台服务器资产被植入了挖矿木马 mine.db 文件,该服务器对外网区其他服务器发起横向攻击。通过态势感知平台及时溯源问题主机,可以阻断其与其他资产的通信连接。通过此次攻防演练成功发现了隐藏于资产背后的网络安全威胁,并联动防火墙与上网行为管理控制平台实施漏洞封堵和网络阻断管控,有效加固了图书馆网络安全。

网络安全态势感知是当前网络安全工作体系的重要技术,是能够实现事前预防、事中防御、事后溯源的高效安全感知管控平台。在当前万物互联的智慧化图书馆网络安全形势下,构建网络安全态势感知平台是保障智慧图书馆网络信息数据安全和读者服务正常开展的重要技术手段,有利于形成较强的网络安全防御体系和应急响应工作体系。

第十二章　数字孪生技术——图书馆线上虚拟镜像

第一节　什么是数字孪生

一、数字孪生的定义

数字孪生（digital twin，简称 DT），亦称为数字化双胞胎，主要包含虚拟空间、物理空间以及虚拟空间与物理空间的互联三部分。数字孪生是一个集成了多物理量、多尺度的仿真过程，基于物理模型构建完整映射的虚拟模型，利用历史数据以及传感器实时数据刻画物理对象的全生命周期过程。也就是说，数字孪生是实体物理模型的虚拟数字化映射对象，包括实体的高保真数字化建模、虚实双向动态链接及虚实孪生体的共生演化。其核心技术包括：虚拟的实体化，即通过建模实现虚拟数字化模型，进行仿真与分析；实体的虚拟化。实体在实际运作过程中，把状态映射到虚拟的孪生体中，通过数字化的仿真进行判断、分析、预测和优化。因此，根据数字孪生的概念和理论，可以概括出其主要特点：它对物理对象的各类数据进行集成，是一个忠实的映射；它存在于物理对象的全生命周期，并与其共同进化，不断积累相关知识；它不仅对物理对象进行描述，而且能够基于模型对物理对象进行优化。

数字孪生已经在部分领域展开应用。例如：美国空军实验室的结构科学中心基于数字孪生建立了具有高保真度的飞行器模型，实现了对飞行器结构寿命的精准预测；哥伦比亚大学利用数字孪生的思想建立了动态仿真模型，并实现了对复合材料的疲劳损伤预测；Grieves 等人通过将物理系统与其等效的虚拟系统相结合，研究了基于数字孪生的复杂系统故障预测与消除方法，并在 NASA 相关系统中开展应用验证。

当下对数字孪生的应用主要集中在航空航天领域的健康维护和寿命预测等方面，在制造领域的应用还处于萌芽阶段。但因具有实时映射、持续优化等特点，数字孪生在制造领域拥有广阔的应用前景，并已成为当前一些知名公司的重要研究方向。如：西门子提出的"数字化双胞胎"模型,该模型包括"产品数字化双胞胎""生产工艺流程数字化双胞胎"和"设备数字化双胞胎";达索公司针对复杂产品用户交互需求,建立了基于数字孪生的3D体验平台,通过实时同步更新在数字空间进行的预测分析来指导制造生产,并在法国船级社公司进行了初步验证。另外,数字孪生在车间及产品设计、制造与服务等阶段的应用已得到初步的探讨。通过上述分析可以看出,数字孪生是大数据的一种特例,尽管目前相关研究主要集中在航空航天领域,但它在制造领域中的产品设计、过程规划、生产布局、制造执行、产量优化和过程验证等方面都有着巨大的应用潜力。

二、数字孪生的技术体系

数字孪生技术的实现依赖于诸多先进技术的发展和应用,其技术体系从基础数据采集层到顶端应用层可以依次分为数据保障层、建模计算层、功能层和沉浸式体验层。从建模计算层开始,每一层的实现都建立在前面各层的基础之上,是对前面各层功能的进一步丰富和拓展。

(一) 数据保障层

数据保障层是整个数字孪生技术体系的基础,支撑着整个上层体系的运作,其主要由高性能传感器数据采集、高速数据传输和全生命周期数据管理三个部分构成。

先进传感器技术及分布式传感技术使整个数字孪生技术体系能够获得更加准确、充足的数据源支撑。数据是整个数字孪生技术体系的基础,海量、复杂的系统运行数据包含用于提取和构建系统特征的最重要信息。与专家的经验知识相比,系统实时传感信息更准确,更能反映系统的实时物理特性,对多运行阶段系统更具适用性。作为整个体系的最前沿部分,其重要性毋庸置疑。

高带宽光纤技术的采用使海量传感器数据的传输不再受带宽的限制。由于复杂的工业系统的数据采集量庞大,带宽的扩大缩短了系统传输数据的时间,降低了系统延时,保障了系统实时性,提高了数字孪生系统的实时跟随性能。

分布式云服务器存储技术的发展为全生命周期数据的存储和管理提供了平台保障,高效率存储结构和数据检索结构为海量历史运行数据存储和快速提取提供了重要保障,为基于云存储和云计算的系统体系提供了历史数据基础,使大数据分析和计算的数据查询和检索阶段可以快速可靠地完成。

（二）建模计算层

建模计算层主要由建模算法和一体化计算平台两部分构成。建模算法部分充分利用机器学习和人工智能领域的技术方法实现系统数据的深度特征提取和建模，通过采用多物理、多尺度的方法对传感数据进行多层次的解析，挖掘和学习其中蕴含的相关关系、逻辑关系和主要特征，实现对系统的超现实状态表征和建模，并能预测系统的未来状态和寿命，依据其当前和未来的健康状态评估其执行任务成功的可能性。

（三）功能层

功能层面向实际的系统设计、生产、使用和维护需求提供相应的功能，包括多层级系统寿命估计、系统集群执行任务能力的评估、系统集群维护保障、系统生产过程监控及系统设计辅助决策等功能。针对复杂系统在使用过程中存在的异常和退化现象，在功能层开展针对系统关键部件和子系统的退化建模和寿命估计工作，可为系统健康状态的管理提供指导和评估依据。对于需要协同工作的复杂系统集群，功能层提供协同执行任务的可执行性评估和个体自身状态感知，辅助集群任务的执行过程决策。在对系统集群中每个个体的状态深度感知的基础上，可以进一步依据系统健康状态实现基于集群的系统维护保障，节省系统的维修开支，避免人力资源的浪费，实现系统群体的批量化维修保障。

数字孪生技术体系的最终目标是实现基于系统全生命周期健康状态的系统设计和生产过程优化改进，使系统在设计生产完成后能够在整个使用周期内获得良好的性能表现。

作为数字孪生技术体系的直接价值体现，功能层可以根据实际系统需要进行定制。在建模计算层提供的强大信息接口的基础上，功能层可以满足高可靠性、高准确度、高实时性及智能辅助决策等多个性能指标，提升产品在整个生命周期内的表现性能。

（四）沉浸式体验层

沉浸式体验层主要是为使用者提供良好的人机交互使用环境，让使用者能够获得身临其境的技术体验，从而迅速了解和掌握复杂系统的特性和功能，并能够便捷地通过语音和肢体动作访问功能层提供的信息，获得分析和决策方面的信息支持。未来的技术系统使用方式不再局限于听觉和视觉，将集成触摸感知、压力感知、肢体动作感知、重力感知等多方面的信息和感应,向使用者完全恢复真实的系统场景,并通过人工智能的方法让使用者了解和学习真实系统场景本身不能直接反映的系统属性和特征。

使用者通过学习和了解在实体对象上接触不到或采集不到的物理量和模型分析结果,能够获得对系统场景更深入的理解,设计、生产、使用、维护等各个方面的灵感将被激发和验证。

沉浸式体验层通过集成多种先进技术,实现多物理、多尺度的集群仿真,利用高保真建模和仿真技术以及状态深度感知和自感知技术构建目标系统的虚拟实时任务孪生体,持续预测系统健康、剩余使用寿命和任务执行成功率。虚拟数字集群是数字孪生体向实际工程实践发展的重要范例,对于满足未来成本可控情况下的高可靠性任务执行需求具有重要意义。

三、数字孪生的核心技术

数字孪生的核心技术主要体现在六个方面。

(一)多领域、多尺度融合建模

当前,大部分建模方法是在特定领域进行模型开发和熟化,然后在后期采用集成和数据融合的方法将来自不同领域的独立模型融合为一个综合的系统级模型。但这种方法的融合深度不够且缺乏合理解释,限制了将来自不同领域的模型进行深度融合的能力。

多领域建模是指在正常和非正常情况下从最初的概念设计阶段开始实施,从不同领域、深层次的机理层面对物理系统进行跨领域的设计理解和建模。

多领域建模的难点在于:多种特性的融合会导致系统方程具有很大的自由度;同时传感器为确保基于高精度传感测量的模型动态更新,采集的数据要与实际的系统数据保持高度一致。总体来说,难点同时体现在长度、时间尺度及耦合范围三个方面,克服这些难点有助于建立更加精准的数字孪生系统。

(二)数据驱动与物理模型融合的状态评估

机理结构复杂的数字孪生目标系统,往往难以建立精确可靠的系统级物理模型,因而单独采用目标系统的解析物理模型对其进行状态评估无法获得最佳的评估效果。相比较而言,采用数据驱动的方法则能利用系统的历史和实时运行数据,对物理模型进行更新、修正、连接和补充,充分融合系统机理特性和运行数据特性,能够更好地结合系统的实时运行状态,获得动态实时跟随目标系统状态的评估系统。

目前将数据驱动与物理模型相融合的方法主要有以下两种：以解析物理模型为主，利用数据驱动的方法对解析物理模型的参数进行修正；解析物理模型和数据驱动并行使用，最后依据两者输出的可靠度进行加权，得到最后的评估结果。

但以上两种方法都缺少更深层次的融合和优化，对系统机理和数据特性的认知不够充分，融合时应对系统特性进行更深入的理解和考虑。目前，数据与模型融合的难点在于两者在原理层面的融合与互补。如何将高精度的传感数据统计特性与系统的机理模型合理、有效地结合起来，获得更好的状态评估与监测效果，是亟待考虑和解决的问题。

无法有效实现物理模型与数据驱动模型的结合，还体现在现有的复杂工业系统和复杂装备系统全生命周期状态无法共享、全生命周期内的多源异构数据无法有效融合、现有的对数字孪生的乐观前景大都建立在对诸如机器学习、深度学习等高复杂度及高性能的算法基础上。未来将有越来越多的工业状态监测数据或数学模型替代难以构建的物理模型，但同时会带来对象系统过程或机理难以刻画、所构建的数字孪生系统表征性能受限等问题。

因此，有效提升或融合复杂装备或复杂工业系统前期的数字化设计及仿真、虚拟建模、过程仿真等，进一步强化考虑复杂系统构成和运行机理、信号流程及接口耦合等因素的仿真建模，是构建数字孪生系统必须思考的问题。

(三) 数据采集和传输

高精度传感器数据的采集和快速传输是整个数字孪生系统的基础，各种类型的传感器性能，包括温度、压力、振动等都要达到最优状态，以复现实体目标系统的运行状态。传感器的分布和传感器网络的构建以快速、安全、准确为原则，通过分布式传感器采集系统的各类物理量信息表征系统的状态。同时，搭建快速、可靠的信息传输网络，将系统状态信息安全、实时地传输至上位机供其应用，具有十分重要的意义。

数字孪生系统是物理实体系统的实时动态超现实映射，数据的实时采集传输和更新对数字孪生具有至关重要的作用。分布的各类型高精度传感器在整个孪生系统的前线工作，起着最基础的感官作用。

目前，数字孪生系统数据采集的难点在于传感器的种类、精度、可靠性、工作环境等各个方面都受到当前技术发展水平的限制,导致采集数据的方式也受到限制。数据传输的关键在于实时性和安全性。网络传输设备和网络结构受限于当前的技术水平无法满足更高级别的传输速率要求,网络安全性保障在实际应用中同样应予以重视。

随着传感器水平的快速提高,很多微机电系统(micro-electro-mechanical system,简称 MEMS)传感器日趋低成本化和高集成度,而物联网(IOT)这些高带宽和低成本的无线传输技术的应用推广,能够为获取更多用于表征和评价对象系统运行状态的异常、故障、退化等复杂状态提供前提保障。尤其对于旧有的复杂装备或工业系统,其感知能力较弱,距离构建信息物理系统(cyber physical system,简称 CPS)的智能体系尚有较大差距。

许多新型的传感手段或模块可以在现有对象系统体系内或兼容于现有系统。构建集传感、数据采集和数据传输于一体的低成本体系或平台,也是支撑数字孪生体系的关键环节。

(四)全生命周期数据管理

复杂系统的全生命周期数据存储和管理是数字孪生系统的重要支撑。用云服务器对系统的海量运行数据进行分布式管理,实现数据的高速读取和安全冗余备份,为数据智能解析算法提供充分可靠的数据来源,对维持整个数字孪生系统的运行起着重要作用。通过存储系统的全生命周期数据,可以为数据分析和展示提供更充足的信息,使系统具备历史状态回放、结构健康退化分析及任意历史时刻的智能解析功能。

海量的历史运行数据还为数据挖掘提供了丰富的样本信息,通过提取数据中的有效特征,分析数据间的关联关系,可以获得很多未知但具有潜在利用价值的信息,加深对系统机理和数据特性的理解和认知,实现数字孪生体的超现实属性。随着研究的不断推进,全生命周期数据将持续提供可靠的数据来源和支撑。

全生命周期数据存储和管理的实现需要借助服务器的分布式存储和冗余存储。数字孪生系统对数据的实时性要求很高。优化数据的分布架构、存储方式和检索方法,获得实时可靠的数据读取性能,是其应用于数字孪生系统面临的挑战。尤其应考虑工业企业的数据安全及装备领域的信息保护,构建以安全私有云为核心的数据中心或数据管理体系,是目前较为可行的技术解决方案。

（五）虚拟现实呈现

虚拟现实（VR）技术可以将系统的制造、运行、维修状态呈现出超现实的形式，对复杂系统的各个子系统进行多领域、多尺度的状态监测和评估，将智能监测和分析结果附加到系统的各个子系统、部件中，在完美复现实体系统的同时将数字分析结果以虚拟映射的方式叠加到所创造的孪生系统中，从视觉、听觉、触觉等各个方面提供沉浸式的虚拟现实体验，实现实时、连续的人机互动。VR技术能够帮助使用者通过数字孪生系统迅速地了解和学习目标系统的原理、构造、特性、变化趋势、健康状态等各种信息，并能启发其改进目标系统的设计和制造，为使用者优化和创新目标系统提供灵感。通过简单地点击和触摸，不同层级的系统结构和状态会呈现在使用者面前，对于监控和指导复杂装备的生产制造、安全运行及视情维修具有十分重要的意义，提供了比实物系统更加丰富的信息和选择。

复杂系统的VR技术难点在于需要大量的高精度传感器采集系统的运行数据来为VR技术提供数据来源和支撑。同时，VR技术本身的技术瓶颈也亟待突破，以提供更真实的VR系统体验。

此外，在现有的工业数据分析中，往往忽视数据呈现的研究和应用。随着数据分析任务的日趋复杂以及高维、高实时数据建模和分析需求的增加，需要强化对数据呈现技术的关注，这是构建数字孪生系统的一个重要环节。

目前很多互联网企业都在不断推出或升级数据呈现的空间或软件包。工业数据分析可以在借鉴或借用这些数据呈现技术的基础上，改善数据分析可视化的性能和效果。

（六）高性能计算

数字孪生系统复杂功能的实现在很大程度上依赖其背后的计算平台。实时性是衡量数字孪生系统性能的重要指标。因此，基于分布式计算的云服务器平台是系统的重要保障；优化数据结构、算法结构等提高系统的任务执行速度是保障系统实时性的重要手段。综合考量系统搭载的计算平台的性能、数据传输网络的时间延迟及云计算平台的计算能力，设计最优的系统计算架构，满足系统的实时性分析和计算要求，是应用数字孪生的重要内容。平台计算能力的高低，直接决定系统的整体性能。作为整个系统的计算基础，其重要性毋庸置疑。

数字孪生系统的实时性要求系统具有极高的运算性能,这有赖于计算平台的提升和计算结构的优化。就目前来说,系统的运算性能还受限于计算机发展水平和算法设计优化水平。因此,应在这两方面努力实现突破,从而更好地服务于数字孪生技术的发展。高性能数据分析算法的云化及异构加速的计算体系(如 CPU + GPU、CPU + FPGA)在现有的云计算基础上是可以考虑的,其能够满足工业实时场景下高性能计算的两个方面。

第二节 数字孪生在图书馆中的应用场景

一、作为健康管理工具,提高图书馆设施设备的管理效率

在 DT 技术的支持下,图书馆可以通过孪生体优化配置图书馆资源。例如,图书馆可以构建研究兴趣小组孪生体。当需要使用图书馆的不同研修间时,馆员孪生体便可通过与外部的沟通,将需求发送至特定的虚拟孪生体。虚拟孪生体随后通过对物理实体的控制为其分配研修间,进而提高图书馆空间资源的配置效率。同时,DT 技术可以对图书馆内的软硬件环境进行全生命周期的建模和管理,比如可以对多媒体设备、网络、服务器、管理平台等进行诊断,预先排除故障,保障设施设备的正常运转。

二、作为能耗管理工具,辅助构建绿色图书馆

目前,绿色图书馆的建设主要依赖于智能计量系统的构建和实施,即通过物联网技术等采集和分析图书馆的能耗数据,并对其进行可视化管理。在 DT 技术的支持下,图书馆可以创建能耗系统的虚拟孪生体,实现能耗的精细化管理。另外,能耗系统孪生体还可以建立馆员、用户等与图书馆能耗的关联,并通过人工智能技术挖掘二者间的关系,进而对图书馆能耗管理提出策略和建议。这带来了图书馆管理模式的重大变革,使图书馆可以从根本上解决能耗问题,从而辅助构建绿色图书馆。

三、作为可视化工具,助力图书馆创客空间建设

在 5G 网络技术的支持下,DT 技术将重新定义图书馆创客空间。图书馆创客空间通过新技术和创意项目等来吸引用户,并支持用户自由地探索和创新。虚拟的图书馆创客空间是对现实情境的高度仿真,通过沉浸式的可视化场景为用户提供实时服务,在深化用户对相关技能或知识认知的同时,也为用户学习和探索提供了足够高的容错性。用户可以通过虚拟孪生体、模拟工具等实现对事物的创意,还可以通过调用、修改和分析网端数据对虚拟孪生体进行验证、优化和升级。可见,DT 技术应用于图书馆创客空间,可以提高用户学习效率,拓展用户学习广度和学习深度,培养用户的创新创造精神。

四、作为评估工具,构建用户画像,提供精准服务

依赖于馆员的经验、认知或评价量表的传统用户评估,往往效度不高。而通过 DT 技术的算法分析,图书馆可以客观准确地掌握用户的认知水平、兴趣偏好等数据,这不仅可以让用户更好地认识自我,还可以让图书馆从更丰富的维度去了解和评估用户。例如:图书馆可以在获取和分析用户动态数据的基础上构建用户画像,对用户行为进行预测并提供适宜的图书馆资源和服务;同时,图书馆还可以通过构建用户孪生体,对各种资源、服务和活动进行全方位模拟,以检验其对用户的适用性,并通过智能决策进行优化。

五、构建馆员孪生体,辅助图书馆在线学习支持服务

建设图书馆服务平台旨在为用户提供良好的线上体验和互动平台,而这为 DT 技术重构图书馆的远程服务环境提供了良好的实践基础。首先,图书馆的咨询馆员等可以通过虚拟化身与用户进行多场景的实时互动,提高用户体验。其次,图书馆的知识资源可以依据不同情境在用户之间流动共享,通过实时响应的智慧化知识服务帮助用户建立个性化的知识体系。最后,DT 技术可以对不同用户进行动态拟像分析,帮助用户获取适切的知识和技能,并将其同步上传至图书馆服务平台进行记录,从而优化图书馆的在线学习支持服务。

六、高拟真还原古籍等文化遗产,强化图书馆场馆学习功能

文化遗产的数字化和数字人文是图情领域的研究热点之一,而对古籍等文化遗产的保护性开发是图书馆的重要工作。DT 技术的有效运用,可以帮助图书馆更好地再现文化遗产的物理属性,并有效融合遗产、人和环境等因素,生成虚拟的场景和空间,从而避免对实体的直接使用。同时,实时收集的动态数据形成的孪生体,可以用来测试文化遗产的生命周期,有助于文化遗产修复和还原。另外,图书馆还可以利用 DT 技术构建历史虚拟空间的镜像体,这种具身化的沉浸式体验,可以帮助用户更好地了解相关知识,体验历史场景,进而强化图书馆的场馆学习功能。

七、构建全息信息素养教育孪生课堂,提升用户信息素养

DT 技术的虚拟共生特征,可以帮助孪生体与实体之间、孪生体之间、实体之间实现实时的交流反馈,促进多主体间更加高效的协同合作。随着信息技术的快速发展,图书馆信息素养教育的方式也逐渐多元,信息素养教育已经可以嵌入用户的非正式学习当中。目前,图书馆信息素养教育仍然面临用户学习效率不高、互动性不足、内容更新慢、反馈不及时等挑战。而通过 DT 技术对数据实时获取和动态分析,图书馆可以定制情景化的信息素养教育课堂。例如,通过传感器技术和 VR/AR 等技术快速构建"信息素养教育孪生课堂",从而实现现实课程和虚拟课程的互联互通,营造出令人愉悦的个性化智慧图书馆教育环境。

第三节 图书馆数字孪生技术应用案例

上海市长宁图书馆馆员孪生体数字人小姐姐"馨叶"

利用 AI 加数字孪生能力打造的上海市长宁图书馆专属数字人"馨叶",可以根据读者以往的借书喜好向读者推荐馆内新书。AI 数字人是基于人工智能的多模态人机交互系统,能自主交互问答,智能辅助对接各种流程系统;是打造的未来行业数字员工,能实现 24 小时自动化工作服务,满足技术创新需求,助力城市数字化转型。

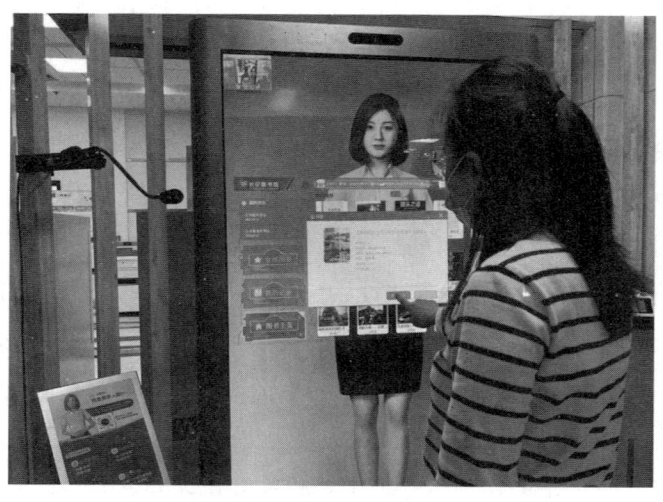

图 12-1 长宁图书馆数字人小姐姐"馨叶"

第十三章 区块链技术——去中心化的图书馆联盟管理

第一节 什么是区域链

区块链(blockchain)并不是一种单一的技术,而是由多种技术组成的集合体,它的思想最早起源于 2008 年中本聪(Satoshi Nakamoto)发表的奠基性论文《比特币:一种点对点的电子现金系统》。人们对"区块链"的定义各不相同,这些定义可以分为狭义和广义两个层次。狭义的区块链指的是一种数据结构。它按照时间顺序将数据区块以链条的方式进行组合,并以密码学方式保证其不可篡改和伪造,从而形成一个去中心化的共享账簿(decentralized shared ledger)。它能够安全存储简单的、有先后关系的、能在系统内验证的数据。广义的区块链指的是一种去中心化的基础架构和计算范式。它利用上述的加密链式区块结构来验证与存储数据,利用分布式共识算法来生成和更新数据,利用自动化脚本代码(智能合约)来对数据进行编程和操作。从应用频率看,目前广义的区块链概念使用得多一些。

一、区块链基本概念

(一)数据区块

区块链本质上是分布式存储系统。就存储结构而言,数据区块是以区块为单位的链状数据块结构,是区块链的基本构成单元。数据区块由包含元数据的区块头(header)和区块体(body)组成。区块头包含很多数据,主要有版本号、前一区块的哈希值、当前区块工作量证明的目标难度值、当前区块的生成时间、用于工作量证明算法的随机数以及用于验证区块体交易的默克尔树树根(用于有效总结区块中所有交易的数据结构)。区块头保存着各种用于连接上一区块的信息、各种用来验证区块的信息以及时间戳的信息。

区块体,就是交易列表(list of transactions),包含该区块中所有的交易信息,包括创币交易(coinbase trading)和常规交易。如果把区块链简单地看成一个数字化的全网共享的账本，它记录并反映了包括与买卖、交易、缔约、履约等各节点账目交易往来相关的信息，并以数据加密的方式存储起来，那么从物理视角而言，当我们把这一账簿分解成一页一页的碎片时，每一个碎片上都存储着一段时间内前续节点交易过程中个人和社群上所有参与者的相关交易信息。这样的碎片可以看作一个数据区块。

(二)链式结构

链式结构是一种存储数据的结构。在这种结构下，数据链上的每一个节点都会包含指向前一个节点和后一个节点的指针。这种存储结构不要求完整的内存，可以在碎片化的内存中存储，因而对内存的使用效率较高。顾名思义，区块链就是由区块串联而成的链。在这条链上，每一个节点就是一个数据区块。和一般的链式结构一样，每一个区块中，除了包含其自身记录的信息，还包含指向前驱区块和后继区块的指针。不同的是，这些指针是用哈希值来表示的。利用这种方法，区块链可以将一系列区块按照时间顺序串联起来，除了第一个区块和最后一个区块，其他区块都只有一个前驱区块和一个后继区块。任何一个区块与第一个区块之间的距离被称为这个区块的"高度"。

由于每一个区块中都保留了前、后区块的哈希值，因此，如果要修改某一区块链上的数据，就会"牵一发而动全身"，导致其后续所有区块上的数据发生变化。正是这种性质决定了区块链上的信息很难被篡改。

一般来说，链式结构存储的数据是单一的，但在某些情况下，链条会产生分叉。例如，在比特币网络中，当多个"矿工"共同"挖矿"时，可能会出现不同"矿工"在同一个父区块上挖出不同子区块的情况，这就可能造成原本单一的链条产生分叉。一般来说，最终只会有一个子区块得到确认，并最终被接入主链。

链式结构是区块链的基础设施。其中通常包括两个子协议，分别为最长链原则和激励原则。最长链原则，即将网络中最长的链视为正确的链条，要求"矿工"一直在最长链上"挖矿"。"矿工"在接收一个新区块时，必须停止当前的"挖矿"过程，验证新区块是否有效，否则无法保证自己始终在最长链上工作。区块等待的数目是按照概率计算的，链条的长度越长，链条被推翻的难度就越大。在激励原则中，最先按照规则生成区块的"矿工"将获得代币奖励和区块中所有交易的交易费。

(三)共识机制

所谓"共识",指的是不同群体所寻求的共同的认识、价值、想法等,在某一方面达成一致意见。共识机制就是确定达成某种共识和维护共识的方式。在区块链中,共识机制本质上可以理解为控制参与方数据的一致性。区块链系统的核心是区块链账本数据的维护。由于区块链采用的是分布式的P2P网络,因此在各节点分别记账时难免会出现内容不一致、时间不一致等问题。甚至在一些情况下,一些节点的用户会人为造假、篡改信息。在这样的背景下,就需要一个共识机制来对各节点进行验证,以保证对外提供一份统一的账本。在区块链中,有多种可供使用的共识机制。作为区块链的一个重要组件,共识机制必须具有两个性质:(1)一致性,即这个机制应该能保证所有诚信区块链所保存的区块链的前缀部分完全相同;(2)有效性,即由某诚实节点发布的信息终将被其他所有诚实节点记录在自己的区块链中。在满足一致性和有效性的前提下,还要从安全性、扩展性、性能效率和资源消耗四个维度综合评价共识机制的优劣。

区块链中的共识机制有很多。常见的几种共识机制包括POW机制、POS机制和PBFT机制等。

1. POW机制

POW机制,即工作量证明(proof-of-work)机制。其基本思想很简单,即只有完成一定工作量的节点才能担负记账的工作。这样就可以大幅增加恶意节点进行干扰的成本,让它们没有激励进行干扰。

2. POS机制

POS机制,即权益证明(proof-of-stake)机制。POS机制的原理类似于股份制。正如在公司中谁拥有的股份越多,谁就越具有话语权一样,在采用POS机制的区块链中,谁的权益质押(在"链圈",这通常被称为staking)越多,谁的话语权越大。具体来说,在POS机制中,有一个"币龄"(coin age)的概念,它等于用户在这个系统中拥有的"币"乘以将"币"存在系统中的时间。和POW机制类似,在形成共识的过程中,系统也会向各个节点分发随机的挑战任务,然后根据解决问题的先后来决定最终的记账者。所不同的是:在POW机制中,每个节点所分摊到的任务的预期难度是一致的;在POS机制中,"币龄"越高的节点所分摊到的问题会越简单。这样一来,那些高"币龄"节点获得记账权的概率自然也就越高。我们知道,在现实中,一个股东在某公司的股份中所占的比例越高,其利益和公司利益之间的捆绑就越紧密,因此他越关心公司的盈利。同样,POS机制将记账权交给拥有高权益的用户,也可以实现他们与区块链之间的利益捆绑,从而让他们更有动力确保记录内容的真实性。

3. PBFT 机制

PBFT 机制即实用拜占庭容错机制(practical Byzantine fault tolerance)。PBFT 机制的验证过程包含三个阶段:预准备阶段、准备阶段和确认阶段。假设在系统中,总节点数为 N 个,"拜占庭节点"有 f 个。在预准备阶段,由主节点发布包含待验证记录的预准备消息。接收到预备消息后,每一个节点进入准备阶段。在准备阶段,每一个节点验证其正确性,将正确记录保存下来发送给其他节点。直到某一个节点接收到 2f 个不同节点发送的与预准备阶段接收的记录一致的正确记录,该节点才向其他节点广播确认消息。然后,系统进入确认阶段。在确认阶段,直到每个诚实节点接收到 2f + 1 个确认消息,协议才终止,各节点对记录达成一致。

在去中心化的情况下,利用 PBFT 机制可以实现区块链的一致性,剔除多余的计算量,避免资源浪费。此外,在 POW 机制和 POS 机制中,不同节点都可以提出新区块,因此在一定情况下可能会出现分叉问题;而在 PBFT 机制下,只有一个节点可以提出新区块,因而不会出现分叉问题。

(四)智能合约

智能合约无疑是区块链技术的重大贡献之一。比特币系统的主要目的是在交易输出中实现资金锁定,在后续交易输入中进行解锁,可以由各节点自行验证,为此设计了脚本机制,由虚拟机执行脚本代码来自动完成验证过程。受此启发,区块链发展出智能合约技术。智能合约运用区块链定义的一套链上代码进行编程,将合约(即交易、合同、协议等)双方或多方经约定需要遵守执行的条款用代码形式固定下来,这样,当约束条件满足后,对应操作(如转账)就可立即履行。简单的例子是"甲方于某日向乙方付款某元",一旦该代码上链,则该日期一到,代码执行结果即为"通过",那么付款就自然成立了,也就意味着乙方收到了款项(乙方可动用这笔资金了)。智能合约最重要的意义在于让合约执行尽可能排除人为因素干预,防止拖延、毁约等常见现象发生,同时让合约自动化操作。但现实世界的合约条款往往非常复杂,将其代码化不啻为一项严峻的挑战。另外,代码化后的合约是否完全反映合约条款内容、是否存在技术漏洞而可能被非法利用或破坏、是否存在逻辑缺陷而无法通过验证、是否具有法律约束力等,都是智能合约面临的问题。

二、区块链的关键特征

区块链作为计算机技术在互联网时代的创新应用模式,具有以下关键特征:

(一)去中心化。区块链数据的验证、记账、存储、维护和传输过程都是基于分布式系统结构,采用纯数学算法而非中心机构在分布式节点之间建立信任关系,实现基于去中心化的点对点交易、协调与协作,从而为解决中心化系统普遍存在的高成本、低效率和数据存储不安全等问题提供了全新的解决方案。

(二)去信任化。区块链技术用其规则加持信用,将契约机制转化为由参与者共同维护的共识机制。英国的《经济学人》杂志曾经将区块链技术称为"信任机器"(trust machine),其含义为区块链可以像机器生产产品一样,自动化地生产人对数据的客观信任。

(三)极难篡改。区块链节点账户均可参与交易数据的记录和存储,共同维护交易数据库。数据一经写入区块链,任何人都极难对数据进行修改。

(四)可追溯性。区块链采用了带有时间戳的链式区块结构存储数据,为数据增加了时间维度,具有很强的可验证性和可追溯性。

(五)数据安全性。区块链采用非对称密码学技术对交易各方的敏感信息进行加密,仅有权限节点才能访问或使用。同时,区块链借助零知识证明、同态加密等密码学工具,以及分布式节点的共识算法形成的强大算力来抵御外部攻击,可以保证数据具有较强的安全性。

(六)信息透明性。区块链数据对参与者公开,数据信息高度透明,所有的数据操作行为都是可见、可追踪的。

(七)信息保护性。区块链不要求交易主体公开身份,从而让用户的信息得到良好的保证。

(八)可编程性。区块链技术提供灵活的脚本代码系统,支持用户创建高级的智能合约或其他去中心化应用。用户可以通过建立智能合约将预定义的规则和条款转化为可以自动执行的计算机程序,从而解决传统合同中存在的高执行成本问题。

三、区块链的关键技术

区块链是一种可信计算技术,实现可信的存证、可信的交易。要想在对等网络基础上构建可信的计算体系,就要把区块链的一些关键技术作为支撑。如果要在众多的重要技术中选择最基本的两项,那就非"链"和"共识机制"莫属。

首先是链。对链的准确理解是数据间的相互关系。链的具体实现技术主要是单向函数,生成数据的"校验码",并且把校验码存放到另一区块或另一部分,链接关系由此形成;另一种链的实现技术是数据锁定和解锁,构成呈递验证关系。

其次是共识机制。工作量证明方法服务于共识机制,使节点的"工作成果"来之不易且可衡量、可验证,又使全网达成一致的数据集,同时巧妙地形成区块之间的链。区块链协议也是服务于共识机制的,用于节点间传递区块等信息。

链和共识机制合力防范数据的篡改或伪造,成为可信计算的两个支点。在此基础上,数据就可以可信存储,可以采用代码方式自动执行,智能化地排除人为因素干扰,进行可信验证。

四、区块链层级结构

(一)数据层(data layer)。数据层主要描述区块链的物理形式,是区块链上从创世区块起始的链式结构,包含区块链的区块数据、链式结构以及区块上的随机数、时间戳、公私钥数据等,是整个区块技术中最底层的数据结构。

(二)网络层(network layer)。网络层通过P2P技术实现分布式网络的机制,包括P2P组网机制、数据传播机制和数据验证机制。区块链本质上是一个P2P的网络,具备自动组网的机制,节点之间通过维护一个共同的区块链结构来保持通信。

(三)共识层(consensus layer)。共识层主要包含共识算法和共识机制,能让高度分散的节点在去中心化的区块链网络中高效地针对区块数据的有效性达成共识,是区块链的核心技术之一,也是区块链社群的治理机制。目前有数十种共识机制算法,包含工作量证明、权益证明、燃烧证明、重要性证明等。

数据层、网络层、共识层是构建区块链技术的必要元素,缺少任何一层都不能称为真正意义上的区块链技术。

(四)激励层(actuator layer)。激励层主要包括经济激励的发行制度和分配制度,其功能是提供一定的激励措施,鼓励节点参与区块链中安全验证工作,并将经济因素纳入区块链技术体系中,激励遵守规则、参与记账的节点,并惩罚不遵守规则的节点。

(五)合约层(contract layer)。合约层主要包括各种脚本、代码、算法机制及智能合约,是区块链可编程的基础。将代码嵌入区块链或通证中,实现可以自定义的智能合约,并在达到某个确定的约束条件的情况下,无须经由第三方就能够自动执行,这是区块链去信任的基础。

(六)应用层(application layer)。区块链的应用层封装了各种应用场景和案例,类似于个人计算机操作系统上的应用程序,互联网浏览器上的门户网站、搜索引擎、电子商城或是手机端上的App,将区块链技术应用部署在如以太坊、EOS、QTUM上并在现实生活场景中落地。

激励层、合约层和应用层不是每个区块链应用的必要因素,一些区块链应用并不包含这三层。

五、区块链类型

区块链有三种类型:公有链、私有链、联盟链。

(一)公有链(public blockchain),简称公链,顾名思义就是所有人都可随时加入、随时离开,主要计算机安装该区块链的软件即成为一个节点,甚至可以参与挖矿,没有准入门槛。公链通常以虚拟货币为主要业务,技术上通常依靠互联网开源社区里的软件高手们来维护,但也有企业专业从事公链技术开发和运营。

(二)私有链(private blockchain),简称私链,与公链相比,是另一个极端,只有单位内部可以使用,外人免入。比如,一个单位为自身业务的需要,独立建设和维护一条区块链,往往需要较强的技术和经济实力作为后盾。

(三)联盟链(consortium blockchain) 的准入要求介于公链和私链之间,可以由多个单位(如协会成员)共同建设、拥有和维护。三种类型的区块链中,联盟链最适用于我国利用区块链技术来支撑行业应用的发展策略。联盟链可由多个单位(如行业协会、联盟)共同发起建设,新成员单位可以在现有成员邀请或同意(也属于共识)后加入。新成员单位有义务独立部署一到多个节点,这样,联盟链规模就随成员数量增加而扩大,有利于保障存证信息的可信度。为提高系统的上链速度、提升交易吞吐量,联盟链不一定采用全网共识机制,而是可以静态设定或动态选举一些核心节点,构成稳定的核心网络,由核心节点进行共识出块,全网其他节点则进行共识验证。高性能核心节点同时可承担全链区块存储、链下数据存储等职能。核心节点、共识节点与轻量节点一起构成联盟链的三层节点网络,可以发挥各层次节点的作用、降低整体投入成本,并保持系统运行的高效率。此外,各加盟成员可依靠联盟链运行独立的区块链,相对于联盟链的"主链"或"母链",生成多条"子链",构成"母子链"结构。子链的创世区块及后续部分区块可以在母链上进行锚定,以强化子链存证数据的可信度。母链和子链间还可以进行跨链业务。这种模式充分共享了联盟链节点资源、技术资源和系统资源,同时满足了联盟成员的个性化需求。

(四)跨链技术(cross-chain)是实现不同类型区块链之间互联互通的技术,若对标互联网则可理解为"去中心化网络的结合"。区块链技术的特性使得跨链技术的落地,以及对链外信息的获取都非常困难。早期跨链技术以 interledger protocal 和 BTC Relay 为代表,更多关注资产的转移;现有跨链技术以 Aion、Kyber Network、Bletchley、Polkadot、Cosmos 为代表,主要看重的是跨链基础设施。

六、区块链的未来:织链成网

回顾互联网技术发展史可以发现历史有着惊人的相似之处:早期的计算机网络是一个个独立的局域网,然后逐渐互联成为更大的通信网络。计算机网络并没有孕育出超级通信网络服务,相反,去中心化的互联网协议取得了巨大的成功。我们有理由相信,区块链也会朝着类似的趋势发展。

在如何实现跨链互联互通方面,目前各家在技术解决方案上也是八仙过海、各显神通,但基本的设计和目的是类似的。有趣的是,这些不同的跨链技术本身都体现出对其他技术的互联互通性,理论上它们是互相兼容、可以连接起来的——这与传统的"公链"们各自为政形成了鲜明对比。以 Tendermint 团队为核心团队开发的跨链项目 Cosmos 定义了链间通信协议(inter-blockchain fommunication,简称 IBC)。该协议允许使用 Cosmos SDK 开发的具有相同结构的区块链以及代理(遵守原链和 IBC 通信标准)以 Zone 的形式与 Hub 这一中间枢纽连接通信,实现链与链互联互通,最终形成宇宙星云式链网结构。Polkadot 在 Cosmos 之后出现,可能受 Cosmos 启发,其设计有类似之处。由于 Hyperledger Fabric 的主要定位是企业联盟链的场景,因此常常被人忽视。但是 Fabric 的设计思路相当超前,当各家公链还在喧嚣之时,Hyperledger Fabric 就体现了多链交错设计的特色——从"Fabric"这个名词可以看出。不过,由于 Fabric 的设计目标是联盟链环境,多链主要体现在其中一个应用采用 Channel 的方式来切分多条链的设计,因此并没有重视跨链通信问题的解决。ArcBlock 的 ABT 链网与前述设计不同,采用的是独创的三维稀疏矩阵的组网思路,所有的链都是平行空间。用去中心化身份和可编程通证(programmable token)来巧妙地实现链与链的互联和通信。在 ABT 链网中,链和链之间的通信不需要通过任何中间人的中继(relay)或集线器(hub)进行,更为中心化,组网更为自由。

多链互联设计的另一个显著优势是不再需要区分"私有链""联盟链""公链",不必陷入许可链(permissioned chain)和无许可链(permissionless chain)这些名词之争。当各条链可以有效互联时,必然有一部分是公共的,有一部分是私有的或者联盟的,必然有需要许可的和无须许可的,恰如今天的互联网一般。

第二节 区块链技术在图书馆中的应用

一、区块链促进图书馆公共文化服务提档升级

公共文化服务作为政府公共服务的重要内容之一,其核心是要保证公民的基本文化权利,即参与文化活动、享受文化发展成果、文化创造以及文化创造成果得到法律保护的权利。数字图书馆是现代公共文化服务体系的重要组成部分,也承担着为公众提供公共文化服务和终身教育的职能和使命。区块链具有开放性、数据不可篡改以及扁平化等特点,可以有效促进图书馆公共文化服务中各类服务资源(人员、技术、数字文献等)、服务主体(馆员、志愿者等)、服务客体(读者等)的有机融合,促进跨地域、跨行业机构的优势互补,消除图书馆公共文化服务建设中的区隔性,发挥协同效应,以有效控制服务成本、提升服务效能、提高资源利用率和公众对图书馆的认知度。

二、区块链技术可以保护知识产权

(一)助力机构知识库知识产权保护

机构知识库的知识共享基于大量科研数据,若科研人员或学者担心自己的科研数据和学术成果被不正当使用,担心知识产权受到侵害,则不愿上传和分享自己的科研数据和成果。而现有的解决措施主要是制定严格的知识产权条例或事先签署授权协议书等,对知识产权的保护力度不够。若能在技术层面解

决相关问题,则可加大知识产权的保护力度。通过区块链验证和数字公证,可以打造一条有效的证据链。区块链上的信息一经写入就无法篡改,这也为上传科研数据的学者提供了不可篡改的数字化证明。此外,所有的版权信息都是公开透明的,可被查询、可被追溯、可被应用,便于在遇到版权问题时进行查阅和举证,以有效维权。这同时也杜绝了抄袭现象,因为一旦出现该现象,记录会被永久保存。

(二)促进机构知识库数据开放与个人隐私保护

机构知识库数据获取的便捷程度与用户的使用体验和参与的积极程度具有一定的正相关性,机构知识库若一味地设置权限,对数据的开放权限加以限制,则违背了建库的初衷,这一问题可以通过区块链技术的身份验证加以解决。对于尤其注重隐私保护的电子健康档案,基于区块链技术可设置多个电子签名授权机制权限,使相关数据无法被非法篡改,从而有效保证健康数据的安全保存。这同样适用于科研数据开放涉及的个人隐私保护问题,上传的科研数据和学术成果存储在区块链上,采用哈希算法进行密封和加密生成私钥和公钥,不仅可以进行单私钥或多私钥的设置,而且可以添加时间和空间维度。同时,数据的开放权限不应由图书馆决定,而应由上传数据者依据不同数据的重要程度自行选择全部公开、全部加密或者仅向部分用户公开等。

(三)解决机构知识库的去中心化问题

去中心化已成为区块链技术的一个标签,然而没有绝对的去中心化,应辩证地看待区块链的去中心化问题。以太坊创始人维塔利克·布特林(Vitalik Buterin)把去中心化分为三个层面考虑:架构层面、政治/决策层面和逻辑层面。他认为区块链在架构层面和政治/决策层面是去中心化的,但在逻辑层面是中心化的。架构层面的去中心化,更准确地说是分布式的,而逻辑层面的中心化指的是 global ledger,即统一数据库统一记账。但决策层面并非必然去中心化,具体取决于决策制定的规则。也有学者提出非中心化的机构知识库系统。对于机构知识库而言,图书馆是辅助者、参与者,主体应是上传数据的人与使用数据的人。传统意义上图书馆在机构知识库的建设中具有协调管理、宣传推广等作用,而区块链技术使群体自治性更为突出,对于图书馆的管理权限有所削弱。

三、区块链技术可以实现公共图书馆联盟资源共建共享

现有的区块链技术可以让公共图书馆以联盟链的形式在多方面实现多种

资源的建设和共享。其中联盟链是一种相对于公有链和私有链而言的注册许可型区块链,仅限联盟成员参与(需要知道节点的数量和对应的公钥),且链上的读写权和参与记账权要按联盟规则来制定,联盟链的整个网络由成员机构共同维护,网络基本通过成员机构的网关节点接入,共识过程则由预选节点控制,节点之间可以实现资源与信息的共享。目前,比较有代表性的联盟链框架平台有 Hyperledger Fabric、FISCO BCOS 和 CITA 等。Hyperledger Fabric 提供的是一种独特的可伸缩、可扩展架构,结构高度模块化,使诸如共识协议和会员服务等组件可即插即用,并且支持通用编程语言编写智能合约,支持权限管理和多链结构,可以适应不同行业使用。FISCO BCOS 和 CITA 在智能合约上支持的是 EVM 和预编译合约,并分别引入群组和侧链技术,同时支持并行化交易,虽然在链间通信上仍然有可优化空间,但在节点扩展性和安全性上还是有较大的优势。目前,联盟链在金融、物流、制造、公益等行业都已经有所应用。公共图书馆通过联盟链的建立也可以更好地实现多项服务,具体包括以下几个方面。

(一)数字资源共建共享。由于区块链的分布式架构和可追溯性可以解决图书馆数据共享时的安全、成本等问题,且在链内各馆节点上的资源信息和用户行为都有共识机制互相监督,出现问题的节点会进行失效处理,因此,公开、透明的体系使各馆注册节点经 P2P 端口网络准入后可以按照链内的管理规则上传各自拥有的数据库资源,包括本馆具有地方特色的数字资源。例如,国家图书馆拥有的各类中外文献数据库资源(知网、维普、数字博看、国图公开课、ProQuest、EBSCO、Springer Link 等)、特色馆藏数字资源(晚清及民国中外期刊、甲骨、石刻拓片影像、敦煌写卷等)都可以通过与 channel 端口连接的控制台或客户端 SDK 分批分类别上链,链内各馆成员则根据自身节点权限和需求进行下载。这样一方面可以避免同样数字资源的重复购买;另一方面对于一些成本较高的数据库,各馆可以从分享的节点上根据智能合约线上协议支付较低的费用直接获取使用权限,在其他授信组织不提供信用支持的条件下也可以进行,改变了传统依赖中心服务器的版权许可机制,而且数字资源加盖的时间戳和非对称加密使其对数字版权的追踪和保护也更加方便。除此之外,公共图书馆可以利用区块链去中心化的环境和智能合约技术直接与知识产权所有人进行沟通并购买资源,绕过了相关中介,解决了以往"打包式""捆绑式"销售的问题,节约了成本,并且有利于资源结构的合理化。同时,公共图书馆还可以结合云计算的 PAAS 平台应用将各项数字资源进行整合,直接形成自身的数据库,在联盟链节点内上传,这样可以形成多元化市场竞争以减少垄断。由瑞士 DECENT 基金会创立的 DECENT GO 就是运用区块链技术开发的一款开源非营利数字内容分发平台,对用户免费开放,致力于重塑在线出版业的数字内容分发。而且,区块链的分布式存储模式不仅可以降低各馆数字资源的建设和维护成本,还能最大限度地避免网络攻击或意外事故造成的数字资源丢失或篡改。

(二)纸质资源共享管理。目前,纸质资源依然是公共图书馆建设的主要资源,纸质图书的采购和借阅仍然有需要改进和提高的地方。一直以来,不同公共图书馆的纸质资源因各馆差异和文化倾向不同而有所不同,如何更好地丰富馆藏资源、合理配置馆藏类别,一直是图书采购中需要权衡的问题。而通过图书馆联盟链的建立,各馆可以上传分享各自的馆藏采购数据,了解各馆馆藏设置情况,取长补短,分析自身馆藏建设存在的不足以及需要丰富的馆藏类别和不同专业的好书,包括一些地方特色优质文化图书。这样不仅能快速便捷地丰富馆藏,而且通过内部交流还提高了图书采购人员在不同专业书籍选择方面的知识素养,对日后图书采购质量的提高有所帮助。除此之外,供货商代表也可以加入联盟链,定期将各出版社出版的新书进行分类推荐,方便各馆直接参考选购。受地理条件限制,纸质图书目前只能在同城之间实现一定程度的借阅流通,而区块链技术会进一步提高一定地理范围内图书借阅的流通性。用户可用借阅证通过注册馆的端口在链内搜索同城的馆藏资源,并将自己的公钥在链内发布。处于可借状态的图书,用户可向所在馆发出申请;而处于在借状态的图书,用户可直接向在借者预约,申请通过或预约成功后,所在馆和在借者将经过数字签名的加密借阅码发给用户,该借阅码可与所借图书的 RFID 标签进行识别。用户解密后可用借阅码直接在网上完成借阅,在规定期限内到指定位置直接拿走图书即可。对于用户申请的审核、借阅规则的实行和借阅码的发送等,各馆可以通过建立智能合约借阅管理系统的方式实现。在借阅过程中,除了用户借阅证,还有私钥公钥的加密,这样既可以防止用户借阅证丢失、被他人冒用,又可以追溯整个借阅、归还、超期、损坏赔偿流程,图书馆只需做好监管和后期维护工作就可以,这样在提高图书借阅流通便捷性的同时也提高了安全性。

(三)用户资源分析与共享。2018年,360平台发布了基于区块链的安全共享云计划,平台将闲置的带宽资源、计算资源和磁盘空间,利用360共享云平台供有需要的人使用。用户可以通过贡献带宽流量和内存空间获得360云钻奖励。同样,用户一直以来都是图书馆提供服务的对象,却较少参与到图书馆的共享和建设中来,而联盟链的建立可以让用户创建自己的哈希地址作为账户,通过所在图书馆节点把自己的读书心得、学习资料和方法、数据资源使用体验、服务改进建议等分门别类地上传、分享。读书心得和数据资源使用体验可以给其他用户起到推荐、引导的作用,而学习资料和方法可以为不同专业的学习者提供帮助,服务改进建议则有利于图书馆接受用户反馈意见,不断提升服务。对于用户分享的内容,可根据其他节点的下载和浏览量进行排名;对于排名靠前的用户可给予一定的奖励,且整个共享、奖励过程都可记录上链,确保公开透明。除此之外,用户在借阅、办证、资源使用和参加活动中形成的大量数据,可以利用数据分析工具(如Excel、Power BI、QlikView、ChartBlocks等)进行导入整合,从中得出不同群体的需求、偏好、借阅规律和时间高峰等,总结后可分享到链内供各馆参考和利用。而且区块链的匿名性和可追溯性,可以形成较好的用户共享信用系统,并保护用户的隐私和知识产权。

第三节 区块链技术应用于图书馆建设的策略

一、加强图书馆区块链应用的顶层规划

在国家层面,应当尽快出台区块链技术在公共文化服务领域的政策指导文件,从运营管理机制、技术应用策略、组织协调机制等多方面制定相应的规章和细则,充分调动相关机构的职能作用和资源优势,协同推进区块链在公共文化服务领域的应用。同时,应当加强与已出台的现代公共文化服务体系建设政策、国家大数据战略、"互联网+"行动计划等相关政策衔接,以确保相关政策的统筹规划。按照信息技术的发展规律,充分发挥区块链技术优势,建立区块链在图书馆行业应用的管理体制和运行机制,促进多渠道的合作共建和成果共享。各地应研究智慧图书馆公共文化服务领域区块链技术应用、数据产权、权益分配等重大问题,制定并出台配套的政策和措施,以吸引并引导当地图书馆

结合实际条件,将区块链的应用纳入本机构的发展规划。

二、完善相关标准规范的建设

推进智慧图书馆区块链应用标准体系建设,对区块链的基础标准、系统可信互操作标准、数据开放标准、数据安全标准等制定相关标准与应用规范,以打通区块链的应用通道,推动不同部门、不同机构、不同层级间系统、数据的互联互通,提升区块链的应用效果,创造科学规范的区块链应用环境。

第三篇

未来展望篇

第三篇主要介绍图书馆智慧服务——图书馆向智慧图书馆转型发展的助推器。在未来发展进程中,图书馆将呈现出智慧服务的新趋势和新动向。与此同时,该篇还强调图书馆智慧服务发展的三大抓手,分别是人才、资金和技术。人才是图书馆创新服务需求提出和落地的关键,是图书馆智慧服务创新的源泉;资金是智慧服务项目得以实施的物质基础保障;技术是图书馆智慧服务发展的有力支撑。人才、资金和技术共同构成图书馆智慧服务发展的三大抓手,为图书馆向智慧图书馆转型发展提供强劲动力。

第十四章 图书馆智慧服务——智慧图书馆转型的助推器

第一节 图书馆知识信息服务智慧化是智慧社会建设的需要

党的十九大报告提出建设"智慧社会",从社会发展全局出发,进行城乡一体、"四化"同步的智慧化发展顶层设计。智慧社会中的基本公共服务,将有望通过网络化、平台化、远程化等信息化方式,增加覆盖面,提高均等化水平。为国家发展、社会进步、科技创新以及个人终身学习和全面发展提供智慧化知识信息服务,既是智慧社会建设的重要目标与内容,也是支撑其可持续发展的关键驱动力量。提供专业知识信息服务是图书馆的关键能力,利用智慧手段构筑立体化、全方位、广覆盖的知识服务体系,不断缩小城乡数字鸿沟和群体数字鸿沟,是智慧社会带给图书馆的机遇与挑战。智慧社会建设对图书馆知识信息服务能力提出了更高的要求。

一方面,数据资源蕴藏的巨大能量不断释放,信息与知识日益成为引领经济发展的引擎,政府决策、科学研究、企业发展乃至个人学习成长,都越来越依赖于数据资源的大规模聚集与交换,以及大数据挖掘与智能分析。这就要求图书馆必须突破传统的书刊报资源,将各领域的新型数据资源纳入馆藏,建立多元立体知识资源体系,并对其进行基于知识内容的精细加工与揭示,形成面向深度学习和智慧决策的知识图谱。

另一方面,全球经济加速向数字经济转型,出版机构、互联网平台运营商、数字技术服务提供商、社会化生产者等第三方主体竞相进入知识服务领域,在数字学术出版、网络文学创作、在线听书服务、知识社区运营等方面催生出新的知识服务产业链条。知识内容免费和付费获取相结合的多元消费生态加速形成,迫切需要图书馆以更加开放的姿态参与其中,更好地发挥知识信息服务中介功能。

智慧图书馆不仅是图书馆面向智慧社会建设、实现可持续发展的必然选择，更是一种面向未来的新发展理念。智慧图书馆的建设与发展必将引领图书馆行业进入崭新的发展阶段，以高质量知识服务，为国家创新发展和人的全面发展提供强有力的支撑。

第二节　智慧图书馆及其智慧服务创新

一、什么是智慧图书馆

智慧图书馆是集合了传统图书馆、物联网方案、云计算技术及智能化设备等多个模块，用智慧化的方式将这些模块集于一体的图书馆模式。它通过利用现代化的科学技术来改变图书馆用户、图书馆拥有的信息资源以及图书馆集成管理系统三者之间的交互方式，并通过信息技术的合理化来提高交互的针对性、灵敏性和反馈速度，从而实现图书馆业务服务和管理的智慧化目标。在物联网和人工智能等智能技术的驱动下，图书馆必然将从物理图书馆、数字图书馆转型，走向智慧图书馆。智慧图书馆成为未来图书馆发展的方向和新形态。

智慧图书馆是服务智慧化的综合体，由智能技术、智慧馆员和图书馆业务与管理系统这三个主体要素相互融合发展而成，是智能技术和智慧馆员作用于图书馆业务和管理体系所形成的智慧系统。其中：智能技术是实现智慧服务的途径和手段，包括物联网和智能代理等关键技术；馆员及其智慧是图书馆开展智慧服务和智慧管理的核心；优化的业务与管理是图书馆智慧发挥作用的基础条件。智能技术应用到图书馆业务与管理的各个环节和流程时，构成了包含智能楼宇管理、智能定位系统、智能采访、智能图书推荐、智能信息检索、智能信息咨询和智能情报分析等在内的智慧图书馆。当馆员智慧与智能系统相结合，将服务提供给用户时，智慧服务就应运而生。

二、智慧图书馆的特征

（一）信息共享。资源的价值取决于参与和分享，而不是稀有。信息共享是图书馆核心价值的一部分，图书馆馆员和其他信息工作者为图书馆用户提供各种媒体或格式的信息和想法的访问权限，提倡开放获取、开源和开放许可的原则。通过RFID物联网技术可以实现图书信息和用户以及图书馆管理人员的智慧互联,实现信息的共享。

(二)服务高效。智慧图书馆建设的突破口在于服务的高效性。现代技术的应用,使图书馆的整个管理流程更加便捷高效。RFID 管理系统的引入,让图书资料的盘点、管理和流通不用再投入大量的人力成本,可以花更多的时间及精力在智慧化服务上。随着图书馆的服务体量越来越大,智慧化的信息系统也让服务更高效——用户可以自助使用图书馆的服务,不受时间、空间的限制,为用户随时随地享受图书馆服务带来了便利。

(三)服务集成。智慧图书馆基于物联网技术、云计算技术建立整合集群管理系统,对图书馆知识及信息资源进行多次加工,提供高度集成化的信息服务,在各类文献之间、文献机构之间建立跨系统的应用集成、跨媒体深度融合、跨库网转换互通、跨部门信息共享的管理与服务方式。

三、智慧图书馆服务方式的创新

(一)图书采购模式多样化

预约订购或者到店采购这种传统的采购模式已经不太适应智慧图书馆的发展需求。大数据环境下,图书采购商和出版商通过开展"交互式营销"精准定位客户群,图书馆通过对图书借阅量的数据分析,直接针对出版商找准出版物,这使作者、出版商、读者的关系更加紧密,使图书馆图书采购工作越来越有针对性。特别是数字出版物的采购,可以不受限制地增加馆藏量,既节约了资源的采购成本,又完善了数字图书馆的馆藏容量,还能及时、快捷地向读者提供最新书籍。四川师范大学图书馆在图书采购方面采取多种方式满足读者需求:读者不仅可以到馆向老师推荐需要购买的图书,也可以通过图书荐构系统从后台向老师推荐图书,甚至可以自己购买需要的图书,直接把书拿到图书馆做好馆藏数据即可;图书馆不定期开展现场选书、即选即购活动;图书馆对图书借阅量进行数据分析,出版商根据分析数据有针对性地找准出版物,定期到馆进行图书展览,读者对需要的图书当场选购。

(二)新媒体服务广泛使用

图书馆传统服务向移动终端不断延伸。越来越多的图书馆开通微信、微博,开通第三方短视频服务等。具有丰富的多媒体性、便捷的可订阅性、个性化的海量信息、互动性、低成本以及 3A 特性的移动新媒体,将很好地应用于图书馆的公告通知、服务导航、检索阅览等信息服务中去,从而提高图书馆的服务水平。

（三）RFID 在图书馆的应用

随着大数据时代的到来，图书馆传统人工借还模式发生了改变，图书借阅不再需要人工操作，而是采用自助借还的方式由读者自己操作。RFID 技术又称为无线射频识别技术，是物联网的核心技术，广泛使用于智慧图书馆。它涵盖了多方面的功能，包括：基础应用，如自助借还、图书定位、馆藏盘点、门禁应用、可视化导航等；拓展应用，如智能书库、RFID 机器人智能预约书架、智能寻书器等。RFID 系统的使用，不仅方便了读者，也提高了工作效率。RFID 技术能够对馆藏图书精确定位，读者只需要在查询机上输入自己需要的图书，就能准确地知道图书处在哪一楼层、哪一区、哪一架的哪一层，这大大节约了读者的时间，而且也解决了图书的错架、乱架问题。

（四）建立多元阅读平台推广阅读

以纸质资源为主体的实体馆藏在图书馆资源中占有重要地位，因便于阅读，符合传统阅读习惯，故在读者的学习成长中具有不可动摇的主导地位，是大学生最重要的阅读对象。大数据环境下，图书馆创新各种阅读平台推广阅读，采用移动图书馆、电子读屏机、朗读亭等简便模式推广阅读；同时使用微博、微信来吸引广大读者；建立不同类型的 QQ 群、微信群、博客与读者互动，向读者推荐好书，定期收集读者阅读心得供大家共享。

（五）移动图书馆服务

移动图书馆服务是一种移动化的读者服务方式。读者可以采用电脑、手机扫描、下载阅读客户端（如超星移动图书馆）注册移动图书馆，只需要绑定自己的手机号码，利用卡号和密码登录图书馆，可以随时随地查询、搜索所需的信息资料。许多大学图书馆采用了"校内通""馆内通""室内通""公共 WiFi"无线上网技术，使读者的使用、查询空间无限扩大，进一步拓展了图书馆服务的时间和空间。近年来，"车轮上的图书馆"在各大城市不断涌现，政府及公共图书馆将大巴车、货车等改造成流动图书馆，配备各类书籍如小说、儿童读物、漫画书等，定期到街道、村镇设置停放点，方便读者在任一处停放点借阅或归还图书。

四、智慧图书馆服务内容的创新

图书馆利用大数据技术为读者提供全方位创新服务，是图书馆服务的重要内容。大数据时代，智慧图书馆围绕读者需求提供信息资源，实现了对读者借阅查询、阅读喜好、阅读需求、阅读行为模式、阅读社会关系等数据的收集整理，对收集的海量信息资源的科学管理、分析，真实地记录、存储用户的数字化轨迹，依照用户需求全方位、不间断、实时准确地推送信息资源。

(一)智慧检索服务

图书馆智慧检索服务是指缩小检索范围的同时，可以对检索内容进行分析预测，利用多个数据库、知识库、语义分析框架等进行学习模仿和推理，实现读者需求的智能检索。智慧检索的信息内容丰富而全面，能够显示检索内容的作者、年代、馆藏地、学科以及借还记录、借阅趋势。最为重要的是，检索的智能化，能够将整合的图书、期刊、报纸、多媒体资源及其他资料全部呈现给读者。大数据环境下，检索的方式也多种多样，包括简单检索、词条检索、多字段检索、全文检索。同时，图书馆与其他网站如当当网、豆瓣读书等网站进行链接互通，实现了一站式智慧检索。

(二)智慧参考咨询服务

智慧参考咨询依托专业数据库和虚拟参考咨询系统，对海量的数据进行分析统计，大大缩短了信息获取时间，能够为用户提供准确可靠的信息资源。图书馆智慧参考咨询有助于建立科学有效的教学评估机制，合理分配文献资源经费，能够为学校的教学、科研提供有效的数据支撑。由于用户科研需求的专业化、学科化和知识化特征越发显著，图书馆要不断打造泛在化、智能化和可持续的学科知识咨询和服务体系，以更好地服务于科研工作。

(三)智慧特色空间建设

随着5G网络、人工智能、边缘计算等现代信息技术加速迭代，人们越来越习惯于无处不在的智慧化生活、学习和工作场景，图书馆必须适应这一变化，利用数据化、智能化管理手段，为用户营造虚实结合、动态交互、沉浸式体验的知识获取与交流环境，最大限度地发挥图书馆作为文化空间的价值。

以借阅、藏书、学习为主的传统图书馆空间模式已经不能满足读者的需求，图书馆逐步向多元化发展，逐步为用户提供学习支撑、教学教辅、知识发现和文化传承等增值服务，而这些服务的载体就是创客空间。图书馆空间发展路径可以简单地表述为：信息共享空间—学习共享空间—研究共享空间—创客空间、主题馆。

随着图书馆信息化建设的不断深入，图书馆不再把焦点放在资源的时空限制上,而是更加关注如何提升用户的核心素养以应对"信息爆炸"社会。因此,我们认为:未来图书馆服务研究的重点不再是简单地提升用户素养和能力,而是在智能化技术支持的智慧图书馆空间中,重构图书馆的教学、服务以及用户的学习过程。在大数据时代,图书馆的发展正处在改革与创新的尖端,面临着巨大的挑战,同时也面临着发展机遇。图书馆的智慧服务和管理得到相应程度的发展,但图书馆在发展过程中要不断创新,以用户需求为驱动力,将新模式、新理念、新技术、新方法贯穿到图书馆的服务中,才能更好地为读者提供个性化服务,为教学科研服务,为社会服务。

第三节　图书馆智慧化转型的全局规划与顶层设计
——全国智慧图书馆体系建设

在技术和需求的双重驱动下,国内外许多图书馆积极应用智能技术,规划智慧空间、建设智慧场馆、创新智慧服务、推进智慧管理。这为我们在更大范围内进行图书馆智慧化转型的全局规划、顶层设计和统筹部署积累了经验,奠定了基础。为推动全国图书馆空间、资源、服务、管理的全面智慧化升级,使图书馆事业更好地服务于国家创新发展和公众学习阅读,国家图书馆提出全国智慧图书馆体系建设思路。

全国智慧图书馆体系建设将为5G、人工智能等技术提供生动的规模化应用场景,通过现代科技所蕴含的"技术智慧",大力提升知识服务的"图书馆智慧",以全面激活创新创造过程中的"用户智慧"。

智慧图书馆建设将推动实现各级图书馆业务工作及服务活动的全流程智慧化管理。例如:通过建设智能立体书库,支持馆藏文献的快速自动分拣与借阅流通,全面提升图书馆业务管理水平和服务效能;构建和部署基于大数据、人工智能等新技术的下一代图书馆管理系统,对图书馆资源、空间、设备、用户行为等数据进行动态采集与智能挖掘,实现对用户学习阅读需求的精准画像,为其量身定制个性化、智慧化解决方案。

智慧图书馆建设将推动实现知识内容的多元立体集成,形成国家级知识仓储。例如,将传统印本文献、口述历史资料、网络原创作品,乃至微信、微博、抖音等社交媒体信息,纳入知识仓储范畴,通过智能挖掘和语义关联,形成智慧化知识图谱,支持用户基于问题场景便捷地获取高质量知识资源,进行深度学习与创造。

在此基础上,我们将努力打造一个多元参与、互利共赢的知识"集市"。例如,通过建立多维知识服务平台,建立内容审核、资源加工、用户画像、知识供给、版权管理等运营管理机制,为知识生产者、服务者和消费者的知识活动提供全流程支持与服务。

智慧图书馆还可以为公众提供沉浸式阅读学习体验。例如:在各级图书馆部署无感借还、近场通信、智能问答等智慧服务系统,布设智能座席、智慧书房、虚拟现实/增强现实阅读舱等多媒体智能交互阅读场景,实现传统阅读学习方式的彻底变革;通过图书馆空间设施与用户智能终端的互联互通,为公众提供集知识内容、设施设备与技术工具于一体的阅读学习和协同创新空间。

面对基层群众文化供给不充分、不平衡的矛盾,智慧图书馆建设应更好地践行公共文化服务体系建设均等性、普惠性的要求。例如:通过建设覆盖全国的文献智能传递体系,依托社会化物流,支持城乡居民高效便捷地预约、借阅全国图书馆的书刊文献;在5G环境下,利用高保真全息影像摄录、零时差传输等技术手段,使百姓通过身边的智慧图书馆线下服务空间,远程获取与现场活动等质等效的公共文化服务体验;通过智慧化数据分析决策系统,支持文化主管部门基于对图书馆用户行为与服务数据的监测、分析,优化图书馆及基层服务网点的规划布局。

第四节 智慧图书馆应用实践案例

上海图书馆东馆(以下简称上图东馆)于2022年9月28日正式开放,总建筑面积约11.5万平方米,可提供座位近6000个,满足每年200余场讲座、上千场各类学术活动的文化需求。22个主题阅览服务空间、智慧文创区,以及散布在各楼层的团队研讨室、终身学习室等,可提供全年龄段、普惠均等,同时兼具精准化、个性化的公共文化服务。

智慧化贯穿上图东馆建设全过程,包括智慧建筑、智慧服务、智慧业务、智慧管理。上图东馆在国内图书馆界首创的全预约服务系统实现借还书、座位、活动、空间等智能化预约,并根据读者偏好进行个性化推送;24小时全天候自助借还系统可做到预约取书、不停车还书;搬运机器人、盘点机器人实现无人环境下的图书智能管理与服务,机器人馆员提供导引、借还、咨询等人机互动;首次引入按需打印,更好地满足读者个性化阅读需求。此外,上图东馆运用物联网、人工智能、AR/VR/MR等技术手段和信息发布系统、全媒体信息系统、室内导航系统等,将物理空间、虚拟空间与资源服务、信息服务紧密融合,增强读者的沉浸式阅读体验。

第十五章　图书馆智慧服务发展的三大抓手

图书馆智慧服务是图书馆人对读者工作的一种积极进取的自主选择，人才是图书馆智慧服务的创新源泉。图书馆智慧服务的发展依赖国家财政的稳定输出，资金是智慧服务项目的保障。智慧服务是图书馆在信息时代服务读者的一种或多种新理念、新能力与新服务方式，技术是智慧服务发展的支撑。

第一节　人才——智慧服务创新源泉

服务是图书馆存在的永恒主题。图书馆的智慧服务主要来源于图书馆馆员的人文智慧与图书馆馆员的知识储备、能力素质的应用，尤其是图书馆馆员的价值理念与职业精神的弘扬密切相关。智慧图书馆中高新技术的广泛应用，对图书馆馆员提出了更高的要求。它要求馆员不仅具有图书馆专业知识，而且需要具备较强的学习能力，能够熟悉使用物联网、云计算、人工智能、大数据分析、数字孪生等不断出现的新技术，为智慧图书馆的高效运行和智慧服务提供智慧团队支持。

图书资料专业人员是专业技术人才队伍的重要组成部分，是建设文化强国、培育文化自信的重要力量。我国立足服务科教兴国战略、人才强国战略和创新驱动发展战略，遵循图书资料专业人员成长规律，从制度化保障和专业化、智慧化重点培养两方面入手，打造结构更趋合理、能力素质不断提高的图书资料专业人才队伍。

一、深化图书资料专业人员职称制度改革，以制度保障图书馆人才队伍建设

2021年6月，人力资源社会保障部、文化和旅游部出台《关于深化图书资料专业人员职称制度改革的指导意见》（以下简称《意见》），围绕制度体系、评价标准和评价机制等关键环节，提出有针对性的改革措施。《意见》明确，要完善评价标准,把职业操守放在图书资料专业人员评价的首位,倡导爱岗敬业,提升服务意识,坚守道德底线。对剽窃他人研究成果等学术不端行为实行"一票否决制",对通过弄虚作假取得的职称一律予以撤销。实行分类评价,对于主要从事图书资料业务工作的"操作型"人员,着重考察其工作业绩,突出其实际操作水平和解决问题、创新方法的能力。对于主要从事图书资料研究工作的"学术型"人员,着重考察其研究能力,突出其学术水平、学术影响和应用效果。《意见》强调,建立以同行专家评议为基础的业内评价机制,提高职称评价的针对性和科学性。对所从事岗位研究属性较强的专业技术人员,以同行学术评价为主;对所从事岗位应用性和技术性较强的专业技术人员,引入用户评价、社会评价和所在单位评价。打破户籍、地域、身份、档案等制约,在非公立图书(资料)馆(室)从事相应工作的图书资料专业人员,以及在公立图书(资料)馆(室)从事相应工作的各类图书资料专业人员,可按属地原则申报职称评审,享有平等待遇。《意见》提出,对取得重大原创性研究成果或关键核心技术突破,以及为图书资料事业发展做出重大贡献的专业人员,放宽学历、年限等条件限制,直接申报评审高级职称。对引进的海外高层次人才和急需紧缺人才,可放宽年限等条件限制。对长期在艰苦边远地区和基层一线工作的图书资料专业人员,重点考察其实际工作业绩,不作论文要求,适当放宽学历和年限等要求。依照《意见》要求,全国各地陆续出台了图书资料专业人员职称制度改革实施办法。以下以《北京市深化图书资料专业人员职称制度改革实施办法》为例。

(一)《北京市深化图书资料专业人员职称制度改革实施办法》(以下简称《北京改革实施办法》)

《北京改革实施办法》遵循图书资料专业人员成长规律,以品德、能力、业绩为导向,以科学、分类评价为核心,以激发创新活力为目的,突出专业特点,优化职称评价目录,量身定制符合图书资料专业人员职业特点的职称评价标准。专业人员可以自选代表作参与职称评审。

北京市设置图书资料、群众文化、科学传播三个专业类别。其中:图书资料专业包括文献资源建设与管理、文献信息开发与利用、古籍整理与保护、参考咨询、阅读推广、行业合作发展等;群众文化专业包括群众文化活动、群众文化培训、群众文化研究、群众文化艺术创作、非物质文化遗产保护等;科学传播专业包括科学传播研究、科学传播内容制作、科学推广普及等。《北京改革实施办法》还建立了职称评审专业动态调整机制,根据行业发展实际需要,适时调整专业类别。

(二)图书资料专业人员可自选代表作参与职称评审

《北京改革实施办法》坚持把品德放在图书资料专业人员职称评价的首位,重点考察职业道德;突出评价能力、业绩和贡献,"干什么、评什么",按照不同层次、不同专业、不同岗位职责图书资料专业人员的特点和成长规律,合理确定评价重点。对于主要从事图书资料研究工作的人员,着重考察学术水平、学术影响和应用效果,突出研究能力和成果转化能力;对于主要从事图书资料一线业务工作的人员,着重考察工作业绩,突出实际操作水平和解决问题、创新方法的能力。

改革后,图书资料专业人员可将代表性成果作为职称评审的主要内容,代表作"不唯论文",包括研究报告、学术著作(译著)、标准规范、项目报告、专业教材、发明专利、发展规划、决策咨询报告、展览活动方案、创作成果、专业论文等。职称评审中,将重点关注代表作的质量、贡献和影响力。

同时,《北京改革实施办法》还建立了职称申报绿色通道,对取得重大原创性研究成果或关键核心技术突破,以及为图书资料、群众文化、科学传播等事业发展做出重大贡献的图书资料专业人员,放宽学历、年限等条件限制,可破格申报高级职称。

二、着力培育智慧馆员,人才队伍更趋专业化、智慧化

(一)优化源头:招聘复合型人才

智慧馆员既不是普通馆员,也不是行业专家,而是介于二者之间的存在,充当的是"桥梁"和"引路人"的角色,以提供智慧服务为目标。目前对绝大多数图书馆馆员在初次选拔时均看重"专业对口"和"学历"这两方面,门槛较高,但其在成功进入图书馆任职之后,环境氛围会变得宽松自由,这种"先紧后宽"的模式容易使人懈怠,安于现状,因此该方法并不适用智慧馆员。智慧馆员的初级选拔,可以放宽甚至摒弃对"专业对口"和"学历"两方面的要求,转而采取资格认定的方式,由国家有关部门组织统一的智慧馆员从业资格考试。考试内容包括图书馆学相关理论、现代信息技术、管理学、心理学等笔试内容,尤其要包括互联网、物联网、大数据、云计算技术、数据挖掘、人工智能等方面的知识内容。

(二)盘活存量:打造适应智慧图书馆建设的核心特质

智慧馆员是智慧图书馆中最重要的因素,是图书馆精神的动态体现。随着全国公共图书馆数量的增加,图书馆从业人员数量快速增长:2020 年中国公共图书馆从业人员数量达 57980 人,较 2019 年增加了 184 人,同比增长 0.32%。2020 年中国公共图书馆从业人员中具有高级职称人员 7053 人,约占从业人员总数的 12.2%;具有中级职称人员 18868 人,约占从业人员总数的 32.5%。在现有条件下,盘活图书馆人力资源存量,是建设智慧图书馆的现实之举。

1. 优化配置

采取分类使用的方法,对现有的馆员进行重新配置。将具有一定智慧图书馆知识的馆员安排在采用了智慧服务设备或系统的部门工作,将没有智慧图书馆知识的馆员安排在传统的业务部门工作。

2. 培训提高

对没有相关知识而愿意接受新挑战的馆员,进行相关培训,培训内容包括科研能力的培养、情报意识的培养、协作能力的培养等,并帮助其在实践中提高业务能力。

3. 智慧意识的树立

智慧来源于知识,是知识的升华。诗人 T. S. Eliot 曾经说过:"智慧在哪里?我们在知识中湮没。"所谓的智慧意识是指保持对事物中"知识—智慧"型资源的敏感度,通过深入学习与实践探索等多种方法的综合运用,完成知识向智慧的转化。智慧意识类似于情报意识,需要馆员在长期的学习生活中缓慢积累形成,且要有敏感和善于观察的内心。智慧意识的基础来源于个人对自身知识结构的优化整合,个人的知识发现和提炼能力直接决定了个人智慧意识的强弱。

4. 创新能力的培养与优化

创新是一个亘古不变的话题,人类历史的发展都靠创新来支撑和推动。智慧图书馆就是对传统图书馆的一次变革和创新。智慧馆员相对于普通馆员而言,其创新能力要更高,因此创新能力在智慧图书馆中占有重要地位。将创新能力纳入馆员晋升评优考核体系中十分重要,此举将会大大激励馆员的创新动力。

5. 持续优化

提倡馆员开启"专深—终身"二维学习模式。所谓的"专深—终身"二维学习模式是指在坚持终身学习的前提下,鼓励馆员纵向拓展知识面,有一技之长。学习型社会是我国未来社会发展的目标。在这样的大环境中,具有旺盛生命力的智慧图书馆自然也要成为学习型智慧图书馆,智慧馆员要成为学习型馆员。

第二节 资金——智慧服务项目的保障

资金,是智慧服务项目的保障。展望未来,图书馆应制定长期可持续的财务计划和备选方案,保证财务状况长期持续稳定。一方面,积极主动促进在法律和制度层面保证政府财政拨款足额足量发放;另一方面,积极寻求社会合作,在推动社会力量参与建设图书馆方面加大创新尝试。

一、积极主动促进在法律和制度层面保证政府财政拨款足额足量发放

自2015年起,全国公共图书馆数量逐年增加。全国公共图书馆数量2018年为3176个,2019年为3196个,2020年达3212个,较2019年增加了16个,同比增长0.50%。至2021年末,全国共有公共图书馆3217个。随着全国公共图书馆数量的增加,房屋建筑面积也随之增加。2018年,全国公共图书馆实际使用房屋建筑面积1595.98万平方米,2019年为1699.67万平方米,2020年达1785.77万平方米,较2019年增加了86.1万平方米,同比增长5.07%。图书馆数量与房屋面积的增加,离不开国家法律和政策层面的支持。2018年1月1日,《中华人民共和国公共图书馆法》(以下简称《公共图书馆法》)正式施行。其中第四条规定:"县级以上人民政府应当将公共图书馆事业纳入本级国民经济和社会发展规划,将公共图书馆建设纳入城乡规划和土地利用总体规划,加大对政府设立的公共图书馆的投入,将所需经费列入本级政府预算,并及时、足额拨付。"国家鼓励公民、法人和其他组织自筹资金设立公共图书馆。县级以上人民政府应当积极调动社会力量参与公共图书馆建设,并按照国家有关规定给予政策扶持。图书馆发展资金有了法律保障。2018年,全国公共图书馆支出总额187.6015亿元,收入总额182.9159亿元,其中财政拨款175.4512亿元。

二、在推动社会力量参与建设图书馆方面加大创新尝试

文化部、财政部于2011年1月出台的《关于推进全国美术馆、公共图书馆、文化馆（站）免费开放工作的意见》指出："要逐步提高经费保障水平，不断健全美术馆、公共图书馆、文化馆（站）免费提供的基本公共文化服务项目，提升服务质量。探索建立公共文化多元化投入机制，鼓励社会力量对美术馆、公共图书馆、文化馆（站）进行捐赠和投入，拓宽经费来源渠道。"县级以上人民政府应当引导社会力量参与公共图书馆建设，推动社会力量参与公共图书馆运营、活动项目打造、服务资源配送等管理服务工作，并按照有关规定给予政策扶持。县级以上人民政府应当采取政府购买服务等措施，对公民、法人和其他组织设立的公共图书馆提供服务、给予扶持。存在人员缺乏等困难的县级图书馆、乡镇（街道）图书馆、村（社区）图书室（农家书屋），可以按照有关规定，通过政府委托运营整体场馆或者部分项目的形式，引入符合条件的企业或社会组织运营，提高运营效率和服务水平。

第三节 技术——智慧服务发展的支撑

科技赋能图书馆智慧服务发展，是智慧图书馆建设的有力支撑。

一、现代新型技术支撑图书馆智慧服务框架构建与服务开展

实现现代新型技术驱动的图书馆智慧服务框架构建与服务开展，一方面需要丰富相关的基础设施，如传感设备、云平台等；另一方面需要对现有的基础设施特别是没有互联互通、数据集成管理的中间件、机器人等基础设施进行统一管理与数据集成。智慧图书馆依赖于物联网、智联网的传感技术、智能感知技术、大数据、云计算技术等，在硬件基础设施和软件技术的支撑下提供业务的智慧化管理和服务。

二、现代新型技术打造立体交互式的图书馆智慧服务生态系统

区块链、人工智能等新型现代技术驱动的图书馆智慧服务，就是通过协调技术（物联网、人工智能技术、区块链）、资源（数据、信息、文献、知识）与人（读者、馆员）之间的关系，辅助创建一个能激发人（读者）的创造力的智慧生态环境，在激活图书馆智慧服务能力的同时，吸引潜在的用户群体，让图书馆成为凝聚智慧、创造智慧、分享智慧的创新型空间。因此，图书馆一方面要在外部拓展与旅游、教育、出版、企业、公共领域乃至其他文化组织、非政府组织、志愿团体

的环境融合,促进微观层面上知识、文献、信息、数据资源的跨界、跨领域融合与转化,宏观层面上智慧图书馆与智慧城市等建设项目的对接;另一方面要在内部加快智能感知体系等方面的软硬件应用,如通过 RFID、室内导航机器人、人脸识别、红外检测、虚拟现实等技术的立体式服务应用,丰富用户行为数据、预测用户需求,为图书馆智慧服务提供立体式、交互式的基础设施支撑,最终将图书馆打造成为一个技术、资源与人完全协调,内部环境和外部环境交互融合,对读者服务虚实结合的智慧服务生态空间。

参 考 文 献

[1]顾晓光.拥书权拜小诸侯:图书馆馆长访谈录[M].北京:海洋出版社,2014.

[2]新华社.中华人民共和国公共文化服务保障法[EB/OL].(2016 - 12 - 26)[2022 - 05 - 06].http://www.gov.cn/xinwen/2016 - 12/26/content_5152772.htm.

[3]朱玮,吴云,杨波.区块链简史[M].北京:中国金融出版社,2020.

[4]新华社.中华人民共和国国民经济和社会发展第十四个五年规划和2035年远景目标纲要[EB/OL].(2021 - 03 - 13)[2022 - 02 - 10].http://www.gov.cn/xinwen/2021 - 03/13/content_5592681.htm.

[5]李晓霞.国家图书馆入选首批文化和旅游行业智库建设试点单位[EB/OL].(2021 - 08 - 30)[2021 - 11 - 10].https://www.mct.gov.cn/whzx/zsdw/zggjtsg/202108/t20210829_927391.html.

[6]张延贤,王梅.图书馆智慧服务的概念、内涵与分析[J].现代情报,2013(4):34 - 38.

[7]广东省立中山图书馆.广东省立中山图书馆"采编图灵"系统引领图书馆行业科技创新[EB/OL].(2021 - 08 - 17)[2022 - 05 - 22].http://whly.gd.gov.cn/service_newwwbwg/content/post_3490511.html.

[8]温颖."十四五"时期公共图书馆服务智慧模式构建研究[J].河南图书馆学刊.2022(6):18 - 20.

[9]王红.不断进阶的图书馆时代:从 Lib2.0 到 Lib3.0[J].现代情报,2010(1):17 - 18,22.

[10]程曦.RFID 应用指南:面向用户的应用模式、标准、编码及软硬件选择[M].北京:电子工业出版社,2011.

[11]张敏.安徽省公共图书馆 RFID 技术应用的调查与研究[D].合肥:安徽大学,2017.

[12]刘徐方.智慧服务:现代服务业发展研究[M].北京:中国水利水电出版社,2019.

[13]吴玉灵.虚拟化技术下数字图书馆的高效管理:以江西省图书馆为例[J].图书馆研究,2017(3):25-30.

[14]邓淙文.大数据背景下的图书馆个性化信息服务模式创新[J].中阿科技论坛(中英文),2021(2):45-47.

[15]吴玉灵.大数据环境下图书馆资源揭示策略研究[J].图书馆研究,2015(3):43-45.

[16]周东,施芒.图书馆自行开发人脸识别应用系统的实践与思考:以中国计量大学图书馆为例[J].图书馆工作与研究,2020(1):80-87.

[17]朱宁.基于人脸识别技术的高校图书馆门禁系统设计[J].无线互联科技,2020(13):95-97.

[18]李琥,赵谞炯.人脸识别技术在国内图书馆的应用研究[J].晋图学刊,2020(6):18-21,40.

[19]吴玉灵.智慧图书馆网络安全态势感知平台建设研究[J].图书馆研究,2022(3):93-100.

[20]Austin Zhao.IDC MarketScape:中国态势感知解决方案市场2021,厂商评估[EB/OL].[2021-11-22][2022-08-06].https://www.idc.com/getdoc.jsp?containerId=CHC47542121.

[21]王建宙.从1G到5G:移动通信如何改变世界[M].北京:中信出版社,2021.

[22]中国信息通信研究院.5G干部读本[M].北京:人民出版社,2020.

[23]赵岩.人工智能发展报告:2020—2021[M].北京:电子工业出版社,2021.

[24]王国胤,张军平,何清,等.中国人工智能发展报告:2019—2020[M].北京:机械工业出版社,2020.